Schreiben heißt sich selbst entdecken

Barry Lane

Schreiben heißt sich selbst entdecken

Kreatives Schreiben autobiographischer Texte

AUGUSTUS VERLAG

Der Autor:

Barry Lane lehrt seit Jahrzehnten Kreatives Schreiben in verschiedenen Staaten der USA. Zu seinen Schülern gehören Literatur-Studenten und Geschäftsleute ebenso wie Gefängnis-Insassen, Jugendliche und ältere Menschen. Seine Essays und Kurzgeschichten sind in zahlreichen amerikanischen Zeitschriften erschienen, und er hat bereits zwei Bücher zum Thema »Kreatives Schreiben« vorgelegt.

Der Übersetzer:

Arwed Vogel ist Ethnologe und Autor in München.
Er ist seit zehn Jahren Dozent für Kreatives Schreiben.

Titel der amerikanischen Originalausgabe:
Writing as a Road to Self-Discovery
© 1993 by Barry Lane
verlegt von: Writer's Digest Books, Cincinnati, Ohio, USA

Die Deutsche Bibliothek – CIP-Einheitsaufnahme

Lane, Barry:
Schreiben heisst sich selbst entdecken : kreatives Schreiben autobiographischer Texte / Barry Lane. [Übers.: Arwed Vogel]. – Augsburg : Augustus-Verl., 1995
Einheitssacht.: Writing as a road to self-discovery <dt.>
ISBN 3-8043-3011-8

Augustus Verlag, Augsburg
© Deutsche Ausgabe 1995 Weltbild Verlag GmbH, Augsburg
Alle Rechte vorbehalten
Übersetzung: Arwed Vogel, München
Redaktion: Dr. Marianne Jabs
Zeichnungen: Barry Lane
Layout: Barbara Rabus, Dachau
Umschlaggestaltung: Christa Manner, München,
unter Verwendung eines Fotos von *The Image Bank*
Satz: Gesetzt aus der Century Old Style von Adobe
Druck und Bindung: Wiener Verlag, Himberg
Printed in Austria
ISBN 3-8043-3011-8

für Carol-lee,
jetzt und für immer
und in Erinnerung
an meinen geliebten Vater

Wohl denen,
die wohnen in deinem Haus,
die dich allezeit loben

PSALM 84

Danksagung

Danken möchte ich zuerst meiner Schwägerin Leslie Goodrich, die eigenhändig das Badezimmer im alten Teil unseres Hauses ausräumte, die Toilette und die vierfüßige Badewanne hinunter in den Hof stellte, um Platz für mein Büro zu schaffen.

Dank schulde ich all meinen Freunden und früheren Schülern, deren Arbeit sich auf diesen Seiten wiederfindet und deren Anregungen mich dazu brachten, dieses Buch zu schreiben. Danken möchte ich meinem Agenten John White für seine Hilfe und Ira Bruckner, Steven Worth, Alice Fogel, Andy Grenn, Verandah Porche und Richard Krawiec für ihre Ideen und Einfälle.

Jack Heffrons Sachkenntnis, Humor und Geduld halfen, daß ich das Buchprojekt nicht aufgab, Bill Brohaughs Zuversicht half, daß es fertig wurde, und Terri Boemkers Können, daß es gut aussieht. Dafür allen vielen Dank.

Für die Liebe und Unterstützung, die ich in dieser schwierigen Zeit zu Hause bekam, danke ich meinem Bruder Michael und meiner Mutter. Dank schulde ich auch meinem Onkel, Dr. Irwin Flescher, der mir immer ein Vorbild als Therapeut und Schriftsteller war, sowie Robin Harris und Jim Hulfish, die mir zeigten, wie ich in mich hineinsehen und hineinhorchen kann.

Gewidmet ist dieses Buch meiner Frau Carol-lee, die mich mit ihrer unerschütterlichen Unterstützung und Liebe und adleräugigem Redigieren beständig aufs neue erstaunte, sowie dem Andenken an meinen Vater, Leonard Lane, dessen Geschichten und dessen Liebe in seinen Kindern und Enkeln weiterlebt.

Inhalt

Teil I

Sich erinnern

*Schreibtechniken, die helfen, verschüttete Erinnerungen auszugraben
und die Bedeutung der Vergangenheit zu verstehen*

Teil II

Zusammenfügen

*Wie man durch Schreiben Erinnerungen hinterfragt, Zusammenhänge findet,
neue Wahrnehmungen und die Fähigkeit zu kreativem, kritischen Denken entwickelt*

Teil III

Anwenden

*Techniken, die versteckte Kräfte der Erinnerung und Reflexion
in unserem Schreiben und Leben aufdecken*

Einleitung

Mensch sein: Das Geheimnis

Meine Geschichte ist wichtig, nicht weil sie von mir ist …, sondern deswegen, weil, wenn ich sie nur richtig erzähle, die Möglichkeit besteht, daß du erkennst, daß sie in gewisser Weise auch deine ist. Vielleicht ist nichts wichtiger, als daß wir … die Geschichten verfolgen, die davon handeln, wer wir sind und woher wir kommen, und von all den Menschen, die wir am Weg getroffen haben, weil genau durch diese Geschichten in ihrer Besonderheit … sich Gott jedem von uns auf die kraftvollste und persönlichste Art zeigt … unsere Geschichten aus den Augen zu verlieren bedeutet, vollkommen zu verarmen, nicht nur menschlich, sondern auch geistig.

Ich habe nicht nur meine Geheimnisse, ich bin meine Geheimnisse. Und du bist deine. Unsere Geheimnisse sind menschliche Geheimnisse, und unser gegenseitiges Vertrauen, das sie uns miteinander teilen läßt, hat viel zu tun mit dem Geheimnis, menschlich zu sein.

FREDERICK BUECHNER

In Worten stecken die Schlüssel zu vergessenen Erinnerungen, Gefühlen, Gedanken und neuem Verstehen. Das habe ich von Strafgefangenen, Schulkindern, Erstsemestern, Senioren, Obdachlosen und anderen gelernt, die meinen Unterricht besucht haben. Ob es sich um eine fortgeschrittene Studentin handelt, wie z. B. Amy, die die Erinnerungen an ihre geliebte Großmutter zum Leben erweckte, oder um den Sträfling Mark, der schmerzvolle Kindheitserinnerungen ausgrub, um den Drogenmißbrauch und die Gewalt zu verstehen, die ihn sein ganzes Leben begleitete und ins Gefängnis brachte: Schreiben ist ein Weg, um die eigene Vergangenheit wieder zu entdecken und Verständnis für die Gegenwart und die Zukunft zu erlangen.

Wenn wir mit dem Herzen schreiben, tauchen wir in die Vergangenheit ein und kehren mit all dem Wissen, das wir seitdem gesammelt haben, in die Gegenwart zurück. Unser Leben wird zu einem Roman oder einer Sinfonie, in der sich einige Themen zu wiederholen beginnen. Wir können nun die Ereignisse unseres Lebens verstehen lernen, indem wir ihnen, mit all unserem jetzigen Wissen, noch einmal begegnen. Wir können versteckte Geheimnisse lüften, uns mit schmerzvollen Erinnerungen versöhnen, erfreuliche Gedanken und Vorstellungen auslösen, überholte Denk- und Verhaltensmuster, die unsere Gedanken trüben, zerstören sowie Wege schaffen, uns selbst und unsere Familien, unser Land und unsere Welt in neuer Weise zu sehen.

Schreiben ist eine Art verbaler Medizin. In richtiger Weise angewendet, wird durch sie ein Heilungsprozeß eingeleitet, indem man sich selbst zu entdecken beginnt.

Die drei Fragen

Wir können diesen Selbstentdeckungs/Heilungsprozeß in drei zentrale Fragen einteilen:

1. Woran erinnere ich mich?
2. Was weiß ich jetzt, was ich vorher nicht wußte?
3. Wie verändert das neue Wissen mich und die Welt um mich herum?

Die drei Abschnitte dieses Buches »*Sich Erinnern*«, »*Zusammenfügen*«, »*Anwenden*« reflektieren diese drei Fragen. Der Schreibprozeß spiegelt damit den Heilungsprozeß:

Durch *Erinnern* kann man sich selbst entdecken und zu heilen beginnen. Die Kapitel 1–3 zeigen Techniken, um alte Erinnerungen auszugraben und die versteckte Bedeutung der Vergangenheit zu verstehen.

Das *Zusammensetzen* (Kap. 4–5) von Erinnerungen geschieht durch unterschiedliche Methoden: Sie reflektieren, knüpfen überraschende Verbindungen, probieren neue Sichtweisen aus und entdecken Ihre Fähigkeit zu kritischem und kreativem Denken, wie Sie sie von sich vielleicht bis dahin noch nicht gekannt haben.

Wenn Sie einmal wissen, wie sich Erinnerungen ausgraben lassen und wie man über die Welt aus verschiedenen Perspektiven nachdenken kann, haben Sie sich eine einzigartige kreative Fähigkeit erarbeitet, die Vergangenheit und die Gegenwart mit neuem Verständnis, unbehindert von ungewollten Denkmustern Ihrer Vergangenheit zu erfahren.

Durch das *Anwenden* (Kap. 6–8) dieser neuen Kenntnisse im Schreiben, aber auch im alltäglichem Leben können Sie eine neue Perspektive nicht nur für Ihr persönliches Dasein entwickeln, sondern auch für das Leben der anderen, die unseren Planeten bewohnen. Schreiben kann ein starkes Werkzeug sein, um Einfühlungsvermögen zu entwickeln, alte Wunden verheilen zu lassen und unsere Vision von der Welt, in der wir leben wollen, neu zu gestalten.

Es ist nicht leicht. Manchmal tut's weh! Warum soll ich mich quälen?

> *Sprache erlaubt uns zu sehen.*
> *Ohne das Wort wären wir alle blind.*
> CARLOS FUENTES

Wir leben in einer Zeit, in der die Regeln der alten Welt zerfallen und neue Regeln sich erst langsam entwickeln. Mehr als zu irgendeiner anderen Zeit in der Geschichte sind daher Selbstreflexion und Vorstellungsvermögen Fähigkeiten, mit denen man zum eigenen Überleben in der Gesellschaft entscheidend beitragen kann. Der Intelligenzforscher Howard Gardner definierte diese Qualität als *interpersonale Intelligenz:* Die Fähigkeit, sich in andere Sichtweisen hineinzudenken und aus dieser neuen Perspektive Antworten zu geben. Ich hoffe, daß das Lesen und Arbeiten mit diesem Buch hilft, Ihre Vorstellungskraft zu stärken, damit Sie sich mit ihr an der Errichtung einer neuen Welt für sich und Ihre Mitmenschen beteiligen können. Wenn wir mit dem Herzen schreiben, erleben wir uns nicht nur als Menschen, sondern sind auch durch unsere Menschlichkeit mit allen anderen auf dieser Welt verbunden.

Wie man mit diesem Buch arbeitet

Jedes Kapitel dieses Buches enthält mehrere Übungen und Erklärungen und endet mit einer Reihe von *Auslösern* (das ist eine Liste mit kurzen Übungen, die mehr Erinnerungen, Ideen und Gefühle in Ihnen auslösen sollen). Obwohl die Kapitel in einer losen Reihenfolge angeordnet sind, bitte ich Sie, das Buch in der Weise zu benutzen, die Ihnen das größte Vergnügen bereitet. Vielleicht wollen Sie das Buch erst einmal durchblättern und dann Kapitel und Übungen mitten im Buch bearbeiten, die Sie fesseln. Betrachten Sie diese dann als Startbahnen für weitere Versuche. Fühlen Sie sich nicht gezwungen, jede Übung durchzuführen; versuchen Sie eher, jeden Tag etwas Zeit, und seien es zehn Minuten, zum Schreiben zu reservieren, und probieren Sie dann die Übungen aus, die Ihnen gleich gefallen haben. Verlieren Sie nur nicht den Schwung, und verfallen Sie nicht in Lethargie dadurch, daß Sie zu viele Übungen nacheinander machen.

Sie können auch das Buch zuerst nur durchlesen und dann zurückblättern und die Übungen von Kapiteln ausprobieren, die Sie zuvor schon gereizt haben. Sie können auch das Buch durchlesen und auf dem Bücherregal monatelang gären lassen, bis Ihr Stift bereit ist, mit der Arbeit zu beginnen. Oder Sie setzen sich jeden Tag eine Stunde an Ihren Schreibtisch und arbeiten das Buch Kapitel für Kapitel durch.

Wenn Sie sich entschließen, nicht Seite für Seite durchzuarbeiten, wird Ihnen gelegentlich ein Begriff begegnen, der in einem vorhergehenden Kapitel bereits erklärt wurde. Um es Ihnen leicht zu machen, haben wir auf den Seiten 156–159 ein vollständiges Glossar zusammengestellt, das alle Schreibtechniken kurz erklärt.

Aber was ist, wenn ich nicht schreiben kann?

Wie den meisten Menschen wird Ihnen das Schreiben am Anfang vielleicht nicht leicht fallen. Jeder von uns hat so seine Stimmen in sich, die ihm einreden wollen, daß man nicht schreiben kann. Als Schreibender und Schriftsteller ist es aber unsere Aufgabe, die kritischen und kreativen Stimmen in unseren Köpfen zu verstehen und zu verbinden.

Zum Beispiel können Sie Ihrer selbstkritischen Seite einen Brief schreiben. Je mehr Sie sich dabei über die Gefühle, die Sie über das Schreiben haben, bewußt werden, desto mehr werden Sie Ihren Geschichten erlauben, an die Oberfläche zu kommen. Immer wenn Sie diese entmutigenden Stimmen hören, müssen Sie daran denken, daß sie Teil des Schreibprozesses sind. Beobachten, beschreiben, zeichnen Sie sie. Die Aufzeichnung von Erfolgen und Mißerfolgen wird Ihnen helfen, auf die einzigartige Entwicklung, die Sie durchlaufen haben, zurückzublicken und in schwierigen Zeiten einen neuen Weg zu finden.

Kaufen Sie sich Schreibwerkzeug: einen neuen Stift, ein hübsches leeres Journal, einen Notizblock oder vielleicht sogar einen Schreibcomputer. Gönnen Sie sich etwas. Schließlich schütten Sie Ihr Herz aus.

Vergebung und Erlaubnis: Bitte schwören Sie!

Über das ganze Buch verteilt finden Sie Arbeitsproben von Schreibenden, die dem begegnet sind, was ich *Kerngeschichten* nenne, Geschichten, die mit den zentralen Problemen im Leben dieser Personen verbunden sind. Ein Ziel dieses Buches ist, daß Sie durch die Arbeit mit ihm Ihre eigene Kerngeschichte entdecken. Die Entdeckung dieses Materials hilft uns, vergessene Erfahrungen und Erinnerungen zu akzeptieren und in unser Leben zu integrieren.

Kerngeschichten liegen tief begraben, geschützt und gepanzert durch Verweigerung, Angst, Wut, Scham, Traurigkeit, usw. Bevor wir aus vollem Herzen schreiben können, müssen wir uns erst erlauben, es auch tun zu dürfen. Vor einigen Monaten kam eine junge Frau nach einem Workshop zu mir und dankte mir, daß ich ihr die Erlaubnis gegeben hatte, über eine angstbestimmte Kindheitserfahrung zu schreiben. »Aber ich habe Ihnen keine Erlaubnis gegeben«, sagte ich ein wenig überrascht. Sie schwieg einen Augenblick, lachte dann, sagte: »Ich glaube, ich habe mir selber die Erlaubnis gegeben.«

Seitdem bitte ich, wann immer ich einen Workshop halte, die Teilnehmer, sich die Erlaubnis zu geben, *alles* in ihrem Innern aufzuschreiben. Das Folgende erscheint Ihnen vielleicht am Anfang ein wenig dumm, aber ich denke, daß Sie die Wichtigkeit verstehen und sich an diesen Schwur erinnern werden, je mehr Sie über die Dinge schreiben, die tief aus Ihnen herauskommen. Deswegen bitte ich Sie jetzt, Ihre rechte Hand zu heben und mir nachzusprechen:

Ich, ⸻⸻⸻ ⸻⸻⸻ , schwöre hiermit an diesem Tag, dem ⸻⸻ , mir die Erlaubnis zu geben, alles aufzuschreiben, was in meinem Herzen, meinem Kopf, meiner Seele, meinem Stift und jedem anderen Teil von mir ist.

Erlaubnis bewilligt!

In einigen Fällen kann dieser Erlaubnisschwur noch nicht ausreichen. Es ist nicht schwer, sich die Erlaubnis zu bewilligen, aber eine ganz andere Sache, über Dinge zu schreiben, für die man sich noch schuldig fühlt. Daher leisten Sie bitte gleich auch noch den folgenden Eid.

Ich, ⸻⸻⸻ ⸻⸻⸻ , am ⸻⸻ , habe hiermit Erbarmen mit mir für alles das, was ich getan oder unterlassen habe, gedacht oder nicht gedacht, geträumt oder nicht geträumt habe. Ich werde meiner Schuld mit Vergebung begegnen und meinem tiefstem Herzen erlauben, alles mit mir beim Schreiben, Zeichnen und Träumen zu teilen.

Erlaubnis bewilligt!

Glauben Sie an sich!

Da Sie sich nun offiziell die Erlaubnis gegeben haben, alles zu schreiben und sich dabei nicht schuldig zu fühlen, sind Sie nun bereit, sich zu erinnern, das Erinnerte zusammenzusetzen und anzuwenden. Alles, was Sie jetzt brauchen, ist ein Füller oder Kugelschreiber oder Bleistift und ein Blatt Papier von der Größe eines Bundeslandes.

In einem alten Hindu-Wort heißt es: »Als du geboren wurdest, hast du geweint, und die Welt hat sich gefreut. Lebe dein Leben so, daß – wenn du stirbst – du dich freuen kannst und die Welt weinen wird.« Dieses Buch soll Ihnen helfen, all das Unausgesprochene in Ihrem Inneren zu entdecken, den Kummer, die Freude, die Traurigkeit, die Wut und die Furcht, so daß Sie, wenn Sie am Ende Ihrer Reise durch diese Welt anlangen, Licht am Ende des Tunnels sehen und nicht nur dunkle Geheimnisse, die wie Moos an den Seitenwänden haften.

Teil I

Sich erinnern

Wer das, was schön war, vergißt, wird böse.
Wer das, was schlimm war, vergißt, wird dumm.
ERICH KÄSTNER

Kapitel 1

Die Kindheit: Mythos und Realität

Das Gedächtnis glaubt, bevor das Wissen sich erinnert.
WILLIAM FAULKNER

Ihr Stift kann mehr als nur schreiben. Wenn Sie ihm die Chance geben, kann er sich mit Ihrer Hilfe an Vergessenes erinnern und es neu hervorbringen. Denn Schreiben heißt nicht nur Gedachtes und Gewußtes auf dem Papier festhalten. Wenn Sie selber schreiben, kann etwas Wunderbares geschehen: Ein neuer Gedanke erscheint auf dem Papier, den Sie nicht zu sehen erwartet hatten; eine Idee verbindet sich mit einer anderen Idee, und plötzlich erkennen Sie einen tieferen Sinn in Ihrem Text. Mit Schreiben kann man die Wahrheit in der eigenen Vergangenheit entdecken, und damit gewinnt man neue Erkenntnisse über sich und lernt sich besser verstehen.

Wie mir wird Ihnen das am Anfang wahrscheinlich etwas seltsam erscheinen. Auch mir war beigebracht worden, daß Schreiben einfach ein Kommunikationsmittel ist – kein Weg, um zu denken oder sich zu erinnern. Anstatt mir beizubringen, daß ich auf meinen Einfallsreichtum und meine eigenen Gedanken vertrauen kann, haben die Lehrer in der Schule, auch wenn sie es gut meinten, meine Kreativität verschüttet, indem sie mir Themen zuteilten. Dieses Buch zeigt Ihnen Schreibtechniken, die Sie zu den Schätzen Ihrer Phantasie zurückführen. Lassen Sie sich nicht entmutigen, wenn Sie nicht gleich dorthin gelangen. Erlauben Sie sich zu experimentieren. Entspannen Sie sich. In diesem Kapitel beginnen wir unsere Entdeckungsreise, indem wir uns durch Schreiben an die Kindheit erinnern. Die folgende Übung führt uns auf dieser Reise in weit zurückliegende Zeiten.

Eintreten in eine Erinnerung ...

1. Suchen Sie eine alte Photographie, die Sie als Kind zeigt.
2. Beschreiben Sie die Photographie, als stünden Sie hinter einer Fernsehkamera, mit der Sie alle äußeren Einzelheiten, die wahrgenommen werden können, Stück für Stück aufzeichnen. Ich habe diese Übung *Momentaufnahme* genannt, da Sie nur das aufschreiben sollen, was Sie mit Ihrem Auge wahrnehmen. Beschränken Sie diese Momentaufnahme auf die äußerlichen Details, wie ich es in der Momentaufnahme getan habe, die meinen Vater und mich zeigt, als ich vier Jahre alt war.
   Der Mann trägt einen Anzug mit ausgebeulten Hosen. Seine Hand ruht auf der Schulter des Jungen. Der kleine Junge trägt einen Mantel aus Tweedstoff und einen Filzhut. Seine

Hände sind in den Taschen, sein Kopf ist auf eine Seite geneigt. Der Mann hält eine Zigarre in seiner Hand.

3. Stellen Sie sich nun drei Fragen, die Ihnen helfen, mehr äußere Einzelheiten in Ihre Momentaufnahme zu bekommen. Zum Beispiel:
Welchen Gesichtsausdruck hat der Mann?
Wo sind die Hände des Jungen?
Was ist auf dem Hintergrund des Photos zu sehen?
Der Mund des Mannes ist geöffnet, sein Gesicht im Halbschatten. Die Hände des Jungen sind in die Hände des Mantels gestopft. Hinter dem Haus ragen Bäume in den Himmel.

4. Als nächstes stellen Sie sich vor, daß Sie genauso alt sind wie der Junge auf dem Photo. Schreiben Sie nun ein *Gedankenbild* von sich selbst aus

dieser Zeit. Ein Gedankenbild ist wie eine Momentaufnahme, die nicht die äußeren Einzelheiten, sondern die Gedanken wiedergibt. Zum Beispiel:
Ich will nicht, daß sie ein Bild von mir machen. Sie machen immer Bilder von mir. Warum muß ich immer so tun, als sei ich jemand anderes?

5. Schreiben Sie nun ein Gedankenbild über sich aus Ihrer heutigen Sicht als jemand, der die Photographie betrachtet. Beginnen Sie am besten mit einer Liste von Fragen über die Momentaufnahme, das Gedankenbild oder die Photographie selber. Beantworten Sie die interessantesten, und schreiben Sie zehn Minuten lang. Zum Beispiel:
Warum haben mich meine Eltern immer wie einen Verbrecher angezogen?
Woher kommt die Traurigkeit, wenn ich das Bild heute betrachte? Ist es Trauer um meinen verstorbenen Vater oder um etwas anderes?
Was ist mit den Zigarren, die meinen Vater so selbstbewußt erscheinen lassen?
Mein Vater wußte, wie man eine Zigarre zu halten hatte, zwischen den Fingern, weg vom Körper, so daß der Wind die Asche wegblasen und forttragen würde. Und wenn er die Zigarre paffte, sah sein Gesicht entschlossen, optimistisch und selbstbewußt aus. Ich mochte die Art, wie mein Vater seine Zigarre hielt, wie der Rauch aus dem Ende der Zigarre in die Luft stieg, noch im Raum schwebte, nachdem mein Vater ihn verlassen hatte.

Noch tiefer eintauchen ...

Welchen Klang haben Sie in Ihrer Kinderstimme wahrgenommen? Wie hat sie Ihre Gefühle zu dem Bild beeinflußt, über das Sie geschrieben haben? Was erkennen Sie, wenn Sie Ihre Kinderstimme mit der Erwachsenenstimme vergleichen?

Der Berg und das Meer

Alles Schreiben beginnt im Meer der Erfahrung. Als Kinder erleben wir impulsiv; wir riechen, fühlen, berühren und schmecken die Welt. Wir machen Erfahrungen, die sich in unseren Herzen und in unserem Gedächtnis verankern. Während Sie sich in die Photographie vertieften und aus der Perspektive des Kindes schrieben, sind Sie kurz in dieses Meer hineingetaucht.

Dennoch erklettern wir, wenn wir schreiben, den Berg der Bewußtheit. Wir schauen hinab und sehen die Muster unserer Erfahrungen mit dem Verstand des Erwachsenen. Wir sehen Zusammenhänge und Unterschiede. Sie haben das ebenfalls gemacht, als Sie die Fragen aufgelistet und Gedankenbilder über die Momentaufnahme und die Photographie geschrieben haben. Sie haben nach Mustern in Ihrem Leben und in den Geschichten gesucht, die aus Ihren Erfahrungen entsprungen sind. Kraftvolles Schreiben, das etwas auslöst, klettert den Berg hinauf und hinunter, nicht selten in einem Satz.

Während meiner Arbeit als Lehrer für Kreatives Schreiben habe ich viele Autoren gesehen, die mit ganz wenigen Anweisungen von mir sofort diesen Berg zu ersteigen begannen. Um diesen Prozeß der Selbstreflexion auszulösen, genügt es in den meisten Fällen schon, einen geschützten, ruhigen Ort zum Schreiben zur Verfügung zu stellen und zur Wiederentdeckung der eigenen Erfahrungen aufzufordern.

Ray begann in dem Moment, auf den Berg der Erkenntnis zu steigen, als er sich hinsetzte, um über seinen verstorbenen Vater zu schreiben.

Die Geschichte von Ray

Ray war ein Wirtshausschläger, der im Gefängnis saß, weil er einen Polizisten erschossen hatte. Er war ein schmächtiger Mann mit einem verfilzten Bart und wurde von den Wächtern als Unruhestifter und Rädelsführer unter den Insassen angesehen. Am ersten Unterrichtstag meines Schreibkurses im Gefängnis begann er, über seinen Vater zu schreiben. Seine ersten Texte waren skizzenhaft. Sein Vater war zehn Jahre zuvor im Alter von fünfzig Jahren an Krebs gestorben. Ray hatte seinen Vater geliebt und war von dem Verlust sehr erschüttert. Zuerst schrieb er über das Begräbnis und die intensiven Gefühle von Nähe, die er zu seinen Schwestern empfand. Auch beklagte er den Tod seines Vaters, und daß er ihn nie wirklich kennengelernt hatte.

Ich forderte Ray auf, einfach mehr Erinnerungen an seinen Vater aufzuschreiben, in der Form von Momentaufnahmen, so als wäre der Stift seine Kamera. In jedem einzelnen Text erschien der Vater als fernes Wesen, das selten zu Hause war und von dem seine Kinder nur seine Autorität spürten. In seinem kurzen Stück »Die Ohrfeige« beschrieb Ray eine unangenehme Erinnerung an seinen Vater.

Die Ohrfeige
»Hast du mich nicht gehört?« fragte der kräftige, starke Mann.
»Doch, Vater.«
»Warum hast du aus dem Auto von den Nachbarn Benzin geklaut?«
»Ich weiß nicht. Ich glaube, ich wollte noch länger herumfahren.«
»Ich werde dir zeigen, was es heißt, Benzin zu stehlen.«

Mit nackten Füßen stand ich auf dem Boden und sah meine Welt zusammenstürzen. Ich sah noch aus den Augenwinkeln die kräftige Hand, die auf mich zuschoß wie ein Güterzug, der mit einem anderen zusammenstoßen würde.

Mein Herz pochte. Mein Körper zitterte. Ich schloß die Augen und wünschte, ich hätte niemals Benzin gestohlen. Ich fühlte, wie ich den Boden unter den Füßen verlor und Schmerzen durch meinen Kopf schossen. Vor meinen Augen zuckten farbige Blitze. Dann wurde alles dunkel.

Kurze Zeit später wachte ich auf und sah meinen Vater über mir stehen.

»Nein«, sagte ich, »ich mach' es nicht wieder. Ich verspreche, nie wieder Benzin zu stehlen.«

Je mehr Ray über seinen Vater schrieb, desto mehr wurde die wirkliche Person deutlich, und der Mythos verblaßte. Dennoch bestand die Vorstellung weiterhin, die Ray von seinem Vater hatte, wie auch die Liebe, die er zu ihm empfand. Aber Ray begann jetzt, die Probleme ihrer Beziehung zu verstehen, und er begann zu trauern, nicht einfach um seinen nun toten Vater, sondern um den anderen Vater, den er sich gewünscht, in seinem Leben aber nicht gehabt hatte.

Das wurde in einer Nacht ganz deutlich, als Ray nicht schlafen konnte. Er kroch aus dem Bett und saß auf dem kalten Zementboden seiner Gefängniszelle. Er sah aus dem Fenster auf die mondhellen Wolken und hörte die Stimme seines Vaters, die ihn rief. Die Stimme, die aus ihm selbst zu kommen schien, sagte: »Es ist alles in Ordnung. Lebe dein Leben, so gut es geht, wo immer du bist.« Ray weinte, als er die Worte seines Vaters in sein Schreibheft eintrug. Er blieb auf dem Boden seiner Zelle sitzen, bis das frühe Dämmerungslicht durch die Fenster fiel.

Es ist nicht wichtig, ob es die Stimme seines Vaters war, die Ray hörte. Entscheidend ist, daß Ray durch das Schreiben und Erinnern etwas über sich herausgefunden hatte. Er war über das Bild hinausgekommen, das er anfangs von seinem Vater gehabt hatte: zu einem tieferen Verständnis, wer dieser Mann wirklich gewesen ist und was die Erinnerung an ihn bedeutete. Noch im gleichen Jahr schrieb Ray über den Abend, an dem er betrunken war und der ihn ins Gefängnis brachte, wie auch über den Augenblick, als sein fünfjähriger Sohn sich zu ihm umdrehte und fragte, »Papa, warum hast du Mami geschlagen?« Die Worte seines Sohnes konnte Ray nicht mehr vergessen; so oft er sie aufschrieb, weinte er, weil er begriffen hatte, daß er seinen Sohn auf dieselbe Weise im Stich gelassen hatte wie sein Vater ihn.

Die Psychologin Pia Melody bezeichnet eine Familie, in der die Realität des Kindes ignoriert und verspottet wird, als disfunktional. Die Eltern in solchen Familien tadeln ihre Kinder für ein nicht ganz perfektes Verhalten, das in einer gesunden Familie toleriert und verstanden würde. Kinder aus disfunktionalen Familien lernen, sich selbst zu belügen und ihr Bedürfnis nach elterlichem Schutz zu verstecken. In ihrem späteren Leben versuchen sie dann, diese Bedürfnise bei anderen Erwachsenen zu erfüllen. Das Schreiben war für Ray ein Weg, die Wahrheit über seine Kindheit herauszufinden und die Beziehung zu seinen Eltern in einem anderen Licht zu sehen.

Ich begann mit diesem Buch im September 1991, zwei Wochen, nachdem meine Tochter geboren worden war. In derselben Woche starb mein Vater, während er schlief, plötzlich an einem Herzinfarkt. Genau wie Ray spürte ich sofort, wie sehr ich ihn geliebt hatte und nun sofort vermißte. Ich saß bis in die frühen Morgenstunden sprachlos und niedergeschlagen auf der Kante der Badewanne und fühlte seine Liebe mich wie eine Welle überrollen. Obwohl ich wußte, daß er kein fehlerloser Vater gewesen war, erschienen mir seine Unzulänglichkeiten und Probleme so unbedeutend, verglichen mit seiner Liebe für mich und meiner Liebe zu ihm. Ich hatte in dieser Zeit kein Bedürfnis, über meinen Vater und das, was er für mich bedeutet hatte, zu schreiben. Die Wunde war zu frisch. Ich drückte die Erinnerung andächtig wie ein wärmendes Kissen an mich. Aber später begann ich ständig von meinem Vater zu träumen, zu sprechen und mir Notizen zu machen, und inzwischen ist es fast so, als ob sein Geist wieder lebendig geworden wäre und mir befiehlt, genauer hinzuschauen und zu verstehen!

Aber wie soll ich nun beginnen? Wie lerne ich, das Schreiben als Werkzeug zu benutzen, um mich an meinen Vater zu erinnern? Was werden mir meine Worte über den anderen Vater in mir mitteilen, den Ray durch sein Schreiben entdeckt hat?

Hier sind einige *Auslöser*, kurze Übungen, die Ihnen vielleicht helfen, eine Erinnerung an Ihr Elternhaus hervorzuholen.

Auslöser

- ☞ Zeichnen Sie eine Karikatur von Ihrer Familie. Versuchen Sie dabei, von jedem Familienmitglied eine hervorstechende Eigenschaft einzufangen. Machen Sie sich aber keine Sorgen um die künstlerische Qualität: Zeichnen Sie Strichfiguren, wenn Sie mögen. Die Übung soll vor allem Spaß machen.
- ☞ Versetzen Sie sich in ein anderes Familienmitglied, und beschreiben Sie sich selbst aus dessen Sicht.
- ☞ Verfassen Sie eine Liste mit Ereignissen, bei denen Familienmitglieder eine Rolle spielten. Wählen Sie eines davon aus, und schreiben Sie auf, was Ihnen spontan dazu einfällt.
- ☞ Wählen Sie einen der folgenden Anfänge aus, und schreiben Sie auf, was Ihnen dazu einfällt, zehn Minuten lang, möglichst ohne den Stift lange abzusetzen:
  »Meine Familie war …«
  »Mein Vater nahm immer …«
  »Meine Mutter sagte immer …«
  »Mein Bruder ging immer …«
  »Meine Schwester ging immer …«
- ☞ Zeichnen Sie mit Worten ein Porträt Ihrer Familie. Sie können ein Porträt erfinden oder es sich leichter machen, indem Sie eine Photographie benützen.
- ☞ Schreiben Sie eine kurze Skizze über eine glückliche Familie. Vergleichen Sie anschließend diese Familie mit Ihrer eigenen.
- ☞ Schreiben Sie ein kurzes »Wie man …«-Gedicht über jemanden in Ihrer Familie. Das folgende wurde von Catherine Lamb in einem Humor-Workshop geschrieben. Erst haben wir gelacht, als sie es unserer Arbeitsgruppe vorgelesen hat. Als sie es aber später allen Workshop-Teilnehmern vortrug, blieb es im Raum völlig still.

Wie man als mein Vater ist
Sprich nicht.
Nimm Dir einen großen Lehnstuhl.
Setz Dich und bleib sechs bis acht Stunden sitzen.
Es sei denn, es ist Wochenende,
Dann setz Dich zwölf bis vierzehn Stunden in den Stuhl.
Lies vier Zeitungen am Tag.
Schnarche. – Schimpfe vor dem Fernseher.
Trink Bier. – Rauche.
Sag immer wieder: »Scheiße«.
Mach nichts, bevor man Dich nicht laut dazu auffordert,
Dann sag: »Scheiße«.
Laß Deine Stiefel im Wohnzimmer zurück.
Iß vor dem Fernseher.
Beklag Dich über Deine Weihnachtsgeschenke.
Sag »Herrgottnochmal«, wenn jemand Dich bittet, etwas zu tun.
Kauf die Weihnachtsgeschenke im Haushaltswarenladen.
Zerbrich Deinen Stuhl durch langes Sitzen.
Sag »Herrgottnochmal« und »Gottverdammte Scheiße«.
Dann hör wieder auf zu sprechen.

Werkzeuge der Erinnerung

Wie kann ich wissen, was ich denke,
bevor ich sehe, was ich sage?

E. M. FORSTER

Seit Jahren benutzen Psychologen Schreiben als therapeutische Methode. Dr. William Pithers, der in Vermont/USA das weltbekannte Therapieprogramm für sexuelle Gewalttäter leitet, beginnt die Behandlung, indem er die Straftäter auffordert, eine detaillierte Autobiographie zu schreiben. Für Pithers ist klar, daß 95 % aller sexuellen Gewalttäter als Kinder mißbraucht worden sind und daß das Niederschreiben dieser quälenden Erinnerungen der erste Schritt dazu sein kann, Vorfälle, die jahrelang verdrängt worden sind, wieder hervorzuholen. In ihrem Buch *The Courage to Heal* (HarperCollins 1988) schreiben Ellen Bass und Laura Davis für Opfer von Vergewaltigungen und anderen Gewaltverbrechen über die rätselhaften Eigenschaften des Gedächtnisses: »Es gibt keinen richtigen oder falschen Weg, wenn es darum geht, sich zu erinnern. Vielleicht sind Ihre Erinnerungen sehr vielfältig. Vielleicht haben Sie auch nur eine einzelne … Wenn Sie sich zu erinnern beginnen, haben Sie vielleicht wochenlang jeden Tag immer wieder neue Bilder im Kopf. Oder Sie erleben Ihre Erinnerungen in größeren Gruppen, indem Ihnen drei oder vier gleichzeitig einfallen.«

Im nächsten Abschnitt dieses Kapitels stelle ich Ihnen verschiedene vorbereitende Übungen vor, die Ihnen helfen werden, Erinnerungen hervorzuholen, von denen Sie geglaubt haben, daß Sie sie vergessen hätten. Probieren Sie diese aus und prüfen Sie, mit welcher Sie am besten arbeiten können.

Schreiben, bevor man denkt: Spontanes Schreiben

Spontanes Schreiben ist eine hervorragende Schreibübung, um neue Erinnerungen auszugraben. Es ist auch die einfachste. Nehmen Sie sich ein wenig Zeit – sagen wir sieben Minuten. Suchen Sie sich einen bequemen Sitzplatz. Und dann beginnen Sie, über etwas zu schreiben, und hören nicht auf, bevor die Zeit um ist. Sie dürfen nur nicht bewußt Ihre Gedanken überprüfen oder gar Wörter streichen. Im Gegenteil: Versuchen Sie, schneller zu schreiben, als Sie denken können. Wenn Sie ins Stocken kommen, schreiben Sie die Gedanken auf, die Sie dann haben, und folgen Sie ihnen, wo immer sie auch hinführen mögen. Machen Sie sich keine Sorgen, wenn Sie hin und wieder steckenbleiben oder sich wiederholen. Entwickeln Sie eine eigene Methode des *Spontanen Schreibens,* die zu Ihrer Persönlichkeit paßt. Wichtig ist nur, daß die Worte auf das Papier fließen. Versuchen Sie es doch einfach mal.

Schließen Sie Ihre Augen, und stellen Sie sich vor, daß die Gedanken in Ihrem Kopf ein großer See sind. Von ihm strömt ein Fluß über die Schulter, den Arm entlang und mündet in das Ende Ihres Stifts. Schreiben Sie nun frei und ohne bewußt zu denken, fünf Minuten lang alles auf, was Ihnen einfällt. Hier sind einige Anregungen, um neue Erinnerungen durch *Spontanes Schreiben* zu finden.

- ☞ Schreiben Sie über Ihre frühesten Erinnerungen.
- ☞ Schreiben Sie über den Menschen, in den Sie zum ersten Mal verliebt waren.
- ☞ Schreiben Sie über einen enttäuschenden Tag.
- ☞ Schreiben Sie über eine Kindheitsangst.
- ☞ Schreiben Sie über eine Erinnerung, die Sie nicht losläßt.
- ☞ Schreiben Sie über Ihre erste Begegnung mit dem Tod.
- ☞ Schreiben Sie über eine Zeit, in der Ihre Eltern voller Stolz auf Sie blickten.
- ☞ Schreiben Sie über eine Zeit, in der Sie etwas verloren haben.

Wenn die Zeit um ist, sollten Sie Ihren Text noch einmal durchlesen und alle Stellen, die Sie neugierig machen, anstreichen. Achten Sie besonders auf die Sätze, von denen Sie selbst überrascht sind, daß Sie sie geschrieben haben.

Das Leben in Wortnetzen fangen

Mit *Wortnetzen* kann man Ideen fangen. Stellen Sie sich vor, Sie hätten die Möglichkeit, aus einem Hubschrauber Ihren Gegenstand, Thema oder »Stoff« von oben aus zu betrachten. Sie werden all die Fäden erkennen, aus denen Ihr Wortnetz geknüpft ist. Sie können ihnen nachgehen und sie in Ihren Text einarbeiten. Versuchen Sie folgendes:

- ☞ Schreiben Sie das Wort »Ich« in die Mitte einer leeren Seite, und machen Sie um das Wort einen Kreis. Damit haben Sie das Kernwort Ihres Wortnetzes.
- ☞ Versuchen Sie nun, alle Menschen, Dinge und Vorfälle, die Ihr Leben beeinflußt haben, in Ihrem Wortnetz zu verknüpfen. Das Wortnetz von mir ist rechts abgebildet.
- ☞ Knüpfen Sie freie Ideen als eigene Fäden an Ihr Kernwort.
- ☞ Entspannen Sie sich dann, und lassen Sie Ihre Ideen aus dem Stift strömen. Kehren Sie zum Kernwort zurück, wenn ein Assoziationsfaden zu Ende ist.
- ☞ Entfalten Sie in Ihrem Wortnetz verzweigte, verschlungene Muster und Formen. Nehmen Sie Filzstifte und ein größeres Stück Papier.

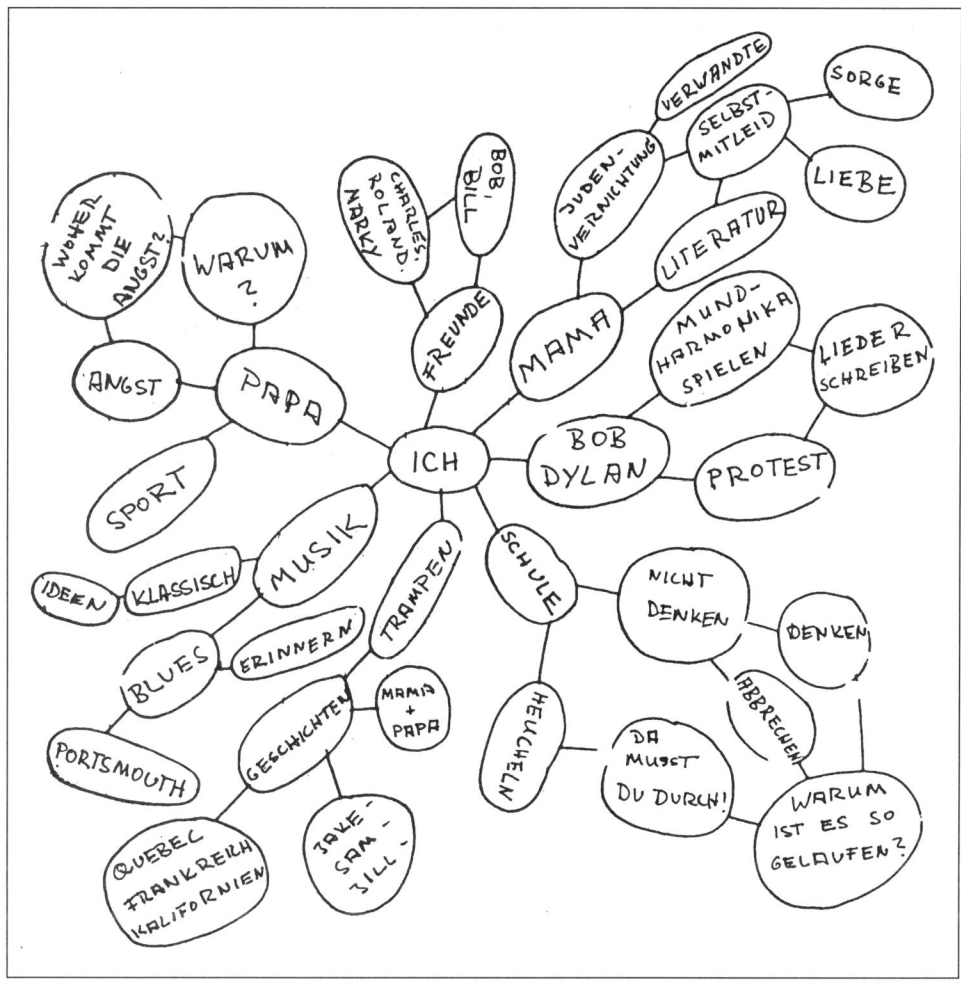

↔ Schmücken Sie das Wortnetz mit Photos und Erinnerungen. Beschäftigen Sie sich ruhig mehrere Tage mit ihm. Nehmen Sie sich Zeit, über eine neue Erinnerung zu staunen, und erfinden Sie Schlüssel-Wörter, die Ihnen helfen, eine Erinnerung aufzufrischen, ohne den Schreibfluß zu hemmen.

↔ Legen Sie Ihr Wortnetz am Ende nicht beiseite, sondern schauen Sie es sich genau an, und markieren Sie die Stellen, die Sie verblüffen und bestürzen, die Sie vor ein Rätsel stellen oder erfreuen. Schreiben Sie spontan und frei sieben Minuten lang über eine der markierten Stellen. Suchen Sie in diesem Text nach neuen Ideen, und knüpfen Sie ein neues Wortnetz aus einer von diesen Entdeckungen.

Brainstorming

Mit *Brainstorming* arbeiten alle, die ungern Wortnetze benützen. Brainstorming heißt: spontan Einfälle sammeln. Schreiben Sie Ihre Gedanken und Ideen einfach auf ein Blatt Papier. Denken Sie dabei nicht zuviel nach, und sieben Sie Ihre Einfälle nicht aus. Alles, was Ihnen in den Sinn kommt, sollte das Papier erreichen. Sie können auch durch Brainstorming einen Faden Ihres Wortnetzes knüpfen. Um erfolgreich mit Brainstorming zu arbeiten, müssen Sie nur folgendes beachten:

- ↬ Lassen Sie keine Gedanken weg, die Ihnen uninteressant erscheinen. Auch scheinbar »uninteressante« Brainstorming-Listen können ein guter Ausgangspunkt zum Schreiben sein, wenn man jeden Gedanken als Brücke zu einer neuen Idee sieht.
- ↬ Schreiben Sie möglichst schnell.
- ↬ Machen Sie sich keine Gedanken über Rechtschreibung, Grammatik oder Stil.

Hier als Beispiel ein Brainstorming von Erinnerungen an meinen Vater:

> Sein kratzender Bart.
> Wie er Gute-Nacht-Geschichten erzählt: In New York ohne Geld aufwachsen.
> Mit ihm und meinem Bruder Fußball und Basketball spielen.
> Er sitzt im Auto und schaut mir zu, wie ich Basketball spiele – wie gut das tat, daß er da war.
> Über das Leben diskutieren.
> Das alte gelbe Auto reparieren – Warum war ich so besessen davon? Dann hat er es gegen ein neues abgegeben.
> Als Kind im Bett liegen, warten, daß er vom Pferderennen zurückkommt, daß die Scheinwerfer des Wagens durch die Jalousien streifen. Damals habe ich das erste Mal an seinen Tod gedacht. Ich wußte, daß er zuerst sterben würde.
> Fußballkarten unter dem Kopfkissen.
> Das Ritual im Stadion, jeden Samstag.
> In seinem neuen Wagen, dem roten Ford, mitfahren.
> Seine Hand, die gegen den Rücksitz schlägt, um uns Angst einzujagen, damit wir keinen Lärm machen.
> Er hat mich nie geschlagen.

Wenn Sie Lust haben, schreiben Sie frei sieben Minuten lang über eine Zeile, die Sie in Ihrer Brainstorming-Liste angestrichen haben.

Momentaufnahmen

Eine *Momentaufnahme,* wie Sie sie am Anfang dieses Kapitels schon geschrieben haben, ist nichts anderes als ein Abbild Ihres Gegenstands, das mit Worten gezeichnet ist und somit die Zeit anhält. Wenn man schreibt, hat man zusätzlich einen großen Vorteil gegenüber dem Photographen, da Beschreibungen nicht nur optische Eindrücke, sondern auch Gerüche und Geräusche enthalten können. Momentaufnahmen zu schreiben schärft Ihre Wahrnehmung von der Welt, da Sie durch diese Übung lernen, mehr Einzelheiten zu sehen.

Wenn wir eine Momentaufnahme schreiben, sind unsere Bilder am Anfang oft verschwommen und werden erst deutlicher, wenn wir beginnen, uns Fragen zu stellen. Es ist, als hielten Sie sich ein Fernglas vor Ihre Augen: Jede Frage, die Sie sich stellen, dreht den Knopf am Fernglas ein Stück weiter und schärft das Bild, das Sie sehen. Lassen Sie mich Ihnen ein Beispiel geben:

Mein Vater fährt den Wagen.
Was macht er genau?
Welche Farbe hat das Auto, welche Automarke ist es?
Die Hände meines Vaters liegen ruhig auf dem Lenkrad des großen roten Fords.

Wenn Sie eine Momentaufnahme schreiben, halten Sie für einen Augenblick die Zeit an. Stellen Sie sich selber Fragen, und versuchen Sie, mehr Einzelheiten über diesen einen Moment zu finden. Freuen Sie sich, daß sich das Bild aus Worten mit jedem neuen Gedanken wie ein Polaroidbild vor Ihnen entwickelt. Hier sind einige Ideen, auf die Sie Ihre Kamera richten können.

- Schreiben Sie eine Momentaufnahme über Ihre Mutter oder Ihren Vater.
- Schreiben Sie eine Momentaufnahme über Ihren besten Freund.
- Schreiben Sie einen Momentaufnahme über einen geheimen Platz.
- Schreiben Sie eine Momentaufnahme über ein altes Auto.
- Schreiben Sie eine Momentaufnahme über einen besonderen Augenblick.
- Schreiben Sie eine Momentaufnahme über einen Augenblick, der Ihnen Angst gemacht hat.

Gedankenbilder

Mit *Gedankenbild* ist ganz einfach eine Momentaufnahme von den Gedanken einer Person gemeint. Wir haben dies schon einmal am Anfang des Kapitels mit einer Photographie versucht. Beim Gedankenbild kann es sich um die eigenen Gedanken oder diejenigen einer Person handeln, die Sie kennen. Denken Sie einfach über die Person nach, und schreiben Sie Ihre oder deren Gedanken auf. Versuchen Sie auch ein Gedankenbild über eine Person aus Ihrem Wortnetz zu schreiben. Schreiben Sie spontan sieben Minuten. Entdecken Sie neue Gedanken in diesem Text? Streichen Sie sie an. Vielleicht läßt sich aus ihnen in späteren Kapiteln eine Geschichte entwickeln.

Höhlentexte

Kinder haben eine bemerkenswerte Fähigkeit, ihre Erinnerungen auf dem Papier zu veranschaulichen. Wenn ihnen nur freie Hand gelassen wird, zeigt sich, daß es kein Problem ist, wenn Sie nicht schreiben können, da Malen und Schreiben von ihnen nicht als unterschiedliche Tätigkeiten gesehen werden. Im Kindergarten habe ich erlebt, wie Kinder aus wenigen gekritzelten Zeichen auf einem Stück Millimeterpapier eine halbe Stunde vorgelesen haben. Die Geschichte steckt in ihnen; man muß ihnen nur einen Filzstift und ein Stück Papier geben, und die Geschichte kommt heraus.

Als Erwachsene, sofern wir keine Künstler sind, klammern wir das Malen meistens aus unserem Leben aus. Wir geben ihm abwertende Namen wie »Kritzeln« und sehen es im besten Fall als Zeitüberbrückung an. Von Kindern inspiriert, habe ich eine Technik entwickelt, die das Künstlertum in uns wieder aktiviert und es möglich macht, verschüttete Erinnerungen und Gefühle auf das Papier zu bekommen. Ich habe sie *Höhlentexte* genannt, weil es eine Art zu schreiben ist, von der ich mir vorstelle, daß so die Höhlenmenschen geschrieben hätten, wenn sie ein Alphabet gehabt und ihre Zeichnungen mit Buchstaben

vermischt hätten. Ich habe immer die natürliche Kraft der vorgeschichtlichen Höhlenmale-
reien bewundert und auch ähnliche Qualitäten im Schreiben von kleinen Kindern gesehen,
für die es keinen Unterschied macht, ob sie ein Wort schreiben oder malen.

　　Ich habe einen Höhlentext über den Tod meines Vaters geschrieben (siehe oben), indem
ich ein Bild von seinem Gesicht gemalt und meine Gedanken und Gefühle von dem Moment
niedergeschrieben habe, in dem ich erfuhr, daß er gestorben war. Für das Schreiben von
Höhlentexten gibt es keine speziellen Anweisungen. Manche beginnen mit Wörtern, manche mit Bildern. Entscheidend ist, daß man den Stoff auf das Papier bringt. Versuchen Sie
anfangs, dem unten beschriebenen Arbeitsablauf zu folgen. Dann experimentieren Sie am
besten für sich allein weiter.

1. Fangen Sie an, indem Sie sich ein Thema suchen: eine Person, einen Ort, eine Erinnerung, eine verrückte Idee, usw.
2. Kritzeln Sie ein Bild von dem Thema. Es muß nicht perfekt und schon gar nicht künstlerisch anspruchsvoll sein. Erlauben Sie sich einfach, auf einem weißen Blatt Papier das
   Thema so auszudrücken, wie Sie es empfinden.
3. Schreiben Sie einzelne Wörter oder Fragen zum Thema an die Stellen auf das Papier, die
   für Sie die richtigen sind.
4. Nehmen Sie sich Zeit, Ihren Höhlentext zu betrachten. Fügen Sie noch mehr Zeichnungen oder Wörter hinzu. Und hängen Sie schließlich das Blatt über Ihrem Schreibtisch auf.

Versuchen Sie, einen Höhlentext über eine Zeit zu schreiben, in der Ihre Zukunft ungewiß war. Und noch einmal: Machen Sie sich bitte keine Sorgen um Ihr künstlerisches Vermögen oder Unvermögen. Wörter und ihre emotionale Kraft sollen Sie leiten. Wenn Sie wollen, können Sie auch abstrakt zeichnen. Es geht nur darum, aus sich heraus etwas auf das Papier zu bringen. Betrachten Sie es, und streichen Sie die Teile an, die Sie überraschen und faszinieren. Heben Sie die Texte auf, damit Sie sie später verwenden können.

Körperkarten

Laden Sie einen Freund ein, und schreiben und zeichnen Sie eine *Körperkarte*. Sie brauchen einen Filzstift und ein Stück Papier, das so groß ist wie Sie (Sie können auch Zeitungs- oder Packpapier oder Tapeten zusammenkleben). Dann legen Sie sich auf das Papier und lassen Ihren Freund die Umrisse Ihres Körpers auf das Papier malen. Schreiben Sie Erinnerungen, die Sie mit verschiedenen Köperteilen in Verbindung bringen, an die entsprechenden Stellen. Nehmen Sie eine oder zwei Erinnerungen davon, und schreiben Sie zwanzig Minuten lang spontan darüber. Lassen Sie sich von Ihren Gedanken zu mehr Erinnerungen an Menschen, Plätze und Ereignisse führen, die mit einem Teil Ihres Körper zu tun haben.

Hängen Sie zuletzt Ihre Körperkarte neben den Schreibtisch, und fügen Sie in den Momenten, in denen Sie unbeschäftigt sind, weitere Erinnerungen hinzu.

Handkarten

Handkarten sind eine weitere Möglichkeit, Erinnerungen zu finden, die mit Ihrem Körper verbunden sind. Beginnen Sie, indem Sie die Umrisse Ihrer Hand auf ein Papier zeichnen (meine Handkarte ist auf Seite 27 abgebildet).

- Schreiben Sie ein Gefühl oder einen Aspekt Ihrer Persönlichkeit auf jeden Finger.
- Zeichnen Sie an jeden Finger Linien, an die Sie Ihre Erfahrungen schreiben, die mit dem Gefühl oder dem Aspekt Ihrer Persönlichkeit verbunden sind.
- Wählen Sie ein Ereignis oder ein Gefühl davon aus, und schreiben Sie spontan zehn Minuten darüber.
- Und halten Sie nach neuen Ideen für Ihre Handkarte Ausschau. So können Sie die Umrisse einer Kinderhand auf das Papier zeichnen und auf die Finger Kindheitsbedürfnisse schreiben. Finden Sie dann durch Brainstorming Erinnerungen, die von diesen Bedürfnissen ausgelöst werden, und schreiben Sie über eine, die Sie besonders fasziniert.

Ein Lied singen

Mit *Lied* meinen wir hier ein Gedicht mit einer Zeile, einem Kehrreim oder Refrain, der sich immer wiederholt. Schreiben Sie durch Brainstorming eine Liste von kurzen Sätzen auf, die Ihnen etwas bedeuten. Es kann die vertraute Stimme von Vater, Mutter oder einem Kind sein (»Mama, darf ich das haben«), die innere Stimme eines Gefühls (»Das macht mich wahnsinnig«) oder eine oft gehörte Phrase (»Schönen Tag noch«).

Wählen Sie einen Satz aus Ihrer Liste aus, der Sie besonders fasziniert, und schreiben Sie ihn an den oberen Rand eines Blattes von Ihrem Schreibheft. Das wird der Refrain Ihres Textes.

Schreiben Sie nun ein Gedicht, in dem der Kehrreim sich immer wiederholt, entweder nach jeder Zeile oder auch nur, so oft Sie mögen. Ein Beispiel:

Im Kaufhaus verloren
Ich hab mich verlaufen
  wo bin ich
Ich hab mich verlaufen
  wo seid Ihr?
Ich hab mich verlaufen
  helft mir!
Ich hab mich verlaufen
  helft mir, Fruchtbonbons!
Ich hab mich verlaufen
  zeigt mir den Weg, Schokotüten
Ich hab mich verlaufen
  bringt mich heim, ihr Einkaufswagen
Ich hab mich verlaufen

Noch tiefer eintauchen ...

Was hat Sie am meisten an Ihrem Wortnetz, Brainstorming, Momentaufnahme, Gedankenbild, Höhlentext, Körperkarte, Handkarte oder Lied überrascht? Welche Fragen haben Sie interessiert? Mit welchen konnten Sie wenig anfangen? Mit welcher Technik konnten Sie am besten Erinnerungen sammeln? Warum?

Die Geschichte von Jane

> *Wenn der Körper schließlich zuhört, fängt er an zu sprechen.*
> *Es ist, als ob man eine einfache Fiedel in eine Stradivari verwandelt.*
> MARIAN WOODMAN

Wie Schreiben weitere Erinnerungen hervorzuzaubern kann, erlebte ich an Jane, einer Studentin in einem Erstsemesterkurs, den ich unterrichtete. Jane war eine Frau in den Fünfzigern und fühlte sich unter den anderen Studenten, die alle nicht älter als neunzehn waren, etwas deplaciert. Sie hatte glattes, blondes Haar und Augen, die den Eindruck machten, als würde Jane dauernd nachdenken und alles, was sie hörte, hinterfragen. Ihre Hand war immer die erste, die nach oben schoß, und an ihren scharfsinnigen Kommentaren merkte ich, daß ich mit ihr einen unbezahlten Mitarbeiter im Unterricht gefunden hatte.

Jane hatte seit der Schulzeit nicht mehr geschrieben, nachdem ein Lehrer ihr gesagt hatte, daß sie keine Kreativität besäße. Ihr Vater hatte gesagt, daß sie hübsch genug sei, um nicht auf die Universität gehen zu müssen. Ihre jüngere Schwester studierte in Harvard und promovierte dort; Jane hatte früh geheiratet und die folgenden Jahre als Hausfrau verbracht.

Es war nicht schwer und bald zu merken, daß Jane eine Begabung zum Schreiben hatte. Sie hatte nicht nur das Talent, sich an bestimmte Einzelheiten zu erinnern, sondern auch einen Instinkt für die Erkenntnis dessen, was in ihrem Leben Bedeutung gehabt hatte. Als ich die Kursteilnehmer aufforderte, ein Brainstorming über die frühesten Erinnerungen, derer sie habhaft werden konnten, zu machen, entschloß sich Jane, über einen Sommernachmittag am Mississippi zu schreiben, wo sie aufgewachsen war. Als sie schrieb, erfuhr

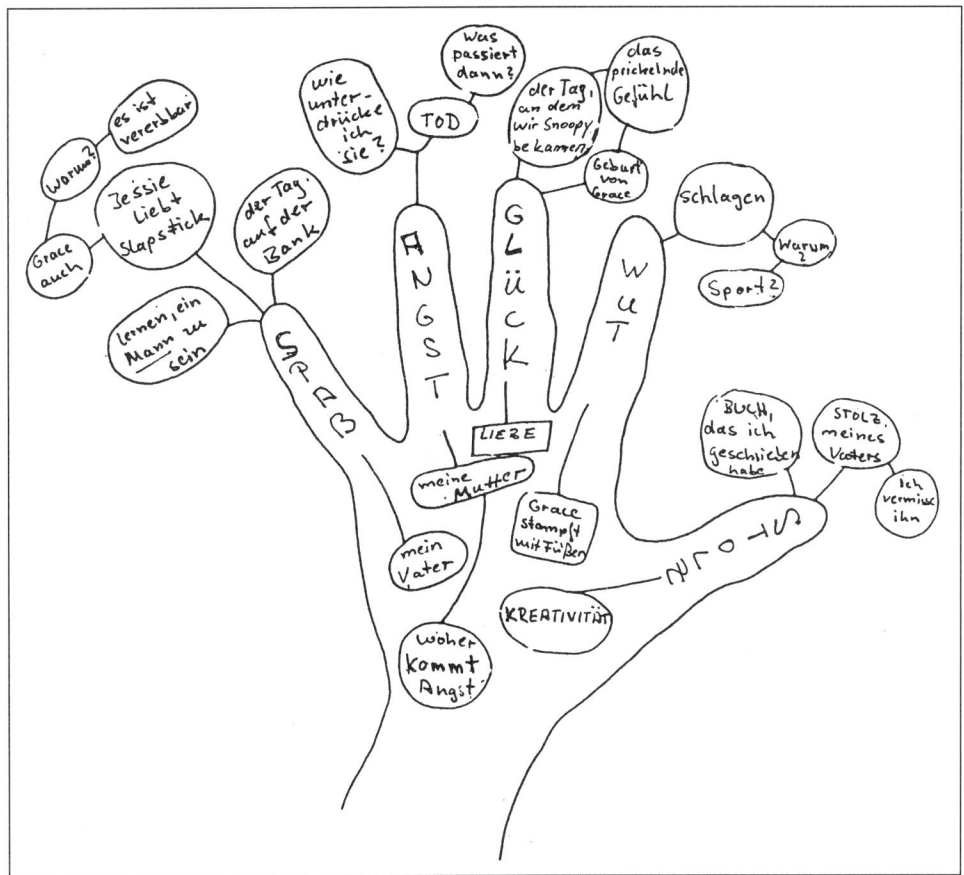

sie, warum ihr die Erinnerung an diesen Nachmittag noch im Kopf hing, während viele andere verschwunden waren. Wenn Sie jetzt »Beerenpflücken« lesen, sollten Sie darauf achten, wie Jane ihre Realität in einer einfachen Erinnerung entdeckte.

Beerenpflücken

Auf dem sechzehn Morgen großen Feld waren Schlangen. Aber da gab es auch die köstlichsten Brombeeren, die man sich vorstellen kann. Sie waren ganz reif, voller Saft und warm von der Sonne. Sie waren zwischen Dornen und Gestrüpp versteckt, in dem große schwarze Schlangen lauerten. Manchmal glitten die davon, ohne daß ich sie sehen konnte, aber gehört hatte ich sie immer.

»Da ist die Schüssel. Geh bitte Beeren pflücken für den Nachtisch heute abend«, sagte meine Mutter zu mir. Ich sah die riesige Schüssel an und wußte, daß ich sie bis zum Rand füllen mußte, damit Mutter zufrieden sein würde. Aber schließlich gab es auf dem Feld genug Brombeeren, und deswegen mußte es gar nicht lange dauern. Ich ging hinaus auf die eine Seite vom Hof und stieg durch das Loch im Stacheldrahtzaun. Ich stand wieder auf, holte tief Luft, um Mut zu schöpfen, und marschierte unerschrocken in das Schlangenloch oder vielmehr in den Beerengrund.

Ich begann, die Blätter hochzuheben, um darunter die Beerendolden zu finden. Selt-samerweise waren keine da, außer einigen wenigen alten, harten Früchten, die nicht reif geworden waren. Die Sonne brannte heiß herunter, und der Schweiß lief mir über die Arme und den Rücken. Ich wußte, daß Mutter wütend sein würde, wenn ich ihr nicht die volle Schüssel bringen würde. Ich suchte weiter.

Schließlich hatte ich genau siebzehn Beeren. Sie bildeten nicht einmal eine Schicht auf dem Boden der Schüssel. Sie kullerten herum, wenn die Schüssel auf die eine oder andere Seite kippte. Was würde ich nur Mutter sagen. Ich wußte, daß die Wahrheit wie eine Lüge klingen würde.

»Aber Mama«, winselte ich. »Es gibt keine mehr – es gibt wirklich keine mehr.« Sie glaubte mir nicht.

»Du bist nur zu faul, um zu suchen. Jetzt gehst du nochmal und kommst nicht zurück, bevor die Schüssel voll ist« sagte sie ungehalten.

Ich hatte gewußt, daß sie wütend sein würde. Traurig trottete ich aus dem Haus. Man kann keine Beeren pflücken, wenn keine da sind, sagte ich zu mir. Ich durchkämmte den Beerengrund. Die Sonne sank tiefer. Ich wußte nicht, was ich tun sollte, ich wußte nur, daß ich nicht mit einer leeren Schüssel nach Hause gehen konnte. Diese Ungerechtig-keit! Eltern! Ich wanderte lustlos kreuz und quer durch das Feld und verfluchte mein Schicksal. Sogar die Angst vor den Schlangen verschwand vor dem Problem, dort Bee-ren finden zu müssen, wo keine Beeren sind. Ich haßte Beerenpflücken. Ich haßte den Beerengrund. Ich haßte Mississippi. Ich haßte die Armee. Aber vor allem haßte ich meine Mutter. Warum kam sie nicht selber und versuchte, Beeren zu pflücken. Dann hätte sie es schon gesehen. Dann hätte sie selber gemerkt, daß keine Beeren da waren. Aber sie hatte ja nie Beeren gepflückt. Das mußte immer ich machen. Es gibt hier keine, es gibt hier eben keine, sagte ich immer wieder wutentbrannt vor mich hin.

Plötzlich stand meine Mutter hinter mir. Zuerst dachte ich, daß es eine Schlange wäre, die durch die Blätter raschelte. Ich weiß nicht, wovor ich in diesem Augenblick mehr Angst hätte haben sollen: Vor den Schlangen oder vor meiner Mutter.

»Es gibt keine Beeren mehr«, verteidigte ich mich ängstlich.

»Ist doch nicht zu glauben«, sagte meine Mutter und hielt selber kurz Ausschau. Dann drehte sie sich um und ging zurück, und ich folgte ihr ins Haus, müde von diesem frucht-losen Nachmittag.

»Das Gesindel von unten an der Straße muß sie gepflückt haben, als wir am Sonntag weg waren«, sagte mein Vater später am Abend beim Essen zu ihr.

Ich schob das Essen auf meinem Teller herum. Ich überlegte, ob es ihr leid tat und dachte, daß sie sich ruhig hätte entschuldigen können. Ich war nicht faul. Ich versuchte die meiste Zeit, alles richtig zu machen. Ich dachte, daß Eltern nicht zugeben müssen, wenn sie etwas falsch gemacht haben. Nur Kinder müssen das tun. Ich schaute sie an und versuchte ihre Gedanken zu lesen. Aber es tat ihr nicht leid.

Jane begann ihren Text mit dem Mißerfolg, den sie beim Beerenpflücken gehabt hatte, und landete beim Ärger über ihre Mutter, die ihr nicht glauben wollte und sich schließlich nicht entschuldigte. Dieser Text war der erste Schritt in einem Erinnerungsprozeß, durch den sie entdeckte, daß sie in einer disfunktionalen Familie aufgewachsen war und wie das ihr Leben beeinflußt hatte. In späteren Texten beschrieb Jane, wie ihre Eltern ihr nicht glaubten, als sie sich weigerte, mit dem Fahrrad zur Schule zu fahren, weil die Stiere ihr auf der staubigen Straße hinterherhetzten. Dieser Text endete mit der Reflexion: »Meine ganze Kindheit ertrug ich geduldig Schrecken, Schmerz (als mein Arm gebrochen war, warteten sie drei Tage, bevor sie mich zum Arzt brachten, weil sie mir nicht glaubten, wenn ich ihnen sagte, daß mir was weh tut) und Traurigkeit, weil ich mich an keinem Ort zu Hause fühlte und mit der Zeit eine erdrückende Ängstlichkeit entwickelte. Ich lernte, meine Gefühle zu verstecken. Schließlich erzählte ich meinen Eltern nichts mehr, und sie hörten auf, über mich zu lachen.«

Janes Isolation führte zu einem Nervenzusammenbruch. Sie schrieb einen Text über ihre erste Nacht in einer Nervenheilanstalt. Kein Thema war für sie zu groß. Sie schrieb weiter und weiter, und mit jedem neuen Text stellten ihre niedergelegten Erinnerungen wieder die Verbindung zwischen ihr und der Welt her. Einige ihrer Arbeiten wurden schließlich in einer Frauenzeitschrift publiziert, und Jane, die nicht daran gedacht hatte, daß sie eine Autorin werden könne, machte ihren Studienabschluß in Poetik.

Wenn wir schreiben, beginnen wir schnell, in unserer Vergangenheit Anhaltspunkte, Schlüssel zu finden, um besser zu verstehen, wie wir jetzt sind. Schauen Sie Ihr Notizheft nach Erinnerungen, Gefühlen und Gedanken durch, über die geschrieben werden könnte. Folgen Sie ihnen wie ein Jäger mit einem Hund, der eine frische Fährte gefunden hat.

Auslöser

- Nehmen Sie eine Idee aus Ihrem Wortnetz – Brainstorming, Höhlentext oder Momentaufnahme –, und schreiben Sie zehn Minuten lang.
- Notieren Sie Ihre frühesten Erinnerungen in kurzen Beschreibungen. Versuchen Sie, möglichst viele lebhafte Einzelheiten in Ihrer Erinnerung wiederzufinden. Betrachten Sie jede Erinnerung, als sei sie eine Ansichtskarte, die Sie einem Blinden beschreiben müßten.
- Erstellen Sie eine Liste mit wichtigen Kindheits- und Jugenderinnerungen. Wählen Sie eine aus, und schreiben Sie eine Seite. Hier einige Ideen: Der erste Kuß, Autos, Sexualität, Unsicherheit, Übergangsrituale, schlechte Lehrer, gute Lehrer.
- Schreiben Sie Höhlentexte über frühe Erinnerungen. Verwenden Sie alle Einzelheiten, die Ihnen einfallen. Nehmen Sie farbige Filzstifte. Wenn Sie fertig sind, dann bringen Sie Momentaufnahmen über einzelne Wörter dieses Bilds zu Papier. Fertigen Sie eine Liste mit Erinnerungen an Ungerechtigkeiten an, die Sie in Ihrer Kindheit erlebt haben. Schreiben Sie über eine davon spontan zehn Minuten lang. Unterbrechen Sie den Text, und schreiben Sie zum gleichen Thema aus der Erwachsenensicht.
- Schreiben Sie über:
  Eine Zeit, in der Sie jemand verletzt hat.
  Eine Zeit, in der Sie jemanden verletzt haben.
  Eine Zeit, in der Ihnen jemand geholfen hat.
  Eine Zeit, in Sie jemandem geholfen haben.
- Schreiben Sie über:
  Das erste Mal, wo Sie etwas Besonderes versucht haben.

Einen Moment, in dem Sie als Kind etwas verstanden haben.

Ein Ereignis, bei dem ein Gebet erhört worden ist.

☞ Schreiben Sie Ihren Namen in großen Buchstaben auf das Papier. Schneiden Sie die Buchstaben aus, und setzen Sie sie neu zusammen. Versuchen Sie, ein *Akrostichon* zu schreiben. Das ist ein Gedicht, bei dem die Anfangsbuchstaben der einzelnen Zeilen von oben nach unten gelesen ein Wort, oft den Namen des Verfassers, ergeben. Ein Beispiel:

Viel geflogen

Ohne Ruhe

Glück gesucht

Endlich gefunden:

Leise Töne des Abends

☞ Schreiben Sie ein Gedicht, das mit den Worten »In mir …« beginnt. Denken Sie an eine Landschaft oder einen Ort. Versuchen Sie nicht, besonders künstlerisch zu schreiben. Ihre Gedanken sollen sich mit den sprachlichen Möglichkeiten entfalten, über die Sie bereits verfügen.

☞ Schreiben Sie fünf unausgesprochene Regeln aus Ihrem Familienleben auf.

☞ Schreiben Sie eine Momentaufnahme über eine alltägliche Kindheitserfahrung wie diese von Delia French:

Mein Abendessen ist immer dasselbe.

Meine Schwester wird nicht essen.

Meine Eltern werden sich ärgern.

Meine andere Schwester weint.

Ich aber höre nur die Grillen.

Gedankenbriefe

Briefeschreiben ist eine weitere Chance, sich ganz unmittelbar an seine Kindheit zu erinnern. Und ein *Gedankenbrief* ist nichts anderes als ein Brief, der die Gedanken und Gefühle ausdrückt, die in Ihrem Herzen sind. So wird mit ihm gearbeitet:

Denken Sie an eine Person, die Sie mögen, oder an einen Elternteil. Die Person kann noch leben oder verstorben sein. Schreiben Sie jetzt diesem Menschen einen Gedankenbrief. Er sollte alle Gedanken und Gefühle enthalten, die Sie nie vorher ausgedrückt haben. Sie sollen den Brief später nicht abschicken, sondern ihn nur schreiben. Schreiben Sie schnell. Und versuchen Sie, plötzlich auftauchende Gefühle aufzuschreiben, bevor Sie über sie nachdenken können.

Lesen Sie Ihren Brief noch einmal durch. Suchen Sie Stellen, von denen Sie nicht erwartet hätten, daß Sie so etwas aufschreiben. Markieren Sie die Stellen, die Sie mögen. Lesen Sie sich Ihren Brief laut vor, und stellen Sie sich dabei vor, daß die Person vor Ihnen stünde. Formulieren Sie das Gefühl, den Gedanken, von dem Sie glauben, daß er den Ton des Briefes bestimmt.

Noch tiefer eintauchen …

Mit welchen Experimenten haben Sie am besten arbeiten können? Warum war das so? Haben Sie neue Gefühle oder Einzelheiten entdeckt, während Sie geschrieben haben, oder ging alles wie erwartet?

Briefe an sich selbst

Lee war ein Gefängnisinsasse, der entdeckte, welche Vorteile das Briefeschreiben gegenüber dem Telefonieren hatte. Er beobachtete, daß, wenn er wütend auf seine Frau war und einen Brief schrieb, die Wut verflogen war, sobald er den Brief beendet hatte. Er las den Brief am nächsten Tag noch einmal durch und entschloß sich, ihn nicht abzuschicken, weil nun seine Gedanken an sie nicht mehr von irrationalen Gefühlen verdeckt waren.

Leider galt dies nicht für die Telefongespräche zwischen Lee und seiner Frau. Diese waren belastet durch immer gleiche Vorwürfe und Streit. Lee mußte feststellen, daß die innere Stärke, die er durch das Schreiben erworben hatte, sich nicht ins tägliche Leben übertragen ließ. Denn wenn man telefoniert, spricht man mit jemand anderem; wenn man schreibt, spricht man mit sich selbst.

Auslöser

- ꙍ In der folgenden Übung sollen Sie kennenlernen, wie sehr Ihnen das Schreiben helfen kann, sich an eigene Gefühle zu erinnern. Schreiben Sie einen Brief an sich selbst, als wären Sie ein Freund, den Sie seit Jahren nicht gesehen haben. Denken Sie dabei an eine Zeit, in der es Ihnen nicht gut ging. Schreiben Sie sich einen Brief aus dieser Zeit.
- ꙍ Schreiben Sie einen Brief an einen Freund, zu dem Sie den Kontakt verloren haben. Beschreiben Sie, was Sie jetzt, im Gegensatz zu früher, über Ihre Freundschaft und das Leben wissen.
- ꙍ Schreiben Sie einen Brief an sich selbst, in dem Sie sich loben. Schicken Sie ihn aus Spaß mit der Post an Ihre Adresse. Öffnen Sie ihn, und lesen Sie ihn noch einmal. Tragen Sie ihn ein oder zwei Tage bei sich.
- ꙍ Schreiben Sie einen Beschwerdebrief an den Herrn des Universums.
- ꙍ Schreiben Sie einen Brief an die Staatsführer der Welt. Teilen Sie ihnen mit, wie es Ihrer Meinung nach besser gehen würde.
- ꙍ Schreiben Sie eine kurze Notiz, in der Sie sich eine bittere Wahrheit Ihres Lebens mitteilen.

Wenn Sie Angst haben: Lassen Sie Ihre Schreibstörungen für Sie arbeiten!

Gut. Vielleicht haben Sie versucht, einige der Übungen in diesem Kapitel zu machen, und Sie sagen nun, nachdem Sie die Ergebnisse sehen: »Ich bin zum Schreiben nicht geeignet. Die Texte haben keine Tiefe. Ich hasse das Zeug, das ich schreibe.« Vor Ihren Gedanken verschließen sich die Türen, Ihr Kopf ist leer. Nur die Angst vor dem Rotstift hockt am Rand des Papiers. Dann muß es heißen: Stop! Unterbrechen Sie Ihre Arbeit. Lehnen Sie sich zurück. Holen Sie tief Luft … Und sagen Sie sich: »Ich muß nicht perfekt sein. Ich lebe und habe etwas zu sagen. Niemand und nichts wird mich stoppen können.«

Der beste Rat beim Schreiben, den ich überhaupt kenne, kam von meinem Freund Geof Hewitt. Geof ist ein Schriftsteller, der in Schulen Kreatives Schreiben unterrichtet. Wenn seine Schüler nicht weiterkommen, empfiehlt er ihnen, die Schreib-Ängste und Schwierigkeiten für sich selbst zu nutzen. So sollten Sie, wenn Sie nicht die Schönheit eines Baumes nicht beschreiben können, darüber schreiben, warum Sie nicht die Schönheit des Baumes beschreiben können. Bringen Sie Ihre Hemmungen, Ihre Ängste, Ihre Verwirrung zu Papier. Lassen Sie sie aus sich heraus. Werfen Sie sie auf dem Papier ab.

Ich will nicht über meinen Vater schreiben. Immer wenn ich damit anfange, fühle ich Schmerz und Verwirrung. Ich schreibe dies im Haus meiner Mutter. Mir gegenüber an der Wand hängt ein Photo von ihm. Er trägt ein Halstuch und einen dunklen Anzug, der mit dem Hintergrund verschmilzt. Meine Mutter steht schwarz gekleidet neben ihm, und ihr Kleid verschmilzt ebenfalls mit dem Hintergrund. Nur ihre dünne Goldkette treibt auf der Oberfläche der Photographie. Beide blicken ernst, auch wenn mein Vater fast lächelt. Es ist das Lächeln, das ich von ihm kenne, wenn er mit Kindern spielt. Ich sehe meinen Vater jetzt mit meiner Tochter Jessie spielen. Ich sehe ihn mit demselben Lächeln in der Türöffnung unserer Küche. Die Kindheit meines Vaters war hart. Als er erst fünf Jahre alt war, starb sein Vater. Einmal erzählte er mir, daß er miterlebt hatte, wie sein Vater starb. Wie man ihn auf den Küchentisch gelegt hatte und zu beiden Seiten des Körpers Kerzen angezündet hatte. Ich erinnere mich an den Schmerz in seiner Stimme, als er mir die Geschichte erzählte, aber auch, daß sie irgendwie heiter war: »Ich wußte nicht, was da vor sich ging. Ich war ja noch ein Kind.«

In einer bestimmter Weise trauerte mein Vater sein ganzes Leben um seinen Vater. Und wenn ich über meinen Vater schreibe, fühle ich mich, als würde ich ebenfalls um meinen Großvater trauern, den ich nie kennengelernt habe. Mein Vater ist mehr als die Erinnerungen, die ich an ihn habe. Ich muß darüber hinaus, weitergehen, in ihn hineinschauen, die Wahrheit unter den Schatten finden.

Wenn die Kindheit ein Traum war, dann wecke ich mich selber auf, wenn ich schreibe.

Die Erinnerung, die zu uns spricht

Mit ein wenig Glück lehrt Sie Ihr Stift, wie Sie sich erinnern können. Wir haben gemeinsam Techniken ausprobiert, die die gespeicherten Schätze der Erinnerungen, die in unserem Gedächtnis gelagert sind, geöffnet und geholfen haben, wenigstens einige davon auf das Papier zu bekommen. Es ist natürlich ein langer und komplexer Prozeß. Aber wenn Sie sich an einer einzigen Erinnerung, die unerwartet plötzlich auf dem Papier erschienen ist, erfreuen können, beginnen Sie vielleicht zu sehen, warum Autoren, wie sehr sie sich sonst voneinander unterscheiden mögen, schreiben müssen und wie das Schreiben sie befriedigt.

Das nächste Kapitel beschäftigt sich mit dem Erwachsenwerden. Wir lernen Techniken, die unsere Vergangenheit hinterfragen, damit wir die Bücke erkennen zwischen dem, was wir waren, und dem, was wir sind.

Kapitel 2

Fragen an die Erinnerung

Das Buch soll die Axt sein für das gefrorene Meer in uns.
FRANZ KAFKA

In einem Dokumentarfilm über eine Indianerstamm, der im amazonischen Regenwald lebt, kam der Häuptling des Stammes der zentralen Idee des Schreibens und der Literatur sehr nahe, als er sagte: »Im Leben geht es darum, Fragen zu stellen.«

Und wenn ich in einem Satz beschreiben müßte, was einen Autor ausmacht, würde ich denselben Gedanken aussprechen: »Ein Autor ist jemand, der Fragen stellt.« Neugier ist die Antriebskraft, um interessant zu schreiben, und das beste Werkzeug, um herauszufinden, was wichtig ist und was darzustellen sich lohnt. Auch Autoren entwickeln Techniken, um mehr als das Augenfällige zu sehen, um unter der Oberfläche die tatsächliche Bedeutung oder Ursache oder gar neue Gedanken zu erkennen. Fragen spiegeln unsere Ehrfurcht, Spannung, Freude, Traurigkeit – unsere Beschäftigung mit der Welt. Wenn wir schreiben, als wüßten wir bereits alles, werden wir mit unseren Worten langweilen. Aber in dem Augenblick, in dem wir unsere Unwissenheit, unsere Neugier, unsere Verwundbarkeit zeigen, sind unsere Worte nicht mehr bloß Wörter, sondern verpflichten sich uns und unseren Lesern.

Schreiben heißt: nach Wurzeln graben

Mein neuestes Modell, um den Schreibprozeß darzustellen, ist ein Baum (siehe nächste Seite). Vieles von dem, was wir schreiben, ist wie Blätter und Stamm. Aber je mehr wir schreiben und nach Bedeutungen suchen, desto mehr gelangen wir an die Wurzeln. Was ist eine *Wurzel*? Als Wurzel bezeichnen wir eine ungelöste Frage, eine drängende Erinnerung, über die zu schreiben man das Bedürfnis hat. Es kann eine Person oder ein Ort oder ein Vorfall sein, der schon seit Jahren durch unsere Erinnerung geistert, eine verrückte Idee, an die Sie gerne zurückdenken, ein Geruch oder ein Lied, das in Ihnen tausend weitere Erinnerungen wachruft. Kurz gesagt, eine Wurzel ist etwas, was Ihnen so viel Lust zu schreiben bereitet, daß Sie den Stift nicht mehr weglegen können. In der Grundschule habe ich Schüler erlebt, die an solche Wurzeln gelangt waren: Sie haben nicht einmal aufgeschaut, als die Pausenglocke läutete, sondern leidenschaftlich an ihren Texten weitergeschrieben. Oftmals finden Autoren jedoch erst durch das Schreiben selbst zu diesen Wurzeln.

In Kapitel 1 haben Sie begonnen, mit Ihrem Stift nach Kindheitserinnerungen zu suchen. Mit ein wenig Glück haben Sie Erinnerungen und Gefühle ans Tageslicht gebracht, von

denen Sie glaubten, daß Sie sie vergessen hätten. Sie haben begonnen, zu Ihrer Vergangenheit zurückzukehren, und Sie haben einige Techniken gelernt, nach Ideen zu forschen, ohne an eine bestimmte literarische Form wie Kurzgeschichte oder Essay oder anderes gebunden zu sein. In diesem Kapitel zeige ich Ihnen Möglichkeiten, die Wurzeln der Vergangenheit auszugraben, und als Spaten und Schaufel dienen uns: Fragen.

Aufmacher züchten

> *Du schaust aus dem Fenster und siehst das Schwanzende eines Tigers*
> *und weißt, daß zu dem Schwanzende ein ganzer Tiger gehört,*
> *und wunderst dich, daß da ein Tiger ist.*   MEKEEL MCBRIDE

Aufmacher zu schreiben ist ein sehr gutes Werkzeug, um in einem Text *Wurzeln* zu finden. *Aufmacher* ist ein journalistischer Fachausdruck, der den Titel eines Zeitungsartikels, aber auch den einleitenden Artikel der Berichterstattung bezeichnet. Der Schriftsteller Paul Hor-

gan nennt den Aufmacher den »Samen, aus dem sich alles, was folgt, entwickeln wird.«
(*Shoptalk: Learning to Write With Writers,* Heinemann, 1989).

Starke Aufmacher ziehen den Leser und den Autor in das Geschehen und werfen beim
Leser Fragen auf, Fragen, die oft schon den Kern von dem, was noch folgen wird, enthalten.
Starke Aufmacher zeigen uns Wurzeln, über die wir staunen können.

Horchen Sie auf die Fragen, die in Ihrem Gedächtnis auftauchen, wenn Sie diese Aufmacher lesen. Worüber möchten Sie mehr wissen? Was mich am meisten an den Sätzen interessiert, habe ich kursiv unter jedes Zitat gesetzt.

☞ Wenn ich auf all das zurückschaue, was mir seit diesem ereignisreichen Tag passiert
   ist, fällt es mir schwer zu glauben, daß meine Abenteuer mir wirklich passiert sind.
   (JULES VERNE)
   Was hatten Sie für Abenteuer?

☞ Sein Stiefel fühlte sich ohne das Messer darin leer an. (S. E. HINTON)
   Warum trug er ein Messer in seinem Stiefel?

☞ Die Welt, so wie wir sie kannten, endete für uns an einem Dienstagnachmittag im Mai.
   (LOIS DUNCAN)
   Warum endete diese Welt?

☞ Ich stehe hier und bügle die Wäsche, und was du mich gefragt hast, bewege ich wie unter
   der Folter mit dem Bügeleisen vor und zurück. (TILLIE OLSON)
   Was hast du gefragt?

Bemerken Sie, wie ein starker Aufmacher Ihre Neugier weckt, Sie auf die Suche nach der
Wurzel schickt, den Autor und Leser in eine Richtung weist? Machen Sie sich klar, daß die
Fragen, die beim Lesen in Ihnen auftauchen, wahrscheinlich in den Gedanken des Verfas-
sers auch erst dann aufgetaucht sind, nachdem er den Satz bereits geschrieben hatte.

Ich habe eine einfache Technik entwickelt, um starke Aufmacher zu finden, die beide,
den Verfasser und den Leser, in den Text hineinziehen. Ich habe sie *Aufmacher züchten*
genannt. So funktioniert es:

1. Denken Sie an eine Zeit, in der Sie verletzt, unsicher oder von etwas peinlich berührt
   waren. Listen Sie einige Ereignisse auf, oder knüpfen Sie ein Wortnetz um ein beherr-
   schendes Gefühl.
2. Schreiben Sie spontan zehn Minuten lang über das Ereignis oder Gefühl. Erzählen Sie
   dabei die Geschichte ganz einfach vom Anfang bis zum Ende.
3. Legen Sie den Text beiseite. Machen Sie einen Spaziergang oder lesen Sie ein Buch.
4. Nach einigen Stunden oder Tagen versuchen Sie, die Geschichte so zu lesen, als sähen
   Sie sie das erste Mal. Welche Fragen tauchen in Ihnen auf? Schreiben Sie einige der
   Fragen auf. (Wenn Sie in einer Schreibgruppe sind, bitten Sie die anderen, Fragen zu
   Ihrer Geschichte aufzuschreiben, und lassen Sie sich die Zettel geben.)
5. Stellen Sie sich vor, daß jede Frage wie ein Faden an Ihrem Stift befestigt ist. Manche sind
   lose, andere straff gespannt. Lesen Sie Ihre Fragen durch, und wählen Sie die beiden aus,
   die am straffsten gespannt sind. Machen Sie daraus Aufmacher, indem Sie sie in ein oder
   zwei Sätzen beantworten. Zum Beispiel:

Wie fühlte ich mich, als sie von der Großmutter erzählte?

Als ob ein Ziegel in meinem Hals steckte. Ich stand da, ohne mich zu rühren, hatte Angst zu sprechen, sogar Angst zu fühlen.

6. Suchen Sie sich den Aufmacher heraus, der Ihnen am besten gefällt, und schreiben Sie zehn Minuten weiter.

Noch tiefer eintauchen …

Welcher spontane Text hat Sie am meisten interessiert? Warum? Welcher Aufmacher hat Ihnen am besten gefallen? Warum? Haben Sie das Gefühl, daß da irgendwo eine Wurzel sitzt, die Sie reizt weiterzuschreiben? Oder haben Sie sich mit einem Aufmacher festgefahren, und es fällt Ihnen nichts mehr ein?

Mrs. Carberry hörte nicht auf, mich zu schütteln

Je mehr Sie über Ihr Leben schreiben, desto mehr entwickeln Sie einen Instinkt für das, was wichtig ist. Professionelle Autoren wissen, wie man für jedes beliebige Thema Aufmerksamkeit erzeugen kann. Unser Hauptinteresse gilt dem, was unter der Oberfläche unserer Geschichten wächst. Hier zuerst ein Beispiel für ein Stück Prosa, unter der keine Wurzeln zu erkennen sind: »Meine Großmutter ist ein Meter sechzig groß und wiegt sechzig Kilo. Sie ist aus Brooklyn, New York, und arbeitet in einer Schuhfabrik.« Ganz anders dieser Text, bei dem wir ahnen, daß er an die Wurzeln hinunterreicht: »Ich war zehn Jahre alt, als mir meine Großmutter erzählte, wie sie meinen Großvater in einer Schuhfabrik kennengelernt hatte. Sie arbeitete am Fließband, und er war ein Maschinenmonteur.«

Bemerken Sie, daß der zweite Aufmacher vom Interesse des Autors lebt, während der erste nicht mehr als eine einfache Aufzählung von Fakten ist?

Fragen sind wie Spaten; sie helfen uns, die Wurzeln zu finden, die in den ersten Entwürfen unserer Aufmerksamkeit entgangen sind.

Hier eine Geschichte, die ich unlängst meiner Abschlußklasse erzählte. Sie handelt davon, wie ich von meiner Vorschullehrerin gepackt und geschüttelt wurde. Vielleicht haben einige von Ihnen ähnliche Erfahrungen machen müssen. Denken Sie sich Fragen aus, während ich Ihnen die Geschichte erzähle.

Mrs. Carberry war meine Vorschullehrerin, und sie hatte eine schlechte Angewohnheit. Sie schüttelte die Kinder immer, wenn sie keine Antwort wußten. Einige der Kinder nannten sie »Carberator«. Ich war nie geschüttelt worden und hatte nicht gedacht, daß es jemals passieren würde. Ich war ein schüchternes Kind, das versuchte, sich herauszuhalten. Ich lebte in der Angst, aufgerufen zu werden, und versuchte nicht, die Aufmerksamkeit auf mich zu ziehen. Aber eines Tages, nachdem ich eine Woche wegen Grippe nicht dagewesen war, war ich dran. Mrs. Carberry hielt eine Spielkarte mit Eicheln hoch. Es stand ein Wort darauf, und ich sollte dieses Wort wissen, aber ich wußte es nicht. Sie befahl mir, zum Pult zu kommen. Ich erinnere mich daran, als ob es gestern gewesen wäre. Sie trug ein blaues Kleid, das mit dünnen, weißen Schneeflocken gemustert war. Als ich näherkam, fiel ihr Schatten über mich wie der eines riesigen Berges. Hinter ihr hingen die Blätter mit dem Indianerschmuck, den wir letzte Woche ausgemalt hatten. Sie drehte sich in ihrem Stuhl so, daß sie mich packen konnte, und ich spürte, wie ihre beiden Hände meine Arme oberhalb der Ellbogen umfaßten. Dann begann sie, mich zu schütteln, und ich dachte: »Das ist es. Sie schüttelt mich. Gar nicht so schlimm. Warum habe ich die Antwort nicht gewußt?« Dann hatte ich dieses dumpfe Gefühl im Hinterkopf, und ich konnte spüren, wie sich meine Augen mit Tränen füllten, ohne daß ich weinte.

Ich beendete meine Geschichte an dieser Stelle und bat meine Studenten, mir einige Fragen zu stellen. Sie fragten:

Wie dick war Mrs. Carberry?
Warum wußten Sie die Antwort nicht?
Warum hat sie gerade Sie ausgewählt?
Wann hörte sie auf zu schütteln?

Jede Frage kann ganz einfach zu einem Anfang oder einem Aufmacher werden, indem man sie beantwortet. Das versuchte ich den Schülern beizubringen. Einen starken Aufmacher finden kann die beste Technik sein, um tief in das Thema einzudringen, das Sie in einem Text bearbeiten wollen. Ich habe die vierte Frage (Wann hörte sie auf zu schütteln?) ausgewählt, weil sie bereits in mir zu bohren begann, nachdem ich sie an die Tafel geschrieben hatte. Hier ist mein Aufmacher:

Wenn ich an diesen Tag zurückdenke, wird mir klar, daß Mrs. Carberry nie aufgehört hat, mich zu schütteln. Immer wenn ich einer Situation gegenüberstehe, die eine Antwort von mir erfordert, bin ich wieder so verwirrt wie damals, habe ich Angst. Ich bin wieder in der kleinen Vorschulklasse mit dem Indianerkopfschmuck und den gezeichneten Truthähnen, die wir ausmalen mußten. Die Hände von Mrs. Carberry haben sich in meine Arme gekrallt, und sie schüttelt meinen Körper, als würde durch uns beide elektrischer Strom fließen. Damals habe ich gelernt, daß Antworten wichtiger sind als Fragen.

Ich hatte nie das Bedürfnis gehabt, viel über diesen Moment in der Vorschule nachzudenken, bis mir der Student die Frage stellte: Wann hörte sie auf zu schütteln? Plötzlich aber verknüpften sich damit andere Momente, in denen ich keine Antwort gewußt hatte, mit demselben Gefühl. Ich erinnere mich, wie ich in der vierten Klasse meine Violinnoten vergessen hatte, in einer Schulansprache patzte, durch die Führerscheinprüfung fiel, und wie ich die Kritik des Verlegers zu einem meiner Manuskripte entgegennehmen mußte. Immer war da mehr als nur Enttäuschung oder Unruhe. In all diesen Momenten spürte ich es in meinem Hinterkopf, das dumpfe Gefühl und die Angst. Die Erinnerung an Mrs. Carberry half mir, mit einer Quelle dieser Angst fertig zu werden.

Als ich über Mrs. Carberry und diesen schrecklichen Moment zu schreiben begann, fing ich an zu verstehen, warum ich mich immer an diesen Moment erinnern mußte.

So lassen sich mit der richtigen Frage die Rätsel der Vergangenheit aufschließen.

Auslöser
☞ Lesen Sie noch einmal Ihren letzten Text durch, und suchen Sie einen neuen verlockenden Aufmacher. Schreiben Sie ihn an den oberen Rand eines Blatts, und arbeiten Sie zehn Minuten mit dem Text weiter.

☞ Schreiben Sie unwiderstehliche Aufmacher für Bücher, die Sie selbst nicht schreiben werden. Stacheln Sie die Neugier Ihrer Leser an. Haben Sie Lust weiterzuschreiben, wenn Ihnen ein spannender Aufmacher gelungen ist?

☞ Schreiben Sie einen Aufmacher für Ihre Autobiographie. Beginnen Sie aber nicht mit »Ich wurde am _____ in _____ geboren.« Versuchen Sie, einen Augenblick in Ihrem Leben zu finden, der für Ihre Entwicklung wichtig war, und beginnen Sie an diesem Punkt.

☞ Notieren Sie sich Fragen zu Themen aus dem letzten Kapitel, an die Sie sich noch erinnern. Machen Sie aus der interessantesten Frage einen Aufmacher, und schreiben Sie weiter.

☞ Lesen Sie die folgenden Fragen durch, und beantworten Sie diese mit Aufmachern. Schreiben Sie über einen, der Sie besonders fasziniert.
Wer sind Sie?
Wann wurden Sie erwachsen?
Warum schreiben Sie nicht?
Wie verändern sich Menschen?
Wer waren Sie?
Ist der Nachthimmel heute genauso wie damals, als Sie ein Kind waren?
Wovon träumen Sie?
Wo beginnt eine Idee?
Wer werden Sie sein?

☞ Schreiben Sie fünf Fragen über sich auf, die darauf abzielen, bittere Wahrheiten zu enthüllen. Versuchen Sie, eine mit einem Aufmacher zu beantworten.

Die unsentimentale Erziehung:
In der Vergangenheit nach Wurzeln graben

Wenn man weiß, wie man Fragen stellt und wie man Aufmacher aus ihnen züchtet, hat man den ersten Schritt getan, um die tiefere Bedeutung unserer Erfahrung zu entdecken. Wenn ich Sie auffordern würde, durch Brainstorming eine Liste von all den Menschen aus Ihrem Leben zusammenzustellen, von denen Sie etwas gelernt haben, wo würden Sie dann beginnen? Würden Sie mit Mrs. Carberry anfangen, der Vorschullehrerin, die »Der Carberator« genannt wurde, weil sie versucht hat, die Antwort aus Ihnen herauszuschütteln? Oder würden Sie mit Johnny Phipps beginnen, dem Freund, der Ihnen zeigte, wie man Ringe mit dem Rauch von Zigaretten bläst, die er seiner Schwester gestohlen hatte? Würden Sie auf die Liste Ihre Mutter mit aufnehmen, die Ihnen vermittelt hat, daß man seine Gefühle verstecken sollte? Oder würden Sie über Ihre Schwester schreiben, die Ihnen als erste von den Vögeln und Bienen erzählte und davon, wie man Jungen, die man mag, abweist? Wenn Sie diese Liste schreiben, denken Sie nicht zuviel darüber nach, was die einzelnen Menschen Ihnen beigebracht haben. Erinnern Sie sich einfach zurück, und vertrauen Sie darauf, daß das, was Ihnen einfällt, wichtig ist. Hören Sie auf, wenn Sie fünfundzwanzig Namen haben. Wenn Sie Schwierigkeiten haben, sich an Menschen von damals zu erinnern, beantworten Sie die folgenden Fragen.

Wer hatte den größten Einfluß auf Sie?

Wer war Ihre erste Liebe?

Vor wem hatten Sie Angst?

Wer tröstete Sie?

Wer bereitete Ihnen die größte Freude?

Wer brachte Sie zum Lachen?

Wer brachte Sie dazu, sich wichtig zu fühlen?

Wen verprügelten Sie, und von wem wurden Sie verprügelt?

Wer war eine geheimnisvolle Person für Sie?

Wen bewunderten Sie? Von wem wurden Sie bewundert?

Wer war Ihr bester Freund? Wer war Ihr schlimmster Feind?

Was war ihr furchtbarster Alptraum? Welches Ihr schönster Traum?

Wer liebte Sie? Wen haben Sie geliebt?

Wer hatte Angst vor Ihnen? Vor wem hatten Sie Angst?

Nehmen Sie einen Menschen aus Ihrer Sammlung, über den zu schreiben interessant werden könnte, und zeichnen Sie ein Wortnetz über die Einflüsse, die dieser Mensch auf Ihr Leben gehabt hat. Das Knüpfen von Wortnetzen, wie ich es im letzten Kapitel beschrieben habe, ist ein verkürztes Verfahren, um die Bedeutung von etwas zu finden. Es half mir, mich an Menschen zu erinnern, die ich übersehen hatte, als ich Namen auf der Liste gesammelt habe. Auf Ihrer Liste sollten Sie die Einzelheiten, die Ihnen Lust zum Schreiben machen, anstreichen. Wählen Sie eine davon aus, und schreiben Sie spontan zwanzig Minuten.

Noch tiefer eintauchen …

Was hat Sie an dem überrascht, was Sie geschrieben haben? Haben Sie etwas Neues über sich herausgefunden? Warum, glauben Sie, haben Sie die Person ausgewählt, über die Sie schreiben? Wenn Sie es nicht gewußt haben, hat Ihr Text es Ihnen mitgeteilt?

Erinnerung an die Stunden mit einem englischen Ladenbesitzer

Als ich die Frage »Wer war eine geheimnisvolle Person für Sie?« zu beantworten versuchte, tauchte Laurie Lawrence in meinen Gedanken auf. Laurie Lawrence war ein Ladenbesitzer in einer südenglischen Stadt, in der ich vor einigen Jahren lebte. Ich erinnere mich an ihn, so wie ich mich immer an das Geräusch eines Fahrrads ohne Reifen erinnere, das über das Kopfsteinpflaster im gerade befreiten Amsterdam fährt – das Bild eines Films, der in mir immer wieder und wieder abläuft, wenn ich an den Zweiten Weltkrieg denke. Unlängst hatte ich gehört, daß Laurie an einer Herzattacke gestorben sei, und vor einem Monat fand ich ein altes Photo von ihm, auf dem er vor seinem Laden steht. Ich weiß nicht genau, warum ich über ihn zu schreiben begann. Irgendetwas in mir brachte mich dazu. Ich fing mit einem Brainstorming an und sammelte Einzelheiten über ihn.

kahlköpfig

rotes Haar

blaue Augen

nie verheiratet

seiner Schwester, Mrs. Hunt, gehörte das Süßwarengeschäft

liebte Fernsehen und alte Filme

das Leben war für ihn selbst ein Film

liebte amerikanische Schauspieler – John Wayne

redete von sich in der dritten Person

schwarzfleckige Bananen, Lebensmittel verdorben, überteuert

warum bin ich da einkaufen gegangen?

freundlich, ängstlich, ärgerlich?

verletzt

von was?

die Geschichte, die er über den deutschen Piloten erzählt hat

Anzug aus Tweed

spät in der Nacht in der Stadt spazieren

der schläfrige distanzierte Blick seiner Augen

hat einmal erzählt, daß Weihnachten eine einsame Zeit sei

so höflich

innere Narben

Geschichten vom Kino früher

liebte alte Filme

wie ein Geist lief er durch die Stadt

Als nächstes schrieb ich über mein Thema spontan einen Text.

Ich gehe zu seinem Geschäft in der Tarrant Street am frühen Morgen, der Nebel steigt über dem Fluß in großen brackigen Dampfwolken auf. Manchmal bleibe ich unter der Steinbrücke für eine oder zwei Minuten stehen und beobachte, wie die Schwäne gefüttert werden, oder wie Mr. Barrett, der alte Fischer, mit seinem langen Bambusstab angelt. Ich war jung, zum ersten Mal in meinem Leben in einem fremden Land, berauscht von dem Neuen überall um mich herum. Der Geruch der brennenden Kohleöfen, die alten Damen mit ihren Fahrrädern und Einkaufswägelchen, die schweren Münzen, die in den Taschen meiner ausgebeulten Hose klimperten, wenn ich eine Straße hinunterging, die vor langer Zeit von römischen Legionären gepflastert worden war.

Ich lernte Laurie Lawrence schon in der ersten Woche meines Englandaufenthaltes kennen, als ich ein Zimmer suchte. Er war ein großer, kahlköpfiger Mann, der hinter dem staubigen Ladentisch seines Lebensmittelgeschäftes saß wie ein König, der Gericht hält. Hinter ihm standen die Regale mit Dosen und alten Keksschachteln. Er vermittelte mir ein Zimmer mit Frühstück in der Tarrant Street und lud mich auf einen kleinen Schwatz über Amerika ein. Er mochte Yankees; er nannte sie »Burschen«, und manchmal sprach er mit mir »über diese wunderbaren Filme, die wir von euch seit Jahren bekommen«. Aber sogar in diesen Momenten konnte ich, fast wie ein Echo, die Traurigkeit in seiner munteren Stimme hören.

Manchmal, spät in der Nacht, nachdem die Kneipen geschlossen hatten, sah ich ihn allein in der Stadt. Er trug einen sportlichen Anzug aus Tweed und eine Melone, und er spazierte mit erhobenen Kopf und übertriebener Würde. Mein Zimmer ging auf die Straße hinaus, und ich konnte ihn von meinem Fenster aus beobachten. Ich erinnere mich an das Schlurfen der Schritte auf dem Pflaster, wie er seinen Kopf beim Gehen langsam nach rechts und nach links wandte, als sei er sich dessen bewußt, daß ihn die ganze Stadt aus den Fenstern hinter zugezogenen Vorhängen beobachtete. Einmal sah ich ihn an der Brücke. Es muß gegen drei Uhr morgens gewesen sein. Ich konnte nicht schlafen und ging deswegen noch spazieren. Er stand und beobachtete das auflaufende Wasser, das von Littlehampton hereinkam. Ich grüßte ihn, aber er sah mich nicht an, nicht einmal mit einem flüchtigen Blick. Ich war mir nicht sicher, ob er mich nicht gesehen hatte oder ob ich außerhalb seines Ladens einfach nicht für ihn existierte.

Der Laden von Mr. Lawrence hatte mehr von einem Museum als von einem Platz, an dem man Nahrungsmittel kauften. In den Fenstern lagen schrumpelnde Jaffa-Orangen neben braunen Birnen und verstaubten Melonen.

Drinnen war es dunkel, und die Regale waren voll mit Schokoladenriegeln, Keksen und Einmachgläsern mit Zehn-Pfennig-Süßigkeiten, die auch wie Museumsstücke aussahen. Alles stand hinter der verstaubten Glastheke.

Ich mußte an dieser Stelle mit dem Schreiben aufhören, weil mir die Kraft und mit ihr die Worte ausgingen. Für Sie habe ich hier jetzt einige Auslöser, durch die Sie hoffentlich mit mehr Energie ausgestattet werden.

Auslöser
- Schreiben Sie einen Dialog, in dem Sie sich mit der Person unterhalten, die Sie sich vorher ausgesucht haben.
- Versetzen Sie sich in das Denken dieser Person, und schreiben Sie eine Seite mit Gedanken von ihr auf.
- Schicken Sie die Person zu einem Ort, der sie beunruhigt.
- Beschreiben Sie das Äußere von dieser Person auf einem zweiten Blatt Papier, und verwenden Sie diese Einzelheiten in Ihrem Text, wenn Sie nicht mehr weiterkommen.
- Lassen Sie Ihre Person einen Brief an einen engen Freund schreiben. In diesem Brief schreibt die Person auch über Sie.
- Um mehr Personen zu finden, über die Sie schreiben können, zählen Sie Plätze auf, die Sie kennen. Sie sehen dann, welche dieser Orte Ihnen neue Personen zuführen. Hier sind einige Fragen, die es Ihnen vielleicht erleichtern. sich an Plätze und Orte zu erinnern.
 Wo fühlten Sie sich sicher?
 Wo waren Sie voller Angst?
 Welcher Ort hat Sie verwirrt?
 Wo waren Sie wütend?
 Wo lernten Sie Ihre Unabhängigkeit?
 Wo sind Sie in die Falle gegangen?
 Wo dachten Sie über den Tod nach?
 Wo dachten Sie über Gott nach?
 Wo wurden Sie geliebt?
 Welcher Platz barg viele Geheimnisse?

Nachdenken …

Wenn Sie aufgehört haben zu schreiben, gehen Sie an den Anfang Ihres Textes zurück, und lesen Sie ihn noch einmal. Schreiben Sie einige Fragen auf, die reflektieren, was Sie beim Schreiben entdeckt haben. Schreiben Sie dann noch einmal zehn Minuten, um eine oder alle diese Fragen zu beantworten.

Noch tiefer eintauchen …

Haben Sie in Ihrem Text neue Erkenntnisse über Ihre Person entdeckt? Wenn nicht, dann versuchen Sie, sich zu Ihrem Text Fragen zu stellen, und folgen Sie derjenigen, die Ihnen am drängendsten erscheint. Wenn ja, stellen Sie sich mehr Fragen über Ihre neue Sichtweise, oder schreiben Sie einfach weiter und lassen sich die tiefere Bedeutung dadurch aufzeigen.

Warum wollte ich über Laurie Lawrence schreiben?

Ich werde die folgende Frage beantworten: Was hat mir Laurie Lawrence beigebracht, und warum wollte ich über ihn schreiben?

Ich weiß immer noch nicht wirklich, was mir Laurie Laurence beigebracht hat. Früher dachte ich, daß es die Geschichten waren, die er mir über das Nachkriegseuropa erzählt hat; jetzt, wo ich schreibe, merke ich, daß der Grund viel persönlicher ist. Er war so einsam. Obwohl er nicht unattraktiv war, hatte er nie geheiratet. Er schien einige tiefe Verletzungen in sich zu tragen, mit denen er sich nie auseinandersetzte – die Sache wahrscheinlich, die ihn nachts allein durch die Straßen gehen ließ. Während ich dies schreibe, fällt mir ein, daß mir ein Nachbar erzählt hat, daß Laurie als Neunzehnjähriger über Italien mit dem Fallschirm abgesprungen war. Es war eine unselige militärische Operation, bei der Tausende von alliierten Soldaten den Tod fanden. Gehörte Laurie zu den Leuten, die typisch britisch jahrelang still leiden, sich mit Fernsehen betäuben und Angst vor der Zukunft haben, weil sie mit der Vergangenheit nicht fertig werden?

Sein Laden mit den fauligen Früchten wurde mir zu einer Metapher für die Früchte seines Lebens, die vorzeitig verdorben waren, weil er keinen Weg gefunden hatte, seinen Schmerz zu verarbeiten.

Während ich dies schreibe, erinnere ich mich an eine Geschichte, die mir Laurie im Sommer 1982 erzählt hat. Ich hatte damals in einem Ruderbootverleih am Arundelsee gearbeitet, einem künstlichen Weiher, an dessen Ufer eine Burg lag. Der See war im 12. Jahrhundert als eine Art Burggraben geschaffen worden. In der Geschichtsschreibung wird berichtet, daß die Armee Cromwells den See trockenlegte und die zurückbleibenden Fische verzehrte, als sie die Burg im 16. Jahrhundert belagerte.

Zu Beginn des Blitzkriegs, als die deutsche Luftwaffe noch tagsüber Großbritannien bombardierte, wurde in der Gegend des Arundelsees eine Messerschmidt abgeschossen. Der Pilot war mit dem Fallschirm über dem Wald am See abgesprungen. Laurie, damals ein Teenager und noch nicht in die Armee eingezogen, fand den Piloten, dessen Fallschirm sich in einem Baum im Hijourne Park verfangen hatte. Er erwartete einen widerlichen Bösewicht zu sehen, hatte aber plötzlich einen jungen Mann vor sich, der neunzehn Jahre alt und vom Sturz noch ganz verstört war. Er trug eine zerrissene Lederjacke und blutete an der Stirn. Als ihm Laurie einige Fragen stellte, antwortete er in gebrochenem Englisch. Laurie fragte

ihn, warum die Deutschen nicht die Kirchen und Kathedralen bombardierten. Er sagte, daß sie sie als Sichtzeichen benutzten, um den Weg nach London zu finden. Sie bombardierten auf dem Land nur, um die Bomben loszuwerden, die sie übrig hatten. Sie wollten nicht zerstören. Er habe auf den See gezielt.

Ich erinnere mich, wie Laurie mir erzählte, daß er »den Burschen bedauert« habe, und als er das sagte, hatte er Tränen in den Augen. Ich habe ihn damals nicht verstanden, aber wenn ich zurückschaue, denke ich, daß Laurie um sich selbst und um seine Jugend trauerte, weil er selbst als junger Mann in den Krieg ziehen mußte.

Mir half die Rückschau und das Reflektieren, um tiefer in meine Erinnerung einzudringen und die Antwort auf ein Geheimnis zu entdecken. Wir erziehen uns selbst, wenn wir die Lehren aufschreiben, die uns andere vermittelt haben. Erweitern Sie die Liste Ihrer »Lehrer« mehr und mehr, und schreiben Sie über diejenigen, deren Ratschläge Sie im Lauf der Zeit vergessen haben.

Auslöser

☞ Suchen Sie ein Photo von einem Menschen, von dem Sie viel gelernt haben. Kleben Sie das Photo in die Mitte eines weißen Blatts. Füllen Sie das Papier mit allen Dingen, die Ihnen dieser Mensch beigebracht hat. Verwenden Sie auch Zitate von diesem Menschen, wenn sie Ihnen noch einfallen.

☞ Zeichnen Sie eine Zeitkurve von Ihrer Geburt bis zur Gegenwart. Markieren Sie die Ereignisse, die Ihre Erziehung beeinflußt haben. Wählen Sie eines davon aus, und schreiben Sie darüber. Beschreiben Sie jede Einzelheit so, als würden Sie alles noch einmal erleben. Dann machen Sie eine kurze Pause und schreiben aus Ihrer heutigen Sicht über die Ereignisse.

↪ Machen Sie eine Zeitkurve oder eine Liste über alle Schullehrer, an die Sie sich erinnern. Schreiben Sie einen kurzen Text über jeden und über das, was der einzelne Lehrer Ihnen beigebracht hat, Positives oder Negatives. Versuchen Sie, Briefe zu schreiben, in denen Sie sich bei Ihren Lehrern bedanken oder mit ihnen abrechnen.

↪ Zählen Sie in einem Brainstorming alle Freunde auf, denen Sie etwas beigebracht haben. Schreiben Sie, was Sie als nächstes einem Freund beibringen wollen.

↪ Nehmen Sie ein großes Stück Papier, und schreiben Sie »Meine Erziehung« in die Mitte. Machen Sie ein großes Wortnetz, und versuchen Sie anschließend möglichst schnell, alles, was Sie jemals gelernt haben, aufzuzählen.

↪ Schreiben Sie zehn Minuten lang einen spontanen Text, der mit den Worten »Wenn ich lerne, bin ich …« anfängt.

↪ Zeichnen Sie einen Comic über ein Ereignis, bei dem Sie etwas gelernt haben. Das erste Bild soll Sie vor dem Ereignis zeigen, das letzte die Auswirkungen, die das Ereignis auf Sie gehabt hat. Zeichnen Sie mindestens drei Bilder.

↪ Erinnern Sie sich an einen Raum oder einen Platz, den Sie seit Ihrer Kindheit kennen. Beschreiben Sie, wie sich der Ort seitdem verändert hat.

Am Arbeitsplatz nach Wurzeln graben

Arbeit ist Gottesdienst.
AUS DEN BAHÁ'I SCHRIFTEN

Mit dem Berufsleben treten wir in die Gesellschaft ein. Es bringt uns in Situationen, an Orte und zu Menschen, die wir sonst kaum getroffen hätten. Wir müssen sogar lernen, mit ihnen zu leben. Sich an seine Arbeitsplätze zu erinnern und die Situation dort zu hinterfragen kann ein starker Auslöser sein, um in die eigenen Gefühle einzudringen und die Beziehung zu sich selbst und der Welt, in der wir aufgewachsen sind, zu verstehen.

In der folgenden Übung graben wir nach unseren Wurzeln am Arbeitsplatz.

Jobsuche

Zählen Sie alle Jobs auf, in denen Sie gearbeitet haben. Gehen Sie chronologisch vor, oder springen Sie hin und her. Numerieren Sie die Aufzählung, und fordern Sie sich auf, weiterzumachen, wenn Ihre Erinnerung zu versiegen droht. Machen Sie ein Wortnetz, wenn Sie genug vom Brainstorming haben. Vergessen Sie keinen Job aufzuschreiben, auch wenn er nur ein oder zwei Tage gedauert hat. Hier ist meine Liste:

1. Tellerwäscher auf einem Sommercamp
2. Schnellimbißrestaurant
3. Catering für eine Fluggesellschaft
4. Bedienung im »Westerner Cafe«
5. Bekleidungsfabrik
6. Pförtner im »New England Center«
7. Bedienung im Restaurant »The Lunch Cart«
8. Bedienung im Teesalon
9. Pizza Hut

10. Barkeeper
11. Gärtner in Gewächshäusern in England
12. Ruderbootverleih in Arundel
13. Bed and Breakfast
14. Babysitter
15. Grundschule
16. Assistenzlehrer am UNH
17. Lehrer an weiterführender Schule des UNH
18. Schreiben
19. Lehrer an weiterführender Schule in Middlebury
20. Zimmerhandwerk mit Jeff
21. Zimmerhandwerk mit Stephen
22. Zäune mit Gavin
23. Kühe melken
24. Kochen im »1796«
25. Geschäftsführer im »Snookies«
26. Als Künstler in Schulen
27. Finanzberater
28. Gefängnisse
29. Für Geld schreiben
30. Castleton State College
31. Dozent

Streichen Sie nun einen Job an, der Sie zum Schreiben reizt, und machen Sie ein Wortnetz. Nehmen Sie einen faszinierenden Strang aus Ihrem Wortnetz, und schreiben Sie spontan zehn Minuten.

Noch tiefer eintauchen ...
Warum ist Ihnen dieser Beruf unter den anderen aufgefallen? An welchen Menschen erinnern Sie sich bei dieser Arbeit am meisten? Was haben Sie gelernt? Können Sie einen bestimmten Tag oder besser: einen bestimmten Augenblick nennen, mit dem Sie Ihre Erfahrungen zusammenfassen können?

Warum die Bekleidungsfabrik?
Ich spanne den ledernen rosa Stoff über einen langen flachen Tisch und streiche die Falten heraus, während Gene an der anderen Seite zieht. Der Stoff ist glatt, und die rosa Giraffen und Nilpferde glänzen im grellen Neonlicht. Gene raucht eine Meerschaumpfeife. Er ist über vierzig, und sein Bart beginnt langsam, grau zu werden. Er trägt einen grünen Rollkragenpullover und spricht einen schweren Brooklyn-Akzent. Er hat mir einmal erzählt, daß er auf der Schauspielschule war, in derselben Klasse wie Dustin Hoffman. Das war damals, als Dustin seine erste große Rolle in dem Film »Die Reifeprüfung« bekam.

Gene erzählte mir auch, daß er drei Ehen mit Schauspielerinnen hatte, die alle scheiterten. Seine letzte Frau goß in einem Restaurant den Inhalt einer Ketchup-Flasche über ihn und beschimpfte ihn mit Obszönitäten. Als er die Geschichte erzählte, schwang in seiner

Stimme ein merkwürdiger Klang von Stolz. Ich weiß nicht, ob ich irgendetwas von dem, was mir Gene erzählt, glauben soll. Möglicherweise ist er ein zwanghafter Lügner. Mit Sicherheit ist er ein Chauvinist, der sich keiner Schuld bewußt ist. Ihm macht es viel zu viel Spaß, Geschichten zu erzählen, so daß er es mit der Wahrheit nicht sehr genau nimmt, aber ich bin von ihnen fasziniert. Ich kann zumindest sagen, daß er froh war, einen neunzehnjährigen Niemand, der die Januarschulferien zum Geldverdienen nutzte, als Zuhörer zu haben.

Die Fabrik stellte Kleider für Frauen mit Übergrößen her. Manche Pullunder hatten die Größe von kleinen Tischtüchern. In der Haupthalle standen zwanzig Nähmaschinen. Gene und ich hatten die Aufgabe, den Stoff zu spannen. Wir legten ihn auf dem langen Tisch aus, während sich der Stoff automatisch abspulte. Dann kam Phil, der Besitzer, dem immer eine Zigarette aus dem Mundwinkel hing, mit einem Stück Kreide und den Mustern aus Pappe. Er zeichnete die Umrisse auf, dann kam Joe, ein alter Mann, mit einer großen Schnittsäge. Es gab Gerüchte, daß unzufriedene Arbeiter eines Abends Phils Fabrik in Connecticut angezündet und niedergebrannt hätten. Deswegen hatte man das Geschäft in diese aufgegebene Spinnerei in Dover, New Hampshire, verlegt. Es war aber gelungen, eine Menge Lagergut zu retten. So rochen viele der Blusen und Shorts nach geräuchertem Hering.

Meine Mutter etikettiert die Ware. Ich besuche sie während meiner fünfzehnminütigen Kaffeepause. Sie erzählt mir, daß Gene verrückt ist und ich nichts, was er sagt, ernst nehmen sollte. Wir sitzen in einem verrauchten Zimmer mit den Maschinenarbeitern, die alle Frauen sind. Einmal erzählte eine Frau die Geschichte, wie ihr früherer Mann sie an die Heizung fesselte und ihr Auto stahl. Die Frau hatte eine dünne, drahtige Figur und erzählte die Geschichte ohne viel Gefühl, während sie eine Zigarette paffte. Gene fragte sie nach der Telephonnummer ihres früheren Mannes. Er wollte von ihm wissen, wie er sich gegenüber seiner geschiedenen Frau verhalten sollte. Die Frauen blickten ihn finster an und zischelten, als der Summer zu hören war und sie zur Arbeit in den hellen Raum zurückgingen.

Ich arbeitete drei Wochen dort, und diese Bilder blieben mir deutlich und klar im Kopf. Ich könnte immer weitermachen, beschreiben, wie der Ofen ausging und wie Joe, der Hausmeister, und ich mit dem Frachtaufzug in das kerkerartige Untergeschoß gefahren sind. Er hatte eine besondere Taschenlampe dabei und, um den Ofen wieder anzuwerfen, eine Technik entwickelt, von der er mir versicherte, daß sie nicht sehr gefährlich sei, wenn man es richtig macht. Ich erinnere mich, wie ich unter den Ofen in eine höhlenartige Öffnung kroch und die Taschenlampe hielt, während Joe sein Feuerkunststück vollbrachte.

Wenn wir unser Wissen danach beurteilen, wieviel wir heute noch davon im Kopf haben, dann habe ich in diesen drei Wochen mehr gelernt als in den ganzen Jahren auf dem College. Wie viele Jobs haben Sie vergessen? Was würden die Jobs Ihnen an Vergessenem durch Ihren Stift wieder mitteilen? Wer wird aus Ihrer Erinnerung auftauchen und auf dem Papier deutlich?

Auslöser
- ⌁ Schreiben Sie über einen Augenblick, den Sie bei einem Job geliebt haben. In diesem Augenblick soll die Freude, die Sie an dieser Arbeitsstelle gehabt haben, zwar deutlich werden, jedoch sollen Sie trotzdem nicht über Ihre Gefühle schreiben. Gefühle sollen durch die Beschreibung hindurch zu spüren sein.
- ⌁ Schreiben Sie über Ihr unangenehmstes Bewerbungsgespräch.

- Gehen Sie die Liste mit Ihren Jobs noch einmal durch, und verfassen Sie zu jedem Job ein oder zwei Sätze, die genau beschreiben, was Sie dort gelernt haben. Denken Sie an Menschen, die Ihnen zu Lehrern geworden sind, an Augenblicke, in denen Sie wichtige Ratschläge bekommen haben.
- Schreiben Sie eine Zusammenfassung, die all die Gründe hervorhebt, warum Sie nicht qualifiziert sind, irgendwo einen Job zu finden. Nennen Sie Beispiele, um Ihre Behauptungen zu stützen. Amüsieren Sie sich an Ihrer scheinbaren Unfähigkeit.
- Schreiben Sie einen Bewerbungsbrief an den perfektesten Arbeitgeber für den perfektesten Job.
- Schreiben Sie über einen Augenblick, in dem Sie an Ihrem Arbeitsplatz etwas entdeckten, enthüllten, offenbarten.
- Erinnern Sie sich an eine Zeit, in der Sie in Ihrem Beruf gedemütigt worden sind. Schreiben Sie spontan zehn Minuten, und versuchen Sie, so viele Einzelheiten wie möglich in Ihr Gedächtnis zurückzurufen. Beantworten Sie dann die Frage, ob Sie inzwischen etwas wissen, was Sie vorher noch nicht gewußt haben.
- Schreiben Sie über den ersten Tag in einem Job. Haben Sie noch die für Sie damals neuen Gerüche und Geräusche im Kopf? Beschreiben Sie durch Einzelheiten Ihre ersten Eindrücke.
- Schreiben Sie einen nichttabellarischen Lebenslauf Ihres Berufslebens an einen Freund. Schreiben Sie ihm auch alles das, was Sie bei einem richtigen Lebenslauf weglassen würden.
- Zeichnen Sie einen Cartoon oder Comic über etwas Witziges, das Ihnen während Ihrer Arbeit passiert ist.
- Beschreiben Sie Ihren Traumjob in einer Stellenanzeige. Und stellen Sie dann Ihre Qualifikationen in einer Liste zusammen.

Gefeuert

Entlassen zu werden ist eine der schlimmsten Demütigungen, die man einem Menschen überhaupt zufügen kann. Sie fühlen Schmerz, Angst und Traurigkeit im Magen zu einem Abgrund von Ärger gerinnen. Sie sind plötzlich unsichtbar. Die Menschen gehen an ihnen vorbei und sind mitschuldig, wenn sie Sie erkennen. Sie sind gefeuert, vor die Tür gesetzt, rausgeschmissen, auf die Straße gesetzt, abgehalftert, abgebaut. Der Teil von Ihnen, der sich mit der Arbeit identifiziert hat, hat einen schweren Schlag erhalten. Diese Wunde wird lange Zeit nicht verheilen, es sei denn, Sie finden einen Weg, um mit dieser Erfahrung fertigzuwerden.

Machen Sie eine Liste von allen Jobs, die Ihnen gekündigt wurden, und schreiben Sie, ohne nachzudenken, die Gründe auf, die hinter jeder Entlassung standen. Wenn Ihnen niemals gekündigt worden ist, denken Sie darüber nach, wie Sie sich fühlen würden, oder versetzen Sie sich an die Stelle von jemandem, den Sie kennen und der entlassen wurde. Wie würde das Ihre Welt verändern? Schaffen Sie eine Figur, die Ihnen ähnelt, und lassen Sie ihr gekündigt werden.

Mir wurde dreimal gekündigt: Als Pförtner, als Universitätsdozent und das letzte Mal als stellvertretender Herausgeber in einem Verlagshaus. Wieviele Jobs haben Sie verloren? Wenn nicht, haben Sie selber Jobs gekündigt?

Wählen Sie einen Job aus, und schreiben Sie, ohne nachzudenken, über die Erfahrung, die Sie gemacht haben.

Noch tiefer eintauchen ...

Haben Sie sich an neue Einzelheiten im Zusammenhang mit Ihrer Kündigung erinnert? Was haben Sie gefühlt, als Sie über diesen Tag geschrieben haben? Wie hat die Zeit Ihre Beziehung zu diesem Ereignis verändert?

Redaktion der Ungerechtigkeiten

> *Ich schreibe, um die Ungerechtigkeit des Lebens abzuschaffen.*
> VERANDAH PORCHE

Ich war Hausmeister in einem Konferenzzentrum und wurde entlassen, weil ich die Toiletten nicht richtig saubermachte. Ich erinnere mich an den Direktor des Zentrums, der mich in sein Büro rief und mich neben sich setzte. Ich war ein Harvard-Absolvent und trug einen grauen Nadelstreifenanzug. »Barry« sagte er zu mir, während er sich umdrehte und an seiner Pfeife paffte, »es tut mir leid, aber wir müssen unsere Geschäftsbeziehung beenden.«

»Aber Len«, gab ich zurück, »wir sind doch noch gar nicht lange zusammen.«

Am gleichen Abend verlangte man von mir, eine Gruppe fundamentalistischer Christen, die Reden über die Unsterblichkeit hielten, auf Video aufzuzeichnen. Ich war nicht in der besten Stimmung, als ich im Videokontrollraum saß und die Kameras bediente, die an der Decke der Räume im oberen Stockwerk montiert waren. Ganz plötzlich kam mir die Idee, der Dokumentation einige Bildelemente hinzuzufügen. Jedesmal, wenn ein Vortragender das Wort »Unsterblichkeit« in den Mund nahm, veränderte ich die Brennweite, so daß die Person langsam überblendet wurde. Dies war vielleicht nicht die reifste Entgegnung darauf, gefeuert zu sein, doch spürte ich jedesmal, wenn ich an der Kamera spielte, wie sich ein Teil von mir an dieser süßen Rache freute.

Wenn ich zurückschaue, sehe ich das jetzt als kindischen Versuch, den Arbeitsplatz, von dem man mich gefeuert hatte, zurückzubekommen. Aber er blieb fruchtlos, wie die meisten Racheversuche fruchtlos bleiben. Schließlich brachte ich mit der ganzen Sache nur einen Freund, der die Medienabteilung leitete, in Schwierigkeiten, und das tat mir wirklich leid. Die Wahrheit ist jedoch, daß ich es verdient hatte, diesen Job zu verlieren, und ich hatte wenig Gründe, mich schlecht behandelt zu fühlen.

Aber Jahre später wurde mir ungerechterweise ein Job gekündigt. Ich erhielt einen Brief, in dem stand, daß ich nicht mehr als Englischlehrer an der Universität wiederverpflichtet werden würde, an der ich zwei Jahre lang als Lehrbeauftragter gearbeitet hatte. Ich war mir nicht sicher, welche Gründe dahinterstanden, aber ich hatte das Gefühl, daß teilweise die politische Arbeit, die meine Kollegen und ich im Namen der angeschlossenen Fakultät geleistet hatten, und meine unorthodoxen Unterrichtsmethoden dafür verantwortlich waren, die nicht immer von den anderen Lehrbeauftragten der Fakultät verstanden wurden.

Ich hatte andere Lehrbeauftragte gekannt, die in einer ähnlichen Weise entlassen worden waren. Ich erinnere mich an das unangenehm beunruhigende Gefühl, das ich im Jahr zuvor hatte, als ich wiederverpflichtet wurde, andere aber nicht. Dann war uns erklärt worden, daß die Löhne von Lehrbeauftragten die Universität in Geldschwierigkeiten bringen würden, die Methode, wie Lehrbeauftragte verpflichtet wurden, im Grunde unfair sei und der Job keine Sicherheit böte. Die Verwaltung habe den Entlassenen im Grunde einen Gefallen getan, indem sie sie gehen ließ.

Als ich an der Reihe war, erkannte ich, daß das, was mich am meisten ärgerte, die Erwartung war, daß ich wie meine Vorgänger meinen Mund halten und verschwinden würde. Eines Morgens konnte ich mich allerdings nicht mehr zurückhalten, und ich begann, einen Artikel über das Schicksal von Lehrbeauftragten wie mir zu schreiben. Ich nannte ihn »Das Leben auf einem schmalen Pfad« und stellte die Notlage von Teilzeitlehrkräften heraus. Als ich am nächsten Tag in meinem dunklen Büro den Artikel fertig schrieb, schien jeder neue Satz ein kleines Stück der Erniedrigung vergessen zu machen. Ich schickte den Artikel an die Studentenzeitung, und er wurde eine Woche später veröffentlicht. Er endete so:

> Ich schreibe für meine Kollegen in der Englisch-Fakultät, die auch hervorragende Lehrer sind, aber noch in ihren Büros sitzen und auf die Briefe warten, daß sie wiederverpflichtet sind. Ich schreibe für die Teilzeitkräfte in anderen Fakultäten und an den anderen Universitäten in diesem Land, die Semester für Semester ein klägliches Schattendasein führen, denen kein Respekt gezollt wird, weil die Arbeitgeber ängstlich und einfallslos sind. Ich schreibe das, damit sie ihre Büros verlassen und sich in der Eingangshalle versammeln.
>
> Unlängst haben sich die Teilzeitlehrkräfte der Universität von Maine South Portland gewerkschaftlich organisiert, und jetzt muß die Universität mit ihnen als kollektiver Kraft rechnen, die über Lohnerhöhungen, Sozialleistungen und das Einstellungsverfahren mitbestimmt. Sie haben das Recht, Verträge abzuschließen und zu streiken. Sie sind in ihrer Fakultät nicht mehr isoliert, nur Opfer der Launen des Dekans oder der Fakultätsleitung. Alles, was man benötigt, um diesen Prozeß in Gang zu setzen, sind zehn Teilzeitlehrer, die sich organisiert zusammenschließen. Zehn, die keine Angst haben.
>
> Wird es nicht allmählich Zeit, daß sich die Teilzeitlehrer an dieser Universität zusammenschließen und die Rechte durchsetzen, die ihnen die Verfassung der Vereinigten Staaten garantiert? Wird es nicht Zeit, sich die Hände zu geben, anstatt unsichtbar hinter den Wänden der Büros stehenzubleiben?

Durch meinen Artikel erkannte ich, daß ein guter Teil meiner Wut nicht daher kam, daß ich entlassen worden war, sondern von den Bedingungen, unter denen ich die letzten zwei Jahre hatte arbeiten müssen. Es verstörte mich dann doch, daß ich diesen Artikel nicht ein Jahr früher geschrieben hatte, sondern gewartet hatte, bis ich nichts mehr zu verlieren hatte, bevor ich meinen Mund aufgemacht hatte.

Schreiben kann der beste Weg sein, um das Schweigen zu brechen, das Menschen isoliert in Systemen festhält, die angeblich jenseits aller Kritik und Kontrolle stehen.

Auslöser

☞ Versuchen Sie, einen Brief an Ihren Vorgesetzten oder einen Artikel über die Ungerechtigkeiten zu schreiben, die Sie an Ihrem Arbeitsplatz beobachtet haben. Stellen Sie klar, was falsch gemacht worden ist, und geben Sie Ratschläge zur Verbesserung. Lassen Sie Ihren Vorgesetzten wissen, was Sie und andere Mitarbeiter denken. Zeigen Sie jemandem diesen Brief. Aber denken Sie daran, daß der Schreibprozeß das Wichtigste ist. Sie lernen durch ihn, Fragen zu stellen und die Fragen zu beantworten.

☞ Beschreiben Sie genau den Moment, in dem Sie erfuhren, daß Sie entlassen werden. Haben Sie gestanden oder gesessen? Was passierte um Sie herum? Versuchen Sie, eine

Seite nur mit Beschreibungen zu füllen. Schreiben Sie weniger über Ihre Gefühle, aber lassen Sie sie in die Beschreibung einfließen.

∞ Erfinden Sie eine Figur, die ihren Job ähnlich wie Sie verloren hat. Beschreiben Sie die Gedanken und Gefühle dieser Person. Lassen Sie sie ins Badezimmer gehen oder in die Küche. Lassen Sie ihr Zeit zum Nachdenken.

∞ Schreiben Sie das Wort »GEFEUERT« in Großbuchstaben an den oberen Rand einer neuen Seite Ihres Schreibheftes. Schreiben Sie ein kurzes Gedicht, daß etwas aus der Zeit beschreibt, in der Ihnen gekündigt worden ist. Beispiel:

Gekündigt.
Die Wasserhähne in den Toiletten
der Frauen glänzten nicht.
Vom Lippenstift verschmierte Papiertücher auf
dem Boden, Haare im Ausguß.
Ich bin der Hausmeister,
der seinen Job verloren hat.
Ich bin der Hausmeister,
der mit alten Erinnerungen aufräumt,
blitzsauber funkelnagelneu.

Ein Porträt der Erinnerung

Nun hat Ihre Erinnerung zu erzählen begonnen. Sie haben über Menschen, Orte und Berufe geschrieben. Ihre wirklichen Geschichten arbeiten sich langsam an die Oberfläche durch. Sie beginnen, sie herauszugreifen und nach ihrer Bedeutung zu suchen. Dazu haben Sie jetzt einige Werkzeuge und wissen außerdem, wie Wurzeln aussehen.

Versuchen Sie doch, zwischendurch nur, folgendes: Nehmen Sie ein großes Stück Papier und schreiben Sie einen Höhlentext mit dem Porträt Ihrer Erinnerung.

Vergessen Sie nicht, Ihre Erfahrungen einzuzeichnen; Schlüsselwörter, Namen und Skizzen von Freunden, Fragen, die Sie gefragt haben, und alles andere, Photos, Ausgeschnittenes, usw. Wenn Sie wollen, können Sie aus dem Papier eine riesige Collage machen. Schneiden Sie Bilder aus Illustrierten und Schlagzeilen aus Tageszeitungen aus. Vermischen Sie sie mit Photos und Erinnerungsstücken.

Betrachten Sie Ihr Porträt. Überarbeiten Sie es, indem Sie weitere Einzelheiten hinzufügen. Beteiligen Sie einen Freund an der Arbeit. Hängen Sie das Blatt in den Raum, in dem Sie schreiben. Schauen Sie es sich in langweiligen Momenten an. Erinnern Sie sich an die Geschichten, die in Ihnen stecken, und das unentdeckte Land, das Ihr Stift erforschen kann.

Im nächsten Kapitel werden wir lernen, die Muster in unseren Geschichten zu entdecken.

Kapitel 3

Kerngeschichten: Schreiben, was man schreiben muß

Sie suchen sich nicht eine Geschichte. Die Geschichte sucht Sie.
Sie kommen irgendwie mit der Geschichte zusammen …
Sie haben sie dann am Hals.   ROBERT PENN WARREN

Psychologen, die mit Süchtigen arbeiten, sprechen oft von »Kernüberzeugung«, Muster von Gedanken, die ein Patient für die unentrinnbare Wahrheit des Lebens hält. Kerngeschichte ist mein Begriff für etwas ganz ähnliches. Es sind Geschichten, die wir immer wieder erzählen, in verschiedener Gestaltung und in unterschiedlicher Form. Viele Autoren, wie F. Scott Fitzgerald, haben beobachtet, daß sie eine zentrale Kerngeschichte immer wieder neu erzählen, mit jeweils anderen Figuren, anderen Schauplätzen und anderer Handlung. Wenn wir lernen, in unseren Geschichten sich ähnelnde Themen und Fragestellungen zu erkennen, können wir der einen Kerngeschichte in uns näher kommen.

Im letzten Kapitel haben wir gelernt, nach Wurzeln zu graben und in das, was unsere Erinnerung bedeutet, einzudringen. In diesem Kapitel lernen wir, die Wurzeln, die in unseren Geschichten plötzlich auftauchen, einzuordnen und zu vergleichen, um zumindest einen flüchtigen Blick auf unsere Kerngeschichte zu erhaschen. Um eine Kerngeschichte zu erkennen, muß man als ersten Schritt die einzelnen Themen, die sich in unseren Geschichten finden, anschauen.

Zum Beispiel ist ein Thema meiner Kerngeschichte die Frage, wie ich Realität und Phantasie auseinanderhalte. In Kapitel 2 habe ich geschrieben, daß Mrs. Carberrys Kindergarten ein Platz war, vor dem ich Angst hatte; ich hatte es inzwischen als normal angesehen, daß sie mich schüttelte. Meine Angst hatte mich isoliert. Ich hatte mit niemandem mehr darüber geredet. Ich litt darunter und nahm die Mißhandlung hin. Erst beim Schreiben begann sich die Phantasie wieder von der Realität zu lösen.

Mein Freund Tom hat eine ähnliche Kerngeschichte. Viele seiner Geschichten enthüllen etwas, über das Tom selbst sagt: »Ich kann nicht glauben, daß mir das passiert ist. Es ist unglaublich.« Aber es ist wahr. Es macht keinen Unterschied, ob er den Moment in seinem College beschreibt, als ihm befohlen wurde, eine Schaufensterpuppe in Brand zu setzen und er den Irrsinn des Krieges erkannte, oder ob er von dem Streit in der Cafeteria erzählt, die er leitete und in der ein Arbeiter ein Küchenmesser nahm und ihm an die Kehle hielt. Dieselbe Zeile steht auf dem Papier: »Das ist nicht zu glauben. Ich kann nicht glauben, daß mir das passiert ist.«

Wenn wir in unseren Geschichten die Muster erkennen, die sich wiederholen, dann können wir auch die Handlungsmuster unserer Vergangenheit deuten und die Zukunft besser in den Griff bekommen. In diesem Kapitel zeige ich Ihnen einige Wege, wie Sie Ihre Kerngeschichte erkennen und tiefer in die Themen eindringen können, die mit Ihrem Leben verbunden sind:

Die meisten von uns haben wahrscheinlich mehr als eine Kerngeschichte. Je genauer wir jedoch die Kerngeschichten untersuchen, desto mehr sehen wir, wie sich doch nur eine Kerngeschichte schließlich an der Oberfläche herauskristallisiert.

Auf der Suche nach der Kerngeschichte

Beginnen Sie mit einer Aufzählung verschiedener Geschichten, die Sie im Laufe der Jahre geschrieben haben. Schauen Sie Ihr Schreibheft durch, und suchen Sie Wurzeln und Geschichten, die Ihnen wichtig erscheinen.

1. Nehmen Sie einen Kassettenrekorder und zeichnen Sie fünf der Geschichten auf.
2. Hören Sie sich die Geschichten an, und schreiben Sie bei jeder ein Wort oder einen Satz auf, der die Stimmung ausdrückt, die sich durch den ganzen Text zieht.
3. Vergleichen Sie, ob es Ähnlichkeiten zwischen den Geschichten gibt. Schreiben Sie dann zehn Minuten lang über das, was Sie für Ihre Kerngeschichte halten.
4. Notieren Sie zu jeder einzelnen Geschichte eine Frage, die immer noch in Ihren Gedanken nachklingt. Vergleichen Sie die Fragen, und suchen Sie Ähnlichkeiten.

Noch tiefer eintauchen …
War es leicht, die Geschichten mit dem Kassettenrekorder aufzuzeichnen, oder hatten Sie Schwierigkeiten? Haben Sie Muster oder Themen in Ihren Geschichten gefunden, oder sind Sie alle zu unterschiedlich? Kehrten alte Erinnerungen wieder zurück, als Sie die Geschichten erzählten?

Ist es wirklich passiert? Meine Kerngeschichte
Als ich den Beduinenjungen bemerkte, saß ich auf der Rückbank von einem Bus, der über die Sinai-Halbinsel jagte. Der Junge starrte mich an.

> Er war ungefähr vierzehn Jahre alt und hatte einen gehetzten, nervösen Blick, den ich als Angst interpretierte. Es war Januar 1979, und Israel hatte unter zahlreichen Autobomben zu leiden. Ein oder zwei Busse waren nach Granatenangriffen durch palästinensische Guerillas verbrannt. Am Tag zuvor hatte ich in Jerusalem eine Gruppe von israelischen Soldaten um einen weißen Mercedes stehen sehen. Am Abend in den Nachrichten hatte ich dann gehört, daß sie eine Autobombe entschärft hatten. Am nächsten Tag verlor ich mich immer wieder in Vorstellungen von explodierenden Autobomben. Ich reiste allein durch ein Kriegsgebiet. Wenn ich zurückdenke, finde ich, daß ich das Recht hatte, einen Beduinenjungen zu verdächtigen, der mich zwischen den kurzen Schlucken, die er aus einer Flasche Coca-Cola nahm, anstarrte. Aber warum mich? Der ganze Bus war voll mit Europäern, aus Schweden oder anderen skandinavischen Ländern. Sie redeten miteinander, als kämen sie gerade aus einem Film von Ingmar Bergman.

Sie reisten in einer größeren Gruppe, und ich war der einzige Außenseiter, ich und der Beduinenjunge. Die fünf oder sechs Mal, die er mich anschaute, machte ich genau das, was jeder normale Mensch tut, wenn ihn jemand anstarrt, der ihm fremd ist: Ich drehte mich um und sah hinter mir aus dem Fenster hinaus. Das war der Grund, warum ich den Jeep mit den drei Beduinen sah, die alle Sonnenbrillen und Arafat-Tücher trugen. Ich kniff die Augen zusammen und sah, was ich erwartet hatte, Läufe von Maschinengewehren, die auf dem Rücksitz des Jeeps lagen.

Bleib ruhig, dachte ich. Es gibt keinen Grund, Angst zu haben. Du bildest dir das Ganze nur ein. Du hast eben die ganzen Filme im Kopf. Der Junge schaute mich wieder an. Er hatte jetzt sein Cola fast ausgetrunken und schien bereit zu sein, zum Fahrer nach vorne zu springen. Er springt jetzt gleich, sagte der Filmregisseur in meinem Kopf. Das ist es dann. Er wird aus dem Bus rennen, mit der Hand das Zeichen geben, und sie werden das Feuer eröffnen.

Ruhig, bleib ruhig. Nichts ist passiert. Du bildest dir das ein, versuchte ich mich zu beruhigen. Die Schweden lachten und erzählten sich was. Sie genossen die Landschaft, das Bühnenbild. Schafe auf dem Weg zum Schlachthof.

Der Junge gab dem Fahrer ein Zeichen, daß er aussteigen wollte. Ich wußte, jetzt war es so weit. Ich saß erstarrt auf meinem Platz. Ich tat nichts. Ich sagte nichts. Der Beduinenjunge stieg aus dem Bus. Der Jeep nahm den Jungen auf, wendete und fuhr in die andere Richtung zurück. Nichts war passiert.

Ich erzählte diese Geschichte vor kurzem einer Gruppe von Studenten, und sie schrieben mir zu dem Text Fragen auf. Eine sprang mich sofort an: Warum haben Sie nichts getan? Ich habe nichts getan, weil ich nicht wußte, ob wirklich etwas passieren würde. Im Hinterkopf wußte ich, daß sich das Ganze nur in meinen Gedanken abspielte. Aber dann war ich mir wieder nicht sicher. Das ist das Thema vieler meiner Geschichten. Ich weiß nicht, was Realität oder Phantasie ist. Vor allem spreche ich mit niemandem darüber, wie ich mich fühle.

Welche Themen finden Sie in Ihren Geschichten? Vielleicht können Sie sie leichter finden, wenn Sie die Bedeutung der Geschichte in so wenig Worten wie möglich zusammenfassen. Versuchen Sie, die Stimmung, die Tonart aus Ihrer Geschichte herauszuhören. Beenden Sie den folgenden Satz: »Meine Geschichten handeln von …«

Auslöser

- ∽ Schreiben Sie die Themen auf, die sich durch die Geschichten zogen, die Ihnen Ihre Eltern erzählt haben.
- ∽ Schreiben Sie einen Höhlentext über ein Thema Ihrer Geschichten.
- ∽ Machen Sie eine Liste von Liedern und Songs aus Ihrer Kindheit und Jugend. Legen Sie einen auf, und hören Sie sich ihn an. Wohin trägt Sie die Musik? Welche Erinnerungen und Themen steigen in Ihnen auf?
- ∽ Suchen Sie alte Photos von sich heraus. Schauen Sie Ihr Gesicht an, und versuchen Sie, sich an die damalige Situation zu erinnern. Was ist das Thema der Photographie? In welcher Weise hängt es mit den Inhalten anderer Photographien zusammen?
- ∽ Gruppenübung: Spielen Sie eine Szene aus einer Ihrer Geschichten. Mimen Sie dabei aber nicht sich selbst. Zeigen Sie den anderen Mitspielern, wie Ihre Rolle zu spielen ist.

Die Erzähl-Runde

Sie haben nichts, wenn Sie keine Geschichten haben.
LESLIE SILKO

Wenn man viele Geschichten erzählt hat, ist es leicht, neue Themen zu finden. Erzählen Sie deshalb Geschichten. Laden Sie Ihre Familie oder Freunde zu einem Erzählabend ein. Bei einer *Erzähl-Runde* spricht immer nur eine Person – diejenige, die den *Erzählstab* in der Hand hält. Ein Erzählstab kann alles sein – ein Kugelschreiber, ein geschnitztes Rohr oder eine leere Toilettenpapierrolle. Suchen Sie sich etwas, das Bedeutung für Sie hat. Wenn jeder in der Runde Platz gefunden hat, lassen Sie den Stab herumgehen, und Ihre Freunde beginnen zu erzählen.

Hier sind einige Anfänge, die ich als sehr geeignet empfand, um Kerngeschichten zu fischen und Erzähl-Runden zu eröffnen. Einige von ihnen enthalten Themen, die sich auch als Kerngeschichten entpuppen könnten. (Bemerkung: Wenn Sie einen Anfang geben, lassen Sie dem Erzähler die Möglichkeit, auch irgendeine alte Geschichte zu erzählen. Das Ziel ist, Geschichten zu erzählen, nicht die Anweisungen zu erfüllen.)

Eine Zeit, in der Sie fortliefen (Bemerkung: Das ist nicht nur körperlich gemeint.)
Eine Zeit, in der Sie entkommen sind
Eine Zeit, in der Sie zum ersten Mal etwas getan haben
Eine Zeit, die schrecklich war, über die Sie aber jetzt lachen
Der Tag, an dem Sie kein Kind mehr waren
Eine Begegnung mit dem Tod
Eine Zeit, in der Sie etwas, was Sie besser nicht getan hätten, doch gemacht haben
Eine Zeit, in der Sie etwas gemacht haben, auf das Sie stolz sind
Eine Zeit, in der Sie getäuscht worden sind
Eine Zeit, in der Sie sich nicht auskannten
Eine Zeit, in der Sie etwas (nichts) für immer verloren haben
Eine Zeit, in der Sie etwas entdeckten
Eine Zeit, in der Sie Angst hatten
Eine Zeit, in der etwas passiert ist, das Sie in etwas bestärkte
Eine Zeit, in der Sie Furcht verbreiteten
Eine Zeit, in der Sie nach Hause kamen

- ☞ Jeder erzählt eine Geschichte; die anderen hören zu und schreiben Fragen auf.
- ☞ Die aufgeschriebenen Fragen erhält später der Erzähler in einem Briefumschlag.
- ☞ Lassen Sie den Stab herumgehen, bis jeder mehrere Geschichten erzählt hat. Erklären Sie den Teilnehmern, daß sie nicht unbedingt eine Geschichte erzählen müssen, wenn sie den Stab in die Hand bekommen. Aber bitten Sie Ihre Freunde, den Stab einige Sekunden festzuhalten, um zu spüren, ob nicht doch eine Geschichte in ihnen steckt, die erzählt werden will. Der Stab wird in dieser Runde ja wieder zu ihnen zurückkehren.

1. Wenn alle Geschichten erzählt sind, schauen die Erzähler die Fragen an, die ihnen gestellt wurden. Nehmen Sie die Frage, die Sie am meisten anspricht, und beantworten Sie sie als Aufmacher (siehe Kapitel 2). Zum Beispiel: »Was haben Sie da gemacht?« wird zu »Ich wußte nicht, was ich da gemacht hatte.«

2. Schreiben Sie zwanzig Minuten lang den Aufmacher weiter. Lesen Sie sich den Text noch einmal durch.

3. Legen Sie den Text zur Seite. Schließen Sie die Augen, und stellen Sie sich die Geschichte, die Sie eben geschrieben haben, noch einmal vor. Denken Sie an den Ort, an dem sie passiert ist. Versetzen Sie sich in die Situation zurück.

4. Öffnen Sie die Augen wieder, und zählen Sie zwanzig Einzelheiten auf, an die Sie sich erinnern. Eine Einzelheit ist ein kleines Stück Information. Sie kann ein Wort wie »groß« sein, oder ein Satz oder zwei wie: »Mein Vater sitzt in der Ecke und ißt Pistazien und sieht einem Profischwergewichts-Boxkampf zu.«

5. Gut so. Jetzt schauen Sie sich die Einzelheiten an. Stellen Sie zu jeder Einzelheit Fragen, um noch ein wenig tiefer einzudringen, um noch genauer zu werden. Drehen Sie am Knopf des Fernglases, um das Bild noch etwas präziser, noch klarer zu sehen. Schreiben Sie die überarbeiteten Einzelheiten in den Originaltext hinein.

6. Nehmen Sie ein Detail heraus, und schreiben Sie auf einer neuen Seite Ihres Schreibheftes noch einmal spontan über das beschriebene Ereignis. Wenn Ihr Stift vom Thema abschweifen will, lassen Sie es auf jeden Fall zu.

7. Lesen Sie jetzt den neuen Text noch einmal, und schreiben Sie einen Satz auf, der das gemeinsame Thema beider Texte zusammenfaßt.

8. Schreiben Sie eine Frage auf, die Sie immer noch zu Ihrem Thema beantwortet haben wollen.

Noch tiefer eintauchen ...

Gibt es zwischen den Fragen irgendwelche Ähnlichkeiten? Haben Sie einige neue Einzelheiten entdeckt, als Sie Ihre Fragen stellten? Haben Sie ein Thema in Ihrer Geschichte entdeckt, das mit anderen Geschichten, die Sie erzählt haben, oder Ereignissen Ihres Lebens in Verbindung steht?

Einzelheiten sind Spaten

> *Schreiben Sie nicht über die Schrecken des Krieges. Nein. Schreiben Sie über die verbrannten Socken eines Kindes, die auf der Straße liegen.* RICHARD PRICE

Um unsere Kerngeschichte zu finden, müssen wir uns oft tief in unsere Erinnerung eingraben. Für die meisten mag dies nicht leicht sein, für einen Autor wird es bald zur Gewohnheit.

Am ersten Morgen, an dem ich mit Soeth arbeitete, saßen wir an einem Tisch in einem kleinen Büro. Soeth trug eine rote Schirmmütze und weiße knöchelhohe Turnschuhe. Wenn man von seinem Teint und seinem Akzent absah, sah er aus wie jeder amerikanische Junge. Als ich aber in Soeths dunkelbraune Augen sah, war in ihnen nichts als Schmerz zu sehen. Wenn man dann wußte, daß er aus Kambodscha kam, waren plötzlich alle Geschichten wahr, die man darüber in den Zeitungen gelesen oder im Fernsehen gesehen hatte.

Ich sagte Soeth, daß der Schreibprozeß ein Vorgang sei, bei dem man Einzelheiten aufdecken könnte, und daß man durch das Schreiben lernen würde, sich selbst Fragen zu stellen, die wiederum immer mehr Einzelheiten aufdeckten, bis allgemeine Themen auftauchten. Heute stellte ich die Fragen, und Soeth schrieb die Einzelheiten auf. Wir begannen mit seinem Heimatdorf, mit dem schmutzigen Boden, den Lehmwänden und der Feuerstelle im Hof. Wir kamen zu den Lagern – zehn Kinder in dem Bambuskäfig, der drei Meter hoch und dreißig Quadratmeter groß war; Kinder zu hören, die nach ihren Eltern weinten; aufstehen um fünf und zurück ins Lager um fünf; die einzige Mahlzeit eine Suppe mit Gemüse und Fett; Ratten und Warane, die mit angespitzten Stöcken erlegt und roh gegessen wurden.

Soeths Geschichte wurde, je mehr er erzählte und aufschrieb, immer lebendiger. Er schrieb, wie er davonlief, um bei der Beerdigung seines Großvaters dabeizusein, wie er nach seiner Rückkehr auf ein Nest von roten Ameisen gelegt wurde. Er schrieb, wie er durch lehmige Felder stapfte, die voll von Schädeln und Knochen waren, und er schrieb über den endlosen Strom von leblosen Körpern, die den Fluß hinuntertrieben. Und als er seine Geschichte schrieb und wieder neu schrieb und sie durch Einzelheiten immer lebendiger werden ließ, erfuhr er, daß sie in gewisser Weise nicht mehr ihm allein gehörte; es war etwas, das er mit anderen teilen konnte.

Einige stellten Soeths Realitätssinn in Frage, weil seine Geschichten sich immer wieder veränderten. Aber die Inkonsistenz von Soeths Geschichten tritt auch bei anderen Personen auf, die damit kämpfen, tragische Ereignisse aus ihrer Vergangenheit ans Tageslicht zu bringen. Wie wir später in Kapitel 6 sehen werden, ist Geschichtenerzählen ein kreisförmiger Prozeß. Je mehr wir erzählen, desto mehr entdecken wir, was mit uns wirklich passiert ist – nicht einfach nur objektive Tatsachen. Ich habe alles geglaubt, was mir Soeth erzählt hat. Und je mehr ich ihm zuhörte, je freier sich Soeth mit unserer Hilfe fühlte, desto tiefer drang er in seine schmerzvollen Erinnerungen ein, die er in diesem skizzenhaften Entwurf umreißt.

Als ich sechs Jahre alt war, nahm mich der Leiter eines Arbeitslagers der Roten Khmer mit. Von da ab lebte ich niemals wieder mit meiner Familie zusammen. Das Lager war voll mit kleinen Kindern, die zwischen zehn und fünfzehn Jahren alt waren. Ich war das jüngste. Normalerweise warten die Khmer, bis ein Kind zehn Jahre alt ist, bevor sie es mit sich nehmen. Mein Vater ließ sie mich mitnehmen, als ich sechs Jahre alt war. Ich hatte einen Streit mit meiner kleinen Schwester. Ich kann mich nicht erinnern, worum es dabei ging. Der Streit machte meinen Vater aber so wütend, daß er mich in das Lager schickte. Das war nicht sein Fehler, da er nicht wußte, was da los war. Es war auch das erste Mal, daß die Khmer in das Dorf kamen und die Kinder einsammelten. Mein Vater und ich dachten, daß es nur für zwei Wochen sei.

Ich war über meinen Vater sehr enttäuscht, als ich im Lager war, aber ich konnte nichts anderes tun als schreien. Die Leiter brachten uns zum Arbeiten, indem sie sagten: »Wenn ihr richtig hart arbeitet, dürft ihr bald nach Hause.« Wir arbeiteten, so hart wir konnten. Aber die Tage vergingen, und man kam nicht nach Hause. Am Ende wußte ich, daß ich niemals wieder nach Hause kommen würde.

Je mehr sich Soeths Geschichte in verschiedene Fäden zerfaserte, desto deutlicher wurde sein Thema: die Verwirrung und daß er verlassen worden war. Soeths wichtigste Frage war nicht: »Warum haben die Roten Khmer das mit ihrem Volk gemacht?«, sondern: »Warum hat mein Vater mir das angetan?« Diese Frage mit all ihren schmerzvollen Untertönen wurde immer deutlicher, als Soeth die Geschichte wieder und wieder erzählte.

Wenn Sie nach dem allgemeinen Thema in Ihren Geschichten suchen, werden auch Sie anfangen, Ihre Vergangenheit zu entdecken.

Auslöser

↬ Versuchen Sie den Satz »Meine Geschichten handeln alle von …« zu beenden.

↬ Schreiben Sie über zwei Ereignisse, die Sie verletzt haben. Gibt es eine Verbindung zwischen ihnen? Können Sie eine Kerngeschichte entdecken?

↬ Schreiben Sie über einen Tag, an dem Sie sich verändert haben.

↬ Schreiben Sie über den Tag, an dem Sie zu der Persönlichkeit wurden, die Sie jetzt sind.

↬ Eine Möglichkeit, Ihre Kerngeschichte zu finden, ist, die entscheidende Frage ausfindig zu machen. Die nächsten sechs Auslöser zeigen, wie Sie mit der Frage spielen können.

1. Versuchen Sie, eine entscheidende Frage zu formulieren, die durch Ihre Geschichten zu laufen scheint. Bringen Sie die Antwort auf Ihre Frage als Höhlentext zu Papier.

2. Sprechen oder schreiben Sie zwanzig Minuten über die Frage, indem Sie verschiedene Zeitpunkte in Ihrem Leben anführen, an denen Sie die Wichtigkeit dieser Frage fühlten.

3. Lehnen Sie sich in einem gemütlichen Sessel zurück. Singen oder sprechen Sie Ihre Frage immer wieder vor sich hin, mindestens fünfzig Mal. Danach entspannen Sie sich für eine oder zwei Minuten und schreiben dann ein kurzes Gedicht, das Ihre Frage beantwortet.

4. Schreiben Sie einen Brief, in dem Sie sich selbst die Frage beantworten.

5. Schreiben Sie einen Dialog zwischen Ihrer Frage und sich selbst, und lassen Sie ihn zu verschiedenen Zeitpunkten Ihres Leben stattfinden.

6. Malen Sie ein Selbstporträt mit Wasserfarben oder mit Worten. Schließen Sie die Frage mit in Ihr Bild ein.

Orte der Erinnerung

Orte und Plätze, die wir mit unserer Vergangenheit verbinden, können in uns eine Erinnerungskette auslösen, die zu einer Kerngeschichte führt. Schreiben Sie eine Liste von Orten auf, an die Sie sich lebhaft erinnern. Sie können dieselben Fragen benützen, die Ihnen schon vorher geholfen haben, Ihre Erinnerung wiederzuentdecken.

Wo fühlten Sie sich sicher?
Wo waren Sie voller Angst?
Welcher Ort hat Sie verwirrt?
Wo waren Sie wütend?
Wo lernten Sie Ihre Unabhängigkeit?
Wo sind Sie in die Falle gegangen?
Wo dachten Sie über den Tod nach?
Wo dachten Sie über Gott nach?
Wo wurden Sie geliebt?
Welcher Platz barg viele Geheimnisse?

Nehmen Sie einen Ort, und schreiben Sie ein kurzes Gedicht über ihn. Arbeiten Sie nicht zuviel an dem Text. Stellen Sie sich vor, ein japanischer Haiku-Meister zu sein, der mit schnellen Strichen nur das beschreibt, was er vor sich sieht.

Noch tiefer eintauchen ...

Fanden Sie einen Ort, der starke Emotionen in Ihnen auslöste? Was fühlten Sie, als Sie diesen Platz beschrieben? Tauchten vergessen geglaubte Einzelheiten in Ihrem Text auf? Welcher Aspekt gefiel Ihnen an Ihrem Text am besten?

Erinnerten Sie sich an etwas Neues an dem Ort? Wie ginge es Ihnen, wenn Sie heute dorthin zurückkehren würden? Notieren Sie sich zwei Gefühle, die mit dem Platz verknüpft sind. Welche Bilder entstehen dabei?

Ein Gerichtssaal

Als Paulette über den Gerichtsaal schrieb, in dem sie ein Unterlassungsurteil gegen ihren gewalttätigen Ehemann erwartete, begann sie mit der Schilderung, welche Vorstellungen sie damals hatte und wie sie sich fühlte. Als sie das Gedicht beendet hatte, erkannte sie, daß der Text nicht nur von einem einzelnen Vorfall in ihrem Leben handelte: Es war eine Kerngeschichte, die davon handelte, wie sie darauf wartete, daß ihr Leben beginnen würde.

Unterlassungsurteil
Sie erinnerte sich an die Pracht der glatten, holzgetäfelten Wände,
den weichen teppichbelegten Boden, die Reihen der Stühle mit geraden Rückenlehnen,
die eine Linie bilden, sorgfältig aufgestellt, gegenüber der Urteil verkündenden Richterbank, in respektvollem Abstand.

Warten, warten

Das gewaltige Zimmer war leer, darin nur sie und
der Wächter. Sie saßen und schauten sich an, die
riesige Wanduhr starrte zurück.
Zehn, fünfzehn, zwanzig Minuten
und immer

Warten, warten

Konnte sie das tun?
Hatte sie die Stärke,
das Begonnene zu beenden?
Gott, gib mir die Gelassenheit, die Dinge,
die ich nicht ändern kann, zu akzeptieren,
den Mut, die Dinge zu ändern,
die ich ändern kann, und die Geduld weiterzumachen.

Warten, warten

Die schwere geschnitzte Tür
zum hinteren Zimmer
öffnet sich langsam.
Mit leisen Schritten treten sie ein,
ausdruckslose Gesichter,
drei Frauen und ein Mann mit silbernem Haar.

Jeder stieg die Stufen zu seinem Sitz nach oben,
thronte über dem nahen leeren Raum vor ihnen.
Es war zu Ende, das

Warten, Warten.

Wenn man nicht genau hinschaut, dann handelt das Gedicht einfach nur davon, daß Paulette eingeschüchtert im Gerichtssaal warten mußte. Das Warten ist jedoch das Symbol für die langen Jahre, die sie in dieser Beziehung aushielt, obwohl sie mißhandelt wurde. Wir haben selten Erfolg, wenn wir uns absichtlich vornehmen, unsere Kerngeschichte zu schreiben. Sie schleicht sich leise auf das Papier, und wir erkennen sie oft erst, nachdem wir sie geschrieben haben. Haben Sie schon einmal erlebt, wie Ihre Kerngeschichte sich beim Schreiben entwickelt hat?

Auslöser
- ☞ Welches Thema taucht immer wieder in Ihren Geschichten auf? Schreiben Sie es in die Mitte eines leeren Papiers und knüpfen Sie ein Wortnetz. Suchen Sie andere Geschichten in dem Wortnetz, und schreiben Sie eine davon.
- ☞ Schreiben Sie über einen Ort, an dem Sie Angst hatten. Versetzen Sie sich an diesen Ort zurück, und versuchen Sie, die Furcht noch einmal zu erleben, während Sie schreiben.
- ☞ Schreiben Sie über einen Ort, der in einem Traum vorkam. Versuchen Sie, den Traum mit Wörtern nachzuerzählen. Zeichnen Sie ein Bild von dem Traum. Oder ein Comic.
- ☞ Schreiben Sie über ein peinliches Ereignis, das Sie erlebt, aber noch niemandem erzählt haben. Behalten Sie es auch weiterhin für sich.
- ☞ Schreiben Sie über einen Platz, an dem Sie einsam waren. Benutzen Sie aber nicht das Wort »einsam«. Beschreiben Sie nur den Platz, und lassen Sie Ihre Gefühle durch die Beschreibung deutlich werden.
- ☞ Schreiben Sie über eine Zeit, in der Sie oft Angst hatten. Brechen Sie für einen Moment aus dem Jetzt aus. Gehen Sie hinein in die Angst. Kehren Sie zu dem Ich von damals zurück, und lassen Sie den Leser genau das fühlen und denken, was Sie damals dachten.
- ☞ Zeichnen Sie mit Worten ein »Porträt der Einsamkeit«. Illustrieren Sie es mit einer Zeichnung. Dann versuchen Sie dasselbe unter dem Titel »Porträt der Gemeinsamkeit«.

Erinnerung an Geheimnisse

Wir sind alle Gefangene –
wir sind eingeschlossen in unsere eigene Geschichte.
MAXINE KUMIN

Ein anderer Schlüssel zu unseren Kerngeschichten sind unsere Geheimnisse. Geheimnisse, die wir in unserem Leben für uns behalten, die wir niemandem erzählt haben. In einem meiner ersten Seminare forderte ich eine Gruppe von Lehrern auf, ein Geheimnis aufzuschreiben, das sie nie jemandem erzählt haben. Drei Teilnehmer verließen daraufhin sofort den Raum. Drei andere meldeten sich: »Müssen wir sie jemandem erzählen?« fragte eine junge Frau, die in der ersten Reihe saß. Ich schwieg einen Augenblick, dann sagte ich: »Nur sich selbst.« Später kam eine ältere Frau zu mir und erzählte mir, daß sie 1935 als Telefonistin gearbeitet hatte. Einmal kam ein Notruf an ihren Platz. Ein kleiner Junge weinte und sagte, daß seine Großmutter sich nicht mehr rühre. Sie beruhigte den kleinen Jungen und fragte ihn, wo er wohne. Erst jetzt merkte sie, daß der Junge ihr Sohn war und ihre Mutter gestorben war. Sie hatte die Geschichte mehr als 45 Jahre niemandem erzählt.

Schreiben Sie drei Geheimnisse auf, die Sie jahrelang für sich behalten haben. Wählen Sie eins aus, und schreiben Sie zwanzig Minuten.

Noch tiefer eintauchen ...

Was fühlten Sie, als Sie über Ihr Geheimnis schrieben? Vor wem versteckten Sie es, und warum behielten Sie es all die Jahre für sich? Was wissen Sie jetzt über Ihr Geheimnis, was Sie damals nicht wußten?

Naß bis auf den Grund

Ich war es gewohnt, ein Geheimnis vor meinen Eltern zu haben. Es passierte, als ich zwölf Jahre alt war. Wir waren am Wentworthsee in Wolfboro, New Hampshire. Meine Eltern hatten mir nie das Schwimmen beigebracht, weil sie selber nicht schwammen. Ich hatte es mir aber selbst beigebracht, und an diesem Tag, während meine Eltern auf dem Sofa ein Nickerchen machten, schwamm ich hinaus zu dem Floß. Ich stellte mich auf das graue Holzfloß und fühlte mein Herz vor Spannung schneller schlagen. Dann sah ich meine schlafenden Eltern vor mir und begann mir vorzustellen, daß sie aufwachten und merkten, daß ich nicht da war, und in Panik gerieten. Also sprang ich ins Wasser zurück. Als ich zurückschwamm, spürte ich, wie meine Muskeln sich zusammenzogen und meine Arme schwer wurden. Meine Hände wurden zu Schaufeln, die in das Wasser hineingruben, anstatt mich wie Paddel weiterzutragen. Ich bekam Wasser in die Nase, und Panik legte sich wie ein Schleier vor meine Augen.

Dünne Blasen umschwärmten mich wie hungrige Insekten. Ich versuchte, »Hilfe!« zu rufen, aber jeder Versuch wurde vom Wasser in meinem Mund erstickt. Dann sah ich jemanden von der Wasserwacht, braungebrannt, mit einem roten Surfboard auf mich zupaddeln. »Halt noch durch«, schrie er, »ich bring dich zurück.« Die Kiesel unter meinen Füßen waren warm. Erst als ich aufstand, fühlte ich, wie die Panik wie ein Senkblei in mich hineinfiel. Ich ging zu meinen Eltern zurück und schlief sofort auf einer Decke ein. Die Sonne wärmte mich. Ich erzählte meinen Eltern davon erst sechsundzwanzig Jahre später, nachdem ich darüber geschrieben hatte. Ich erkannte, daß ich mein ganzes Leben damit verbracht hatte, meine Eltern zu schützen; deshalb behielt ich solche Geschichten für mich.

Als ich sie erzählte, wurde mir plötzlich bewußt, wie absurd es gewesen war, diese Geheimnisse zu hüten. Aber ich hatte gewußt, daß es einen Grund, einen wichtigen Grund gab, der mit ihnen wie mit mir zu tun hatte. Das Schöne am Schreiben ist das Lösen von Rätseln, und jede Einzelheit kann ein Schlüssel dazu sein.

Auslöser

☞ Beschreiben Sie Ihre geheimen Erinnerungen, oder kehren Sie zu denjenigen zurück, über die Sie schon gearbeitet haben. Suchen Sie Einzelheiten, und versetzen Sie sich wieder in die Situation. Dann überlegen Sie, warum Sie sie geheimgehalten haben, und schreiben darüber.

- Kehren Sie in Ihrer Erinnerung in ein Zimmer zurück, das Sie gut kennen. Sammeln Sie Einzelheiten über das Zimmer. Wählen Sie eine aus, und schreiben Sie, ohne nachzudenken, zehn Minuten. Streichen Sie die interessanten Passagen an, und überlegen Sie, warum dieses Zimmer für Sie wichtig ist. Zeichnen Sie ein Bild von dem Zimmer. Nehmen Sie Farbstifte. Versuchen Sie, sich vorzustellen, wo Sie sich befinden.

- Sammeln Sie Einzelheiten, die einen Menschen beschreiben, vor dem Sie ein Geheimnis haben. Beschreiben Sie die Person, indem Sie mit dieser Einzelheit beginnen. Der Text soll damit enden, daß die Person das Geheimnis herausbekommt.

- Schaffen Sie eine Figur, die ein ähnliches Geheimnis wie Sie mit sich herumträgt. Die Person soll Ihnen aber nicht zu sehr gleichen. Bringen Sie mit Ihrem Stift diese Person in eine Situation, in der sie überlegen muß, ob sie das Geheimnis enthüllt.

- Schreiben Sie einen Brief an jemanden, vor dem Sie seit Jahren ein Geheimnis verbergen. Denken Sie nicht darüber nach, ob Sie den Brief abschicken oder nicht. Schreiben Sie einfach diesen Brief und entdecken Sie dabei für sich, warum Sie das Geheimnis haben.

- Legen Sie ein kleines Buch mit all Ihren Geheimnissen an. Verstecken Sie es irgendwo im Haus. Warten Sie einige Monate, bevor Sie es wieder hervorholen. Schreiben Sie über das Geheimnis, über das Sie Lust haben zu schreiben.

- Schreiben Sie Einzelheiten über eine Person oder einen Platz auf. Schauen Sie die gesammelten Details durch, und stellen Sie sich ein oder zwei Fragen, um genauere Einzelheiten zu finden. Zeichnen Sie von dieser Person oder diesem Platz ein Porträt, das auf den hervorstechendsten Eigenschaften gründet.

Der Tod: Eine Kerngeschichte, die in jedem steckt

Kerngeschichten sind nicht nur in einem Menschen einmalig vorhanden. Der Psychologe C. G. Jung sagt, daß unser Seelenleben auf ein schöpferisches kollektives Unbewußtsein gründet, das Geschichten hervorbringt, die uns mit allen Menschen, unserer Zeit und allen früheren Epochen verbinden. Die Themen dieser Geschichten ähneln sich. Jung nannte sie Archetypen und zeigte mit diesem Modell die Gemeinsamkeit aller menschlicher Erfahrung.

Wir sind sterbliche Wesen, die in einem Zeitabschnitt der Geschichte eine gewisse Zeit leben. Unser Tod ist wahrscheinlich die größte gemeinsame Erfahrung, die wir machen müssen. Schreiben Sie über Ihre erste Erfahrung mit dem Tod. Schreiben Sie schnell, lassen Sie Ihre Gedanken und Gefühle auf das Papier fließen. Suchen Sie dann nach Einzelheiten über diesen Moment, oder schreiben Sie einen Höhlentext.

Noch tiefer eintauchen ...
Schauen Sie das, was Sie geschrieben haben, genau an. Wie haben sich die Gedanken und Gefühle, die Sie über den Tod hatten, verändert? In welcher Weise sind sie dieselben geblieben? Machen Sie als Höhlentext ein Porträt des Todes.

Vom Glück, Abschied nehmen zu dürfen
Der Tod ihrer geliebten Großmutter verstörte die zehnjährige Amy Miller sehr. Sie konnte nicht mehr essen und hatte große Schwierigkeiten in der Schule. Schließlich ging sie zur

Direktorin, und sie vereinbarten, daß sie, wann immer sie wollte, in ihr Büro kommen und in einem Heft über den Tod ihrer Großmutter schreiben konnte. Die Titelseite begann mit den Worten:

> »Der Name meiner Großmutter war Laura Helene August Miller. Sie ist 76 Jahre alt und war die Größte.«

Der Zeitfehler im zweiten Satz entstand durch die besondere Kraft der Phantasie beim Schreiben, die sozusagen Tote zum Leben erweckt. Wenn wir schreiben, wird das *war* zu einem *ist*. Auf der nächsten Seite des Heftes steht ein Schnappschuß, den Amy über ihre Großmutter schrieb. Merken Sie, wie Amys Schreiben die tiefe Liebe reflektiert, die sie für ihre Großmutter empfindet?

Bis zu dem Tag, an dem ich in Amys Schule kam, hatte Amy das Material in ihrem Schreibheft wie ein Geheimnis nur mit dem Rektor und einer Lehrerin geteilt. Die Aufgabe, die ich den Kindern an diesem Tag gab, war einfach. Sucht aus eurem Leben einen aufregenden Moment heraus, einen Moment, in dem etwas passierte, was ihr nie vergessen werdet. Schreibt die ganze Seite voll. Dehnt den Moment aus. Laßt alles ganz langsam passieren. Amy wählte den Augenblick, als sie ihre Großmutter zum letzten Mal sah, und las es später in der Klasse vor.

> Ich sitze und überlege und versuche zu erfahren, was gerade passiert. Ich war mir nicht sicher, was ich denken sollte, als mein Vater den Gang entlangging und mit einer Krankenschwester sprach und dann sagte: »Möchtest Du Deine Großmutter sehen?« Ich sagte Ja. Ich ging sehr langsam durch den langen Korridor und überlegte, was ich sagen sollte, wie ich es sagen sollte. Während ich noch darüber nachdachte, sah ich durch einige offene Türen kurz Leute, die überall Schläuche hatten, ich gehe zu einer Tür und öffnete sie. Ich sah meine Großmutter mit Schläuchen an den Armen, im Gesicht und fast überall. Ich dachte, das muß eine andere Frau sein dort, diese blasse Frau mit den müden Beinen. Es kam mir wie eine Ewigkeit vor, bis wir sprachen. Ich sagte: »Ich habe dich lieb«, weil ich dachte, daß das jetzt das Richtige war. Ich hatte Angst. Sie sagte: »Ich habe dich auch lieb«, dann fühlte ich mich wieder gut, war aber traurig.

Etwas Bemerkenswertes passierte, als Amy ihren Text vorgelesen hatte und die anderen Schüler aufforderte, Fragen zu stellen. Überall schossen die Hände nach oben. Heather sagte, daß es sehr gut getan hätte, ihren Gefühlen zuzuhören, weil sie dieselben Gefühle gehabt habe, als ihre Großmutter gestorben war. Billy sagte zu Amy, daß sie Glück gehabt habe, von ihrer Großmutter Abschied nehmen zu dürfen. Sein Großvater hätte niemandem erlaubt, seine Großmutter zu sehen, als sie im Krankenhaus war. Er war immer noch wütend auf ihn, daß er ihm das nicht erlaubt hatte. Andere Kinder erzählten auch von ihren versteckten Gefühle über den Tod. »Sie sagten, er sei weggegangen«, sagte Kurt, »aber wenn ich fragte, wohin und ob ich ihn da besuchen könnte, sagten sie nichts mehr.«

Hinterher kam Amy zu mir und sagte: »Ich habe niemandem von meiner Großmuter erzählt, weil ich mich schämte. Ich habe nicht gewußt, daß allen dasselbe passiert ist.«

Amys Erfahrung ist eine vielen Menschen gemeinsame Kerngeschichte über das Leben in einer westlichen Gesellschaft, in der wir zu trauern verlernt haben. Viele Menschen sterben allein in Krankenhäusern ohne ihre Familien. Wir sehen den Tod als unnatürlich und furchteinflößend an. Wir teilen nicht unser Leid und unseren Schmerz als gemeinsame Erfahrung, sondern fressen sie in uns hinein, auch wenn es manchmal gelingt, sich über den Kummer auszusprechen und ihn darzustellen. Schreiben ist noch der beste Weg dazu, da er gesellschaftlich akzeptiert ist. Und Kunst kann so lange mit anderen geteilt werden, wie sie nicht als Therapie verstanden wird.

Auslöser

∞ Schreiben Sie über einen Augenblick in Ihrem Leben, in dem Sie sich über die Existenz des Todes bewußt wurden.

∞ Zählen Sie die Menschen auf, die Sie kannten und die in den letzten zehn Jahren gestorben sind. Schreiben Sie über eine dieser Personen einen Schnappschuß. Schreiben Sie der Person einen Brief, in dem Sie darstellen, was Sie ihr gegenüber versäumt haben.

∞ Schreiben Sie »Sterben« in die Mitte eines Wortnetzes, und sammeln Sie durch Brainstorming die Erfahrungen, die Sie zu dem Kernwort gemacht haben. Streichen Sie eine Gedankenkette an, und schreiben Sie spontan zehn Minuten.

∞ Schreiben Sie zehn Minuten einen Text mit dem Anfang »Der Tod ist …«.

∞ Beschreiben Sie den Tod eines erfundenen Menschen in der dritten Person.

∞ Sie sind gerade gestorben. Beschreiben Sie einen Gang in den Supermarkt oder an einen anderen Ort, wo Sie oft gewesen sind, aber nie über den Tod nachgedacht haben.

∞ Malen oder zeichnen Sie ein Bild Ihrer Seele. Hängen Sie es in die Nähe Ihres Schreibtisches und schauen Sie es sich lange an. Versuchen Sie, ihr eine Stimme zu geben.

∞ Stellen Sie sich Ihre Todesszene vor, und schreiben Sie Ihre letzten Worte. Als Oscar Wilde die häßlichen grünen Vorhänge in dem Zimmer bemerkte, in dem er sterbend lag, sagte er: »Entweder kommen diese Vorhänge weg oder ich!«

∞ Stellen Sie sich vor, Sie müßten morgen sterben. Schreiben Sie einen Brief an jemanden in Ihrer Familie. Erzählen Sie ihm, was in Ihrem Leben tatsächlich passiert ist.

Die Geschichte einer Blume

Meine Tochter zeichnete vor kurzem diese Geschichte. Sie heißt »Die Geschichte einer Blume« und ist auf der nächsten Seite abgebildet. Der Pfeil zeigt auf die Hauptfigur der Geschichte, eine Blume, die wächst und stirbt, genauso wie vier andere Blumen vor ihr wachsen und sterben. Es ist einer der ersten Versuche meiner Tochter, die Vergänglichkeit zu porträtieren, und sie hat, so wie die meisten Schriftsteller, eine einzelne Figur in einen

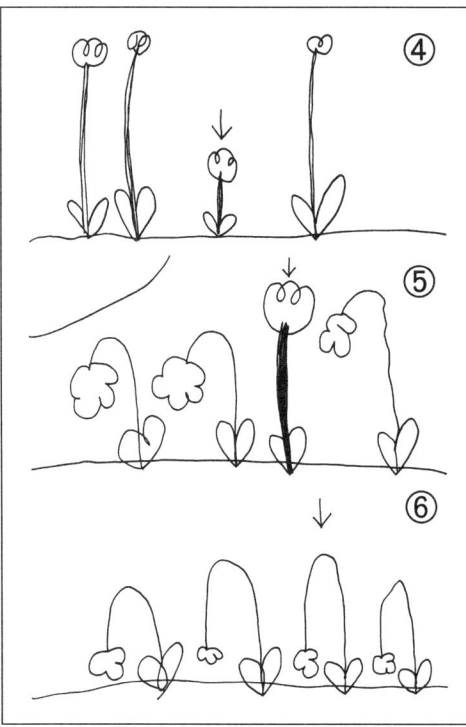

Zusammenhang gesetzt und eine Reihe von Ereignissen dargestellt.

Kerngeschichten handeln von der Vergänglichkeit. Oder auch davon, wie sich Menschen wesentlich verändern können. Man kann die Geschichten in ihrem Gesicht ablesen. Auf der rechten Seite sind zwei Photographien meiner Mutter abgebildet, eine von 1940 und eine von 1977. Erkennen Sie die Geschichten in ihrem Gesicht auf dem zweiten Photo?

Wenn ich einen Kassettenrekorder vor sie hinstellen würde, könnte ich einige dieser Geschichten zu hören bekommen. Meine Mutter würde mir von dem Antisemitismus in der Bank, in der sie in Manhattan gearbeitet hat, erzählen. Sie würde erzählen, wie schwer es war, von ihrer Familie in New York weg nach New Hampshire zu gehen. Vielleicht würde sie den Tod ihrer Mutter oder die Geburt ihrer ersten Enkelin beschreiben. Vielleicht würde sie darüber sprechen, wieviel Sorgen sie sich machte, als ihr jüngerer Bruder im Zweiten Weltkrieg gegen Japan in den Krieg mußte. Oder wie frustrierend es war, einen Sohn wie mich zu haben, der keinen Erfolg in der Schule hatte und sich dann entschloß, das College zu verlassen, um durch die Welt zu ziehen.

Geschichten schreiben bedeutet, die Momente oder Ereignisse im eigenen Leben zu entdecken, in denen wir uns bewußt wurden, daß wir uns ändern. Wichtige Momente enthüllen sich uns nicht automatisch, sondern oft erst, nachdem wir zu schreiben begonnen haben. Wenn ich die Schüler auffordere, über ein bedeutendes Erlebnis ihrer Kindheit zu schreiben, so sind immer ein oder zwei dabei, die behaupten, daß sie sich an nichts Wichtiges erinnern können. Ich sage dann, daß alles wichtig ist, an das man

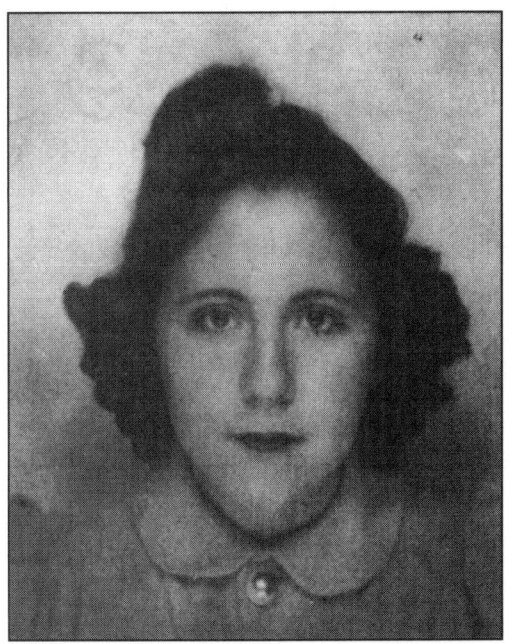 

sich erinnert, nur weiß man oft nicht warum, bevor man nicht über das Erinnerte eine Zeitlang geschrieben hat.

Hier folgen jetzt einige Fragen, die Ihre Erinnerung herauslocken, wichtige Momente aus ihr ausgraben sollen. Machen Sie beim Lesen der Fragen Notizen zu den Erinnerungen, die in Ihnen auftauchen.

Welcher Moment erfreute Sie?
Was erschreckte Sie?
Was verwirrte Sie?
Was verblüffte Sie?
Was regte Sie auf?
Was verletzte Sie?
Was machte Sie stolz?
Was ließ Sie Ihre Zuversicht verlieren?
Was bestätigte Sie in etwas?
Was beunruhigte Sie?
Was langweilte Sie?
Was veränderte Ihr Leben?

Noch tiefer eintauchen ...

Welche Frage löste in Ihnen die Erinnerung an einen wichtigen Moment aus? Wie veränderte dieser Moment Ihre Gedanken, Ihre Einschätzung von sich selbst? Was ist das Thema dieses Augenblicks der Veränderung? Fassen Sie das Thema in einer Frage zusammen. Wie war das, als Sie zu diesem Moment zurückkehrten und nachforschten?

Kernmomente: Auf der Suche nach den Ursachen

Die Rückerinnerung an die wichtigsten Augenblicke unserer Lebenszeit kann ein kraftvoller Auslöser sein, durch den wir unsere Kerngeschichte finden.

Gerry saß wegen Vergewaltigung vierzehn Jahre im Gefängnis und machte seit zwei Jahre eine Therapie. Als ich ihn aufforderte, in seine Kindheit zurückzukehren und über ein dramatisches Ereignis aus seiner Kinderperspektive zu schreiben, schrieb er den folgenden kurzen Text über ein Ereignis, das ihm im Alter von sieben Jahren passiert war:

Die Axt
Er hatte die Hand auf meinem Ast. Er hatte kein Recht auf meinen Ast. Wenn er nicht die Hand von meinem Ast nimmt, werde ich ihm die Finger abhacken. Es ist mein Ast. Nimm die Hand von meinem Ast. Jetzt sofort! Du hast deinen eigenen Ast. Das ist mein Ast. Ich habe die Axt von Vater. Ich werde mit ihr zuschlagen. Provozier mich nicht. Ich werde es tun. Das ist dein Fehler! Du hast die Hand nicht weggenommen. Ich habe dir die Finger abgehackt. Es ist Blut dran. Was mache ich jetzt. Vater wird sauer sein. Was kann ich nur machen? Das Blut ist überall. Weglaufen! Von hier abhauen. Die Axt verstecken. Es ist Vaters Axt. Warum habe ich es getan? Er ist überall voll Blut. Ich habe ihn verletzt. Ich möchte weinen. Ich möchte nicht weggehen. Ich habe Angst! Abhauen! Die Axt verstecken. Was soll ich tun. Vater wird mich prügeln! Die Polizisten werden kommen. Überall an ihm ist Blut. Hör auf zu schreien! Geh heim!

Als Gerry so aus der Erwachsenenperspektive auf seine Kindheit zurückgeschaut hatte, konnte er sehen, daß dieser Vorfall nur die erste Tat von einer Reihe von Racheakten für den täglichen sexuellen Mißbrauch war, unter dem er als Kind gelitten hatte. Der Junge, den er mit der Axt verletzte, war sein erstes Opfer, ein unschuldiger Zuschauer. Als Gerry erwachsen war, führte dieses Muster, kopflos gewalttätig zu sein und dann wegzulaufen, zu drei Scheidungen und durch sechs Gefängnisse. Durch Schreiben und seine Psychotherapie lernte Gerry, sich in frühere Situationen zurückzuversetzen und sein Leben aus einer reiferen Perspektive neu zu erfahren. Schließlich schrieb er dieses Gedicht, das in der Zeitung der »Nationalen Vereinigung gegen sexuelle Gewaltverbrechen« veröffentlicht wurde.

Wenn Du Dich damals um mich gekümmert hättest ... Warum nicht jetzt?

Ich bin ein kleiner Junge und bin entführt worden und zwei Tage auf einem Friedhof homosexuell mißbraucht worden, als ich sieben oder acht Jahre alt war.

Ich bin ein kleiner Junge und bin von einem Nachbarjungen fünf oder sechs Jahre lang zu oralem Sex gezwungen und von hinten genommen worden, bis ich dreizehn war.

Ich bin ein kleiner Junge und bin von einem Cousin zu onanieren und zum Oralverkehr gezwungen worden, als ich sieben oder acht Jahre alt war.

Ich bin ein kleiner Junge und bin von meinem Bruder zu oralem Sex, zur Onanie gezwungen und von hinten genommen worden, als ich zwölf oder dreizehn Jahre alt war.

Ich bin ein kleiner Junge mit unterdrückten Gefühlen von Scham, Schuld und Wut; seit Jahren versteckt, kommen sie jetzt nach oben, damit ich es der Welt zurückzahle.

Ich bin ein kleiner Junge, der zwischen zwei Persönlichkeiten zerrissen ist: Die eine liebt, die andere will Rache.

Ich bin ein kleiner Junge und habe überall im ganzen Land nach Glück gesuchte, auch an geheimen Orten.

Ich bin ein kleiner Junge, der sich in die Welt der Drogen und des Alkohols geflüchtet hat, um die Einsamkeit und den Schmerz zu verringern.

Ich bin ein kleiner Junge und bin in eine Jungenschule gesteckt worden, wo ich noch mehr mißbraucht wurde.

Ich bin ein kleiner Junge und habe versucht, fünf liebenswerten Kindern ein Vater zu sein, und habe versagt.

Ich bin ein kleiner Junge und habe dreimal versucht, einer Frau ein Ehemann zu sein, und habe jedesmal versagt.

Ich bin ein kleiner Junge und habe zwei Frauen sexuell mißbraucht und bin zu vierzehn Jahren Gefängnis verurteilt worden.

Ich bin ein kleiner Junge und habe selbst versucht, einen Weg zu finden, um mich mit den Kränkungen meiner Kindheit zu versöhnen.

Ich bin ein kleiner Junge und möchte niemals wieder jemanden verletzen, so lange ich lebe.

Ich bin ein kleiner Junge und spüre immer noch die Gewalt der kalten Gefängnismauern.

Ich bin ein kleiner Junge, und du hättest mich geliebt, du hättest dich um mich gekümmert, als ich sieben Jahre alt war.

Ich bin ein kleiner Junge und bin bestürzt und fühle mich zurückgestoßen, wenn die Mitgefangenen mich hassen.

Ich bin ein erwachsener Mann und habe gelernt, den Tätern zu vergeben, und mein Herz geöffnet, um die Gedanken an Rache einzuschläfern.

Ich bin ein erwachsener Mann und büße meine Schuld an der Gesellschaft ab und erkenne nun, daß die Welt kein Opfer für meine Rache sein kann.

Ich bin ein erwachsener Mann und will nicht mehr von den Alpträumen der Vergangenheit beherrscht werden.

Ich bin ein erwachsener Mann und bin auf dem Weg, wieder etwas zu werden, und weiß inzwischen, daß man nicht mit Unrecht ein anderes Unrecht vergelten kann.

Ich bin ein erwachsenener Mann und habe gelernt zu weinen, zu lächeln und mich um andere zu kümmern, und eines Tages werde ich frei sein …

Der kleine Junge war ich!

Zu unserem Kindheits-Ich zurückzukehren und in dessen Stimme zu schreiben, kann der erste Schritt sein, um die disfunktionalen Verhaltensmuster zu erkennen, die unser Erwachsenenleben stören. Dabei kommt es nicht darauf an, wie tief wir gesunken sind; den Kern dieses Lebens zu finden und zu formulieren ist der erste Schritt, um sich ein neues Leben aufzubauen.

Auslöser

- ↪ Zeichnen Sie eine waagrechte Linie über ein großes Blatt Papier. Schreiben Sie an das linke Ende *Geburt*, an das rechte Ende *Tod*. Fügen Sie an den linken Rand eine senkrechte Linie hinzu, der die waagrechte Linie an dem Punkt der Geburt schneidet. Das ist der Punkt 0. Alles, was über der waagrechten Linie liegt, ist der positive Bereich; alles, was unter ihr liegt, negativ. Auf diesem Blatt können Sie nun die Fieberkurve Ihres Lebens einzeichnen: Zeichnen Sie die positiven und negativen Erfahrungen Ihres Lebens, die Sie seit Ihrer Geburt gemacht haben, in der richtigen Position ein. Malen oder kritzeln Sie kleine Bilder über die Ereignisse, die mit Ihren Erfahrungen verknüpft sind. Machen Sie ein kleines Kunstwerk aus Ihrer Kurve.
- ↪ Wählen Sie eine positive Erfahrung daraus aus, und schreiben Sie spontan zehn Minuten darüber. Machen Sie dasselbe mit einer negativen Erfahrung. Stellen Sie sich zu jedem Text drei Fragen. Schreiben Sie über die interessanteste Frage weiter.
- ↪ Zeichnen Sie eine ähnliche Kurve über eine Ihrer Erfahrungen. Diesmal zeichnen Sie jedoch positive oder negative Folgen von ein oder zwei Erfahrungen, die Sie gemacht haben, auf das Blatt. Schreiben Sie zehn Minuten über eine dieser Folgen.
- ↪ Schreiben Sie fünf Momentaufnahmen über Ihre Mutter und fünf über Ihren Vater.
- ↪ Denken Sie an einen Streit zwischen Ihrem Vater und Ihrer Mutter oder Ihren Eltern und Ihnen zurück. Geben Sie ihn als Szene wieder.
- ↪ Zeichnen Sie ein Familienporträt, in das Sie so viele Einzelheiten wie möglich einarbeiten. Dann lassen Sie sich für eine ausführliche Betrachtung Zeit und versuchen, die Beziehungen zu analysieren. Finden Sie einen Titel für das Bild.
- ↪ Schreiben Sie über sich als Kind mit der Stimme von Ihrer Mutter oder Ihrem Vater.
- ↪ Schreiben Sie über eine erfundene Familie, die in irgendetwas Ihrer Familie ähnelt. Lassen Sie sie mit einem Problem fertigwerden, das einem Problem gleicht, dem Ihre Familie einmal gegenübergestanden war.
- ↪ Nehmen Sie eine große Zwiebel, und setzen Sie sich mit fünf engen Freunden in einen Kreis. Immer wenn einer eine Geschichte aus seiner Kindheit erzählt hat, wird eine Schicht der Zwiebel abgezogen. Wenn die Zwiebel vollständig geschält ist, schreibt jeder über die Geschichten, die er gehört hat. Dann lesen Sie sich die Geschichten vor.

Schuld und Scham:
Die verschlossenen Kammern der Erinnerung

Wenn wir Schuld und Scham empfinden, können wir oft nicht unsere Erinnerungen aufarbeiten. Falls Sie glauben, noch nicht Ihre Kerngeschichte gefunden zu haben, zeichnen Sie in die Mitte einer Seite eine Linie. Schreiben Sie auf die eine Seite alle Dinge, für die Sie sich schämen oder schuldig fühlen. Auf der anderen Seite verdammen Sie sich mit strengen Worten für all das.

Schreiben Sie dann der Stimme, die Sie beschimpft hat, eine Antwort, ohne vorher nachzudenken.

Noch tiefer eintauchen …

Was haben Sie über Ihre Schuld entdeckt? Konnten Sie tiefer in sie eindringen, oder beherrschen die Schuldgefühle weiterhin Ihre Gedanken? War es schwer, die Seite mit den Dingen zu füllen, für die Sie sich schämten? Oder haben Sie erlebt, daß Sie an gewisse Ereignisse nicht erinnert werden wollten?

Sie sind für das Aussterben der Dinosaurier verantwortlich!

Ein Komiker zeigte in einer wundervollen Nummer, wie man mit Schuld und Scham umgehen kann. Er begann, indem er jemandem aus dem Publikum Vorwürfe zu machen begann: »Sie haben nie Ihre Zähne geputzt. Sehen Sie. Ihre Zähne fallen aus. Sehen Sie das nicht? Nur weil Sie so faul sind.« Nachdem er auf diese Weise noch einige andere Beschuldigungen losgelassen hatte, begann er, sein Opfer für weiter zurückliegende historische Ereignisse verantwortlich zu machen: »Und die Französische Revolution? Sehen Sie, alles ging gut. Alles ging gut, bis Sie kamen. Sie mußten es verderben. Sie sind verwantwortlich, schuldig sind Sie. Die Dinosaurier. Den Dinosauriern ging es gut, bis Sie kamen. Sehen Sie. Sie sind verantwortlich für das Aussterben der Dinosaurier. Es ging ihnen gut, bis Sie kamen, und alles kaputt machten. Sie sind schuldig!«

Je absurder die Verurteilung, desto durchsichtiger und blödsinniger erschien die anklagende Stimme. Damit schuf er durch Humor genug Distanz, damit wir über ein menschliches Verhalten lachen konnten – in diesem Fall die Schuldgefühle.

Im wirklichen Leben sind Schuld und Scham natürlich überhaupt nicht lustig. Wenn ich mir den Höhlentext anschaue, den ich über den Tod meines Vaters geschrieben habe, merke ich, daß sich ein Teil in mir immer noch schuldig fühlt. Ich frage mich, ob ich ein guter Sohn gewesen bin, ob ich ihm das Leben sehr schwer gemacht habe. Habe ich viele Sachen gesagt, die ich besser nicht von mir gegeben hätte? War da vieles, was ich nicht hätte tun sollen?

Eine Woche, nachdem mein Vater gestorben war, hatte ich meinen ersten Traum von ihm. Er stand auf dem Treppenabsatz des alten Hauses in der Highland Street. Er war wieder ein junger Mann ohne Schmerbauch mit dunklem vollem Haar. Er trug ein altmodisches, weißes, ärmelloses Unterhemd und braune Baumwollhosen. Ich war so glücklich, ihn zu sehen, daß ich ihn wieder und wieder an mich drückte. »Papa«, sagte ich, »es tut so gut, dich zu sehen.« Ich fühlte seinen kratzenden Bart an meinem Gesicht, seine Arme, die mich umfaßten. Plötzlich habe ich einen Gedanken. Er ist doch tot. Ich frage ihn: »Du bist tot, nicht wahr?« Er nickt hastig, schweigend, die Augen auf den hölzernen Boden der Diele gerichtet. Ich wache auf.

Ich fühlte mich erleichtert, als ich aufwachte. Meine Empfindung von Schuld und die unaufgelösten Gefühle waren kleiner geworden. Irgendwie war mein Vater noch am Leben. Irgendwie liebte er mich trotz aller Fehler. Vielleicht kann man sagen, daß Erwachsenwerden bedeutet, die Realität des Todes in unserem Leben anzunehmen und sich von ihm nicht in dem, was man tut, beeinträchtigen zu lassen. Schuld und Scham und andere lähmende Gefühle halten uns davon ab, uns selbst kennenzulernen – halten uns vom Leben ab. Vor etwas Angst haben, bedeutet immer, vor dem Tod Angst haben. Und wenn Sie diese Angst vergessen, was bleibt übrig? Vielleicht ist das die wesentlichste menschliche Kerngeschichte. Lassen Sie uns die Geschichte zusammen schreiben.

In diesen ersten drei Kapiteln haben Sie sich an die Vergangenheit erinnert und gelernt, nach Mustern und Themen in den Geschichten zu suchen, die Sie erzählen. Mit etwas Glück haben Sie Ihre Kerngeschichten entdeckt und aufgeschrieben. Vielleicht sind Sie auch noch damit beschäftigt. Das macht überhaupt nichts. Wir sind alle verschieden, und jeder von uns hat seine eigene Art und Weise, sich zu erinnern. Dafür gibt es kein einzig richtiges Verfahren, sondern nur Experimente, die es immer wieder auszuprobieren gilt. Geben Sie nicht auf, wenn Sie noch nicht Ihre Kerngeschichten gefunden haben. Es ist die Suche, mit der Sie sie enthüllen werden. Wir werden in den nächsten Kapiteln viel auf der Suche sein.

Auslöser
- Schreiben Sie über einen zweites Ereignis, bei dem Sie Schuld empfinden.
- Schreiben Sie ein *Soliloquium* über Ihre Schuld. Ein Soliloquium (lat. allein + sprechen) ist ein Selbstgespräch, in dem man sich oft zu etwas bekennt. Versuchen Sie, mit der Stimme der Scham, die Sie empfinden, zu sprechen. Lesen Sie, was Sie geschrieben haben, und schreiben Sie sich eine schamlose Antwort.
- Fertigen Sie einen Höhlentext über einen Augenblick in Ihrem Leben, in dem Sie sich schuldig machten.
- Zeichnen Sie ein Porträt von Ihrer Schuld in irgendeiner Art, Gestalt oder Form, die Ihnen passend erscheint.
- Schreiben Sie eine Kindergeschichte über ein kleines Kind, das von Schuld überwältigt wird.
- Schreiben Sie ein kurzes Gedicht, in dem jede Zeile mit den Worten beginnt: »Ich schäme mich dafür …«

Verzeihen Sie sich!
In den nächsten zwei Kapiteln beginnen wir, unsere Geschichten durchzusehen und neu zu gestalten. Bevor wir aber damit weitermachen, möchte ich, daß Sie etwas ausprobieren. Schauen Sie auf das Blatt, auf dem Sie die Momente Ihrer Schuld aufgezählt haben. Wählen Sie diejenigen aus, für die Sie sich am meisten schämen, und merken Sie sie sich.

Dann nehmen Sie einen Kassettenrekorder und sprechen die schlimmste Geschichte auf Band. Oder schreiben Sie sie einfach auf eine neue Seite Ihres Schreibheftes. Warten Sie ein, zwei Tage, und hören Sie sich die Aufnahme an, lesen Sie den Text. Stellen Sie sich vor, daß die Geschichte nicht von Ihnen erzählt oder geschrieben wurde. Während Sie zuhören oder lesen, vergeben Sie demjenigen, der die Geschichte erzählt. Schreiben Sie ihm einen Brief, oder sprechen Sie etwas in den Rekorder. Lesen Sie das Geschriebene, oder hören Sie sich die neue Aufnahme an. Es ist wahr, was Sie hören und lesen. Lassen Sie die Last der Schuld von sich abfallen. Freuen Sie sich auf die neuen Erinnerungen, die noch in Ihnen versteckt liegen.

Teil II

Zusammenfügen

Jemand will auch deswegen Schriftsteller werden,
weil er das Verlangen hat, daß alles etwas bedeuten soll.
LOUISE ERDRICH

Kapitel 4

In neuen Mustern sich selbst entdecken: Die Schlangenhaut abstreifen

Wir hören nicht zu spielen auf, weil wir alt werden,
sondern wir werden alt, weil wir zu spielen aufhören.
SATCHEL PAIGE

In denselben Zusammenhängen und Mustern, in denen unser Leben entstand, bildeten sich auch die Ziele und der Sinn unseres Leben aus. Das heißt: Alles, was wir tun und wie wir es tun, ist bestimmt von unserer Vergangenheit, der Familie, Gesellschaft und Religion, in der wir aufgewachsen sind. Ohne Selbstkenntnis handeln wir deshalb auch heute in bestimmten Situationen genau so, wie wir es gelernt haben. Die Psychologin H. G. Lerner spicht von Verhaltensmustern, die wir in unserem Elternhaus entwickelt haben, um zu überleben. In einer erfolgreichen Therapie lernt der Patient, neue Muster zu entwickeln, die nicht von vergangenen Situationen oder Zusammenhängen beherrscht werden. Er muß lernen, eigene Antworten zu finden und nicht mehr seinen üblichen Erwartungen und Stereotypen zu folgen.

So zeigt H. G. Lerner Ehepaaren, daß sie Wut als wirksames Werkzeug nutzen können, um fehlendes Vertrauen zu entwickeln. Sie wies darauf hin. daß gesellschaftliche Erwartungen die Wut der Frau nicht zulassen und mit dem verleumderischen Begriff »Schlampe« belegen, einem Wort, für das es keinen wirklich gleichwertigen männlichen Begriff gibt. Wenn aber die Frau lernt, sich nicht um die negative Assoziation zu kümmern, dann kann ihre Wut ein nützliches Werkzeug sein, mit dessen Hilfe sie ihre Bedürfnisse kennenlernt und mehr Vertrauen zu ihrem Mann entwickelt. Männer müssen hingegen lernen, Gefühle anzuerkennen und zu teilen, die sie von den Verhaltensmustern »Gleichmütigkeit« und »Passivität«, in denen sie aufgewachsen sind, nicht kennen. Die Angst, als »Softie« bezeichnet zu werden, hält sie davon ab, neue, gefühlsbetonte Aspekte in sich selbst zu entdecken.

Man kann sagen, daß Selbsterfahrung ein Prozeß ist, bei dem die Vergangenheit neu zusammengesetzt wird. Und dafür kann das Schreiben ein wichtiges Werkzeug sein, da es einen Dialog zwischen der Gegenwart und der Vergangenheit, dem Bewußten und dem Unbewußten schafft. In den nächsten zwei Kapiteln spielen wir mit Sichtweisen und Zusammenhängen und beginnen unsere Vergangenheit, Gegenwart und Zukunft neu zu entwerfen. Obwohl wir unsere Ziele dabei ernst nehmen, werden unsere Methoden ganz spielerisch sein.

Geschlechtsverwandlung: Die Körpersignale erforschen

Diese Übung funktioniert sehr gut in Gruppen. Sie können sie aber auch allein vor einem körpergroßen Spiegel durchführen. Suchen Sie dazu einige Reklameseiten Werbung, auf denen Männer und Frauen abgebildet sind. Werbung für Unterwäsche ist dafür genauso geeignet wie Zigarettenwerbung. Schneiden Sie dann die Abbildungen aus, und legen Sie sie vor sich hin. Wenn Sie eine Frau sind, schauen Sie sich zuerst die Bilder der Männer an. Als Mann betrachten Sie die weiblichen Models. Achten Sie darauf, wie die Models stehen, auf den Ausdruck in ihren Gesichtern und Augen.

Jetzt stellen Sie sich mit dem Rücken zum Spiegel (oder zu Ihren Zuschauern). Dann zählen Sie bis drei, drehen sich um und stellen die Haltung, den Gesichts- und Augenausdruck des anderen Geschlechts nach. Versuchen Sie, die Pose zehn Sekunden lang zu halten, ohne zu lachen.

Dann drehen Sie sich wieder um und nehmen die Pose von jemandem ein, der das gleiche Geschlecht hat wie Sie. Verharren Sie auch in dieser Haltung zehn Sekunden.

Schreiben Sie, solange Sie noch alles frisch im Gedächtnis haben, über das, was Sie fühlten, als Sie ein anderes Geschlecht »hatten«.

Was ist eine Frau? Was ist ein Mann?

Nachdem Sie die Geschlechtsrolle getauscht haben, versuchen Sie diese nächste Übung.

Stellen Sie sich vor, Sie sind beauftragt, für eine große Enzyklopädie eine kurze, aber bedeutungsvolle Definition von Frau und Mann zu schreiben. Sie sind für diese Aufgabe nicht wegen Ihrer wissenschaftlichen Fachkenntnis ausgewählt worden, sondern aufgrund Ihrer Weltoffenheit und Ihres gesunden Menschenverstandes. Sie können Ihre Definition in der Form auf das Papier werfen, in der Sie am meisten Ideen unterbringen. Sie können einfach spontan losschreiben, sich an einem Gedicht versuchen, einen Höhlentext machen oder etwas anderes. Der Herausgeber würde Ihre Definition auch gerne mit Zeichnungen oder Zeitungscollagen illustriert haben.

Noch tiefer eintauchen ...

Fiel es Ihnen leichter, über die eigene oder über die andere Geschlechtsrolle zu schreiben? Gegen welche Punkte haben Sie sich bei der Darstellung Ihrer Geschlechtsrolle in der Werbung aufgelehnt? Wo haben Sie zugestimmt?

Wie unterscheidet sich Ihre Definition von den üblichen Vorstellungen von Frau und Mann in unserer Gesellschaft? In welcher Weise ist die Definition aus Ihren persönlichen Erfahrungen als Mann oder Frau hervorgegangen?

Sind Frauen Mütter?

Meinen Unterricht bei Erstsemestern über die weitreichende Bedeutung des Feminismus und seinen Einfluß auf unser Leben begann ich immer, indem ich die Definition von »Frau« aus einem enzyklopädischen Wörterbuch von 1968 vorlas. Ihr erster Satz lautete in etwa so: »Es gibt viele Unterschiede zwischen Männern und Frauen, jenseits der grundlegenden

Tatsache, daß Frauen Kinder gebären.« Der herablassende Ton des Anfangs wird im Artikel beibehalten, der Frauen als emotional verschieden von Männern charakterisiert. Stereotyp wird beschrieben, daß sie einzig mit persönlichen Bedürfnissen und Wünschen beschäftigt seien und daher mehr am häuslichen Leben als an den Wissenschaften interessiert seien.

Jeder in der Klasse stimmte darin zu, daß der Ton herablassend sei. Das, erzählte ich, ist der Zusammenhang, aus dem der Feminismus hervorgegangen ist. Und zu einem großen Teil ist es das, wogegen Frauen immer noch protestieren. Dann versuchten wir, den Begriff »Mann« in der Enzyklopädie zu finden, fanden aber nur einen kurzen Querverweis, daß man unter »Menschliches Wesen« nachschlagen sollte. Im Englischen gibt es für »Mann« und »Mensch« dasselbe Wort: *man*; in der Ausgabe von 1968 hielt man ein eigenes Stichwort »Mann« für unnötig.

Das Stichwort für »Frau« in der Ausgabe von 1987 zeigte eine andere Sichtweise. Der Artikel war von der Soziologie-Professorin einer New Yorker Universität geschrieben. Ihr Name und eine Kurzbiographie standen auf der ersten Seite. Statt des Bildes einer Frau, an deren Rocksaum ihre Tochter hängt, war eine kleine Bildercollage zu sehen: Eine Frau, die unterrichtet. Eine Frau aus dem Management. Eine Frau am Schweißbrenner. Eine Frau mit Kind. Diese Definition betonte die verschiedenen Rollen einer Frau und zeigte ein größeres Spektrum der Tätigkeitsbereiche von Frauen in unterschiedlichen Gesellschaften.

Wenn Frauen selbst ihre Rolle suchen, schaffen sie sich eine neue Persönlichkeit. Frühere Rollenmuster, die sie einschränkten, werden in einen weiter angelegten Zusammenhang gesetzt und werfen so ein Licht zurück auf die Gesellschaft, die diese Rollen zu definieren suchte.

Und was habe ich gefunden, als ich in der Ausgabe von 1987 nach einer Definition für »Mann« gesucht hab? Sie werden es sich denken. Den Querverweis »siehe: Menschliches Wesen«. Dort stand, als ich das Stichwort aufschlug: »Menschliches Wesen: Der Mensch hat das höchstentwickelte Gehirn von allen Lebewesen«. Wie viele Fortschritte kann auch ein Lexikon in zwanzig Jahren machen?!

Gestern habe ich im Jahrbuch von 1991 nachgesehen. Ich schaute unter »Frau« nach, und es wird Sie freuen, was ich gefunden habe: »Frau: siehe menschliches Wesen«. Immerhin: Ein beachtlicher evolutionärer Fortschritt: Die Frau ist in 23 Jahren zum Menschen geworden.

Unsere Empfindung von uns selbst als Frau oder Mann muß nicht von der Zeit festgelegt werden, in der wir leben, wenn wir wissen, wo wir stehen; vor allem dann nicht, wenn wir über die Rollen hinaus, die die Gesellschaft für uns bereithält, wissen, wer wir sind und was wir wollen.

Nehmen Sie Ihren letzten Text und die Definition zur Hand. Welcher Teil der Definition spiegelt Ihre Erfahrungen? Welcher Teil die gesellschaftlich festgelegten Rollen? Vergessen Sie nicht: Sie haben die Möglichkeit, alte Rollen auf zu sprengen und neue Lebenszusammenhänge für sich zu entdecken.

Auslöser

- ⌦ Schreiben Sie einen Brief an Ihre Tochter oder Ihren Sohn (ganz gleich, ob Sie tatsächlich Kinder haben). Erzählen Sie ihnen etwas über Geschlechtsrollen und wie man mit ihnen umgehen kann.
- ⌦ Teilen Sie ein Blatt Papier in zwei Hälften. Machen Sie auf dem oberen Stück einen Höhlentext über Stereotypen Ihrer Geschlechtsrolle (verwenden Sie als visuellen Ein-

stieg Zeitungs- und Illustriertenausschnitte). Ihr Höhlentext auf der unteren Hälfte soll zeigen, wie Sie persönlich sind. Ergänzen Sie das Blatt mit Fragen zu den Unterschieden zwischen Ihnen und dem, was Sie täglich von der Außenwelt darüber wahrnehmen.

- Stellen Sie sich vor, Sie sind ein hochentwickeltes menschliches Lebewesen, das in 1000 Jahren lebt. Zurückgekehrt in das 20. Jahrhundert, um auf einer Mission historische Fakten zu finden, schreiben Sie einen Brief an Ihr Publikum in der Zukunft, in dem Sie die besonderen Rollen von Mann und Frau erklären.
- Nur für Männer: Suchen Sie sich Make-up, Lippenstift, Puder und Rouge. Schminken Sie sich, wenn Sie allein zu Hause sind. Schauen Sie in den Spiegel. Wie hat sich Ihr Gesicht verändert? Versuchen Sie, über Ihre Erfahrungen dabei zu schreiben.
- Nur für Frauen: Suchen Sie verschiedene Bilder von Frauengesichtern auf Anzeigenseiten in Illustrierten. Schauen Sie sich die Bilder eine Weile an, und versuchen Sie, sich die Bilder ohne Lippenstift, Lidschatten, usw. vorzustellen. Wenn Sie regelmäßig Make-up tragen, versuchen Sie doch einmal, nur eine Hälfte des Gesichtes zu schminken. Schauen Sie sich die Unterschiede in einem Spiegel an. Schreiben Sie über diese Erfahrung.
- Sammeln Sie drei weibliche oder männliche Fernsehhelden. Schreiben Sie ihre Namen auf eine Seite Ihres Schreibheftes, und lassen Sie viel Platz dazwischen. Füllen Sie die Zwischenräume, indem Sie beschreiben, was an den Fernsehhelden nicht wahr ist.
- Eine Ode ist ein Gedicht, das etwas preist. Schreiben Sie eine Ode an einen Mann oder eine Frau. Das Gedicht kann sarkastisch sein – oder so ernst, wie Sie es wünschen.
- Schließen Sie Ihre Augen, und atmen Sie mehrmals tief durch. Stellen Sie sich eine Welt vor, in der Mann und Frau wirklich gleichgestellt sind. Schreiben Sie, wie es wäre, dort zu leben.
- Machen Sie einen Höhlentext zu all den Klischees und Stereotypen über das Geschlecht, zu dem Sie gehören. Wählen Sie eines aus, und schreiben Sie darüber.
- Falls Sie Kinder haben, können Sie folgendes probieren. Wenn niemand im Haus ist, tauschen Sie die Köpfe einer weiblichen und einer männlichen Barbie-Puppe aus. Setzen Sie die Puppen auf das Sofa, und interviewen Sie beide über ihre neuen Körper. Schreiben Sie das Interview auf. Wenn Sie es später wiedergelesen haben, schreiben Sie, ohne nachzudenken, darüber, was die Puppenkörper den Puppenherstellern zu sagen haben. (Vergessen Sie nicht, die Puppen wieder zusammenzubauen, bevor die Kinder nach Hause kommen!)
- Schreiben Sie ein Gedicht mit dem Titel: »Wie es wäre, ein Mann/eine Frau zu sein.«
- Versuchen Sie zehn Minuten lang, die Gedanken einer Frau aufzuschreiben, die sich mit einem Mann streitet. Dann schreiben Sie zehn Minuten aus der Perspektive des Mannes.
- Ziehen Sie einen senkrechten Strich durch die Mitte eines Blattes Papier. Oben auf die eine Seite schreiben Sie *männlich*, auf die andere Seite *weiblich*. Zählen Sie die dazugehörigen Merkmale darunter auf. Streichen Sie Ähnlichkeiten zwischen beiden Listen an, und schreiben Sie zehn Minuten darüber.
- Denken Sie sich ein drittes Geschlecht aus. Verwenden Sie die Erfahrungen, die Sie gemacht haben. Schreiben Sie über das »dritte Geschlecht«, lassen Sie es lebendig werden.
- Beschreiben Sie eine Situation, in der ein Mann oder eine Frau aus einer Gegend oder Zeit in eine Situation kommt, die vollkommen unvereinbar mit seiner Sichtweise von Mann und Frau ist. Beispielsweise kann eine Feministin aus dem späten 20. Jahrhundert

in einen Zeitstrom geraten und sich wieder als Heldin in einem romantischen Liebesroman wiederfinden, unsterblich verliebt in einen grobschlächtigen, aber gewandten normannischen Grafen ...

Männer statt Väter/Frauen statt Mütter

Nachdem wir mit den gesellschaftlichen Geschlechtsrollen gespielt haben, sollten wir nun überlegen, wie unser eigenes Verhalten aussieht, und wie es sich auf unser Leben auswirkt. Ein amerikanischer Psychologe erfand den Begriff der *unbewußten Heirat,* bei der Ehepartner ihre Kindheitsbedürfnisse auf den anderen projizieren, anstatt sich zurückzunehmen und die neuen Möglichkeiten, die die Partnerschaft bietet, auszuforschen. Der gleiche Psychologe nennt eine *bewußte Heirat,* wenn Partner die Strukturen, aus denen ihre Gefühle hervorgegangen sind, erkennen können und in der Partnerschaft neue Beziehungen, neue Wege, miteinander umzugehen, entwickeln.

Die folgende Schreibübung kann diesen Prozeß einleiten. Zählen Sie zehn Eigenschaften von sich selbst oder Ihrem Partner auf. Wenn Sie alleinstehend sind, dann wählen Sie Eigenschaften aus, die ein Partner für Sie haben sollte. Auf einem anderen Blatt schreiben Sie zehn Eigenschaften Ihres andersgeschlechtlichen Elternteils auf. Vergleichen Sie die zwei Listen. Wo unterscheiden sie sich, wo sind sie sich ähnlich? Schreiben Sie zehn Minuten über das, was Sie dabei erfahren.

Noch tiefer eintauchen ...
Welche wesentlichen Ähnlichkeiten konnten Sie feststellen? Was gibt es für Hauptunterschiede? In welcher Weise ersetzt Ihr Partner einen Elternteil, den Sie nie hatten? Welche Bedürfnisse sind Ihnen nie erfüllt worden, als Sie ein Kind waren?

Gegensätze ziehen sich an
Letzten Sommer hatte meine Frau Vorhänge für unser Schlafzimmer genäht. Meine Mutter besuchte uns, und meine Frau erzählte ihr, daß sie genau gemessen hätte, die Vorhänge aber immer noch zu kurz seien. »Das passiert, wenn man zu genau sein will«, gab meine Mutter als Antwort. Meine Frau und ich mußten lachen, weil die Antwort meiner Mutter auch typisch für unsere Auseinandersetzungen war. Ich bin nachlässig, schätze alles nur nach Augenmaß, habe Schwierigkeiten, etwas fertig zu machen, und wenn, dann ist es nicht perfekt. Meine Frau ist die Perfektionistin, die mit dem Topfreiniger beide Seiten der Gabel putzt. Ich erledige quantitativ sehr viel, während meine Frau die Qualität prüft.

Warum habe ich eine Frau geheiratet, die meiner Mutter so unähnlich ist? Eine Frau, die eine gerade Linie mit einem scharfen Messer ziehen kann. Warum habe ich keine Frau geheiratet, die so ist wie ich?

Manchmal kommen mir diese Gedanken. Zum Beispiel, wenn ich sie beobachte, wie sie das Geschirr von der Ablage wieder in die Spüle stellt, weil all die Teller und Tassen, die ich gewaschen habe, noch schmutzig sind.

Es wäre soviel einfacher, wenn sie mir ähnlich wäre, aber auch um vieles langweiliger. Sie sieht Dinge, die ich nicht sehe. Ich sehe Dinge, die sie nicht sieht. Dasselbe, was zwischen uns steht und uns quält, erfreut uns an anderer Stelle. Manchmal denke ich, daß erfolgreiche Ehepartner durchaus einem Komikerpaar wie Laurel und Hardy ähnlich sein können. Beständige Irritationen, hervorgerufen durch unüberbrückbare Unterschiede, schaffen eine angenehme Spannung zwischen Ehepartnern. Das heißt nichts anderes, als daß genau die unüberbrückbaren Unterschiede, welche Menschen dazu bringen, sich scheiden zu lassen, sie auch zusammenschweißen können.

Ich habe einen Spruch, den ich zu meiner Frau sage, wenn Sie wieder einmal genug hat von meiner schlampigen Lebensweise. Wie alle guten Sprüche ist er einfach und macht den Zuhörer nachdenklich. Ich weiß das nur zu gut, weil sie den Spruch auch zu mir sagt. Er lautet: »Wenn ich nur wie du sein könnte.«

Auslöser

- ↪ Sammeln Sie störende Eigenschaften von Ihrem Partner oder jemand anderem, der Ihnen viel bedeutet. Jetzt stellen Sie sich vor, daß Sie diese Person sind. Fertigen Sie eine Liste der Eigenschaften an, die diese Person stören. Schreiben Sie spontan zehn Minuten, indem Sie die Listen vergleichen.
- ↪ Stellen Sie sich mit Ihrem Partner vor, daß Sie jeweils ein Elternteil von sich sind. Schreiben Sie beide auf, was Ihnen am anderen nicht gefällt. Vergleichen Sie die neue Liste mit derjenigen aus der Übung oben.
- ↪ Schreiben Sie einen Höhlentext über einen typischen Streit zwischen Ihnen und Ihrem Partner. Achten Sie darauf, die Schlüsselwörter des Dialogs zu verwenden wie »Du hörst einfach nicht zu …«
- ↪ Stellen Sie sich vor, Sie schreiben eine Biographie über eine berühmte Person, die Sie selbst sind. Beschreiben Sie Ihre Hochzeit mit den Worten des Verfassers einer Biographie. Zum Beispiel:
  Im Winter 1987 heiratete Lane eine junge Frau, deren Namen Carol-lee Worth war. Sie verbrachten die Hochzeitsnacht in einem Wohnwagen und hatten keine Flitterwochen. Der nächste Morgen sah die junge Ehefrau, wie sie Schnee vom Dach des Wohnwagens schaufelte. Die ersten Jahre vergingen, ohne …
- ↪ Stellen Sie sich vor, Sie hätten niemals geheiratet (im Falle, daß Sie geheiratet haben). Wo wären Sie jetzt? Was würden Sie jetzt tun? Lassen Sie sich in die Vorstellung von einem anderen Leben treiben, dann kehren Sie zu Ihrem wirklichen Leben zurück und vergleichen. Seien Sie ehrlich mit sich.

Das Humor-Molekül:
Erstarrte Rollen durch Lachen aufweichen

Der Mensch denkt und Gott lacht.
JÜDISCHES SPRICHWORT

Nachdem wir über Ehen und zwischenmenschliche Beziehungen nachgedacht haben, möchte ich Ihnen nun zeigen, daß es nicht immer eine todernste Angelegenheit sein muß, wenn man erstarrte Rollen aufweichen und sich in neuen Zusammenhängen sehen will. Humorvolles Schreiben ist eine ausgezeichnete Möglichkeit dazu. Vor einigen Jahren ent-

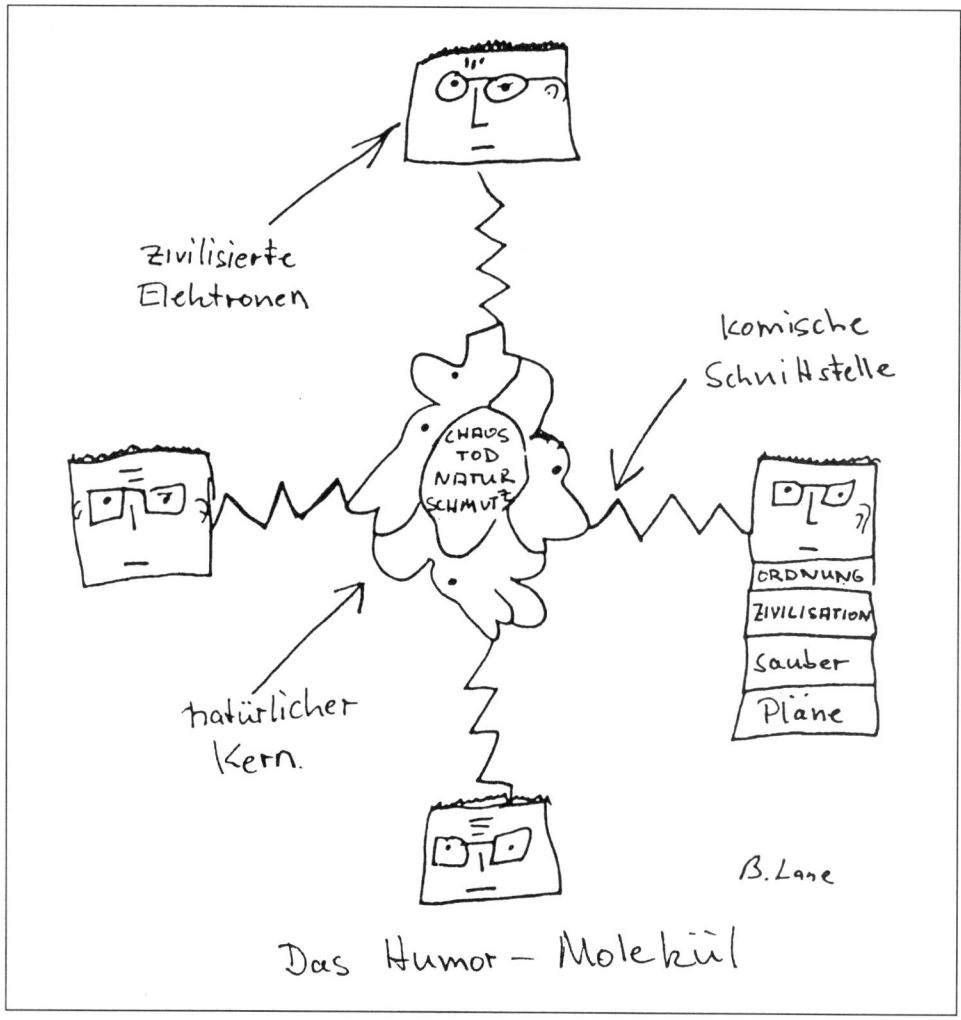

Das Humor – Molekül

wickelte ich einen pseudowissenschaftlichen Vortrag über die Quelle des Humors. Sie wird »Humor-Molekül« genannt und wurde im späten 20. Jahrhundert in einer Nacht beim Anschauen einer Fernsehshow von mir entdeckt und beschrieben. So funktioniert es:

Als menschliche Wesen teilen wir uns grundsätzlich in zwei verschiedene zentrale Bereiche. Der eine ist vulgär, grob, schmutzig, übelriechend, rücksichtslos und unbarmherzig – er repräsentiert das Tierisch-Körperliche. Der andere ist gütig, rücksichtsvoll, träumerisch, idealistisch, rein, verantwortungsvoll und moralisch – er repräsentiert das Edel-Geistige. Der erste Bereich ist der Kern des Moleküls, nicht weil er so wichtig ist, sondern weil er uns mit dem Königreich der Tiere (in dem nicht gelacht wird) oder der schmutzigen, unberührten Natur verbindet. Der zweite Bereich bildet die Elektronen des Moleküls, die alle zivilisierten Tugenden, idealistisches Trachten und reine Kultiviertheit umfassen.

Humor entsteht dann, wenn diese beiden Welten auf irgendeine Art zusammengebracht werden. Es entsteht eine *komische Schnittstelle*. (Das ist oben graphisch veranschaulicht.)

Nehmen wir einen Witz, den mir mein Freund Karl-Heinz Link erzählt hat: Sagt ein Mann zu einem Bekannten: »Gestern habe ich Joe getroffen.« Fragt der Bekannte: »Ach wirklich? Wo denn?«. Erwidert der Mann: »Am Kinn.« Wir lachen in dem Augenblick, in dem die eine Bedeutung sich mit der anderen verschneidet, sie widerlegt, über den Haufen wirft, zunichte macht. Ein anderes Beispiel: In seinem Film *Bananas* flieht Woody Allen vor Verfolgern durch die Straßen einer südamerikanischen Stadt. Er läuft um eine Straßenecke und sieht zwei Dinge: Einen Mann, der einen Reifen wechselt, sowie eine Prozession von Mönchen. Woody Allen schnappt sich den Wagenheber und setzt sich an die Spitze der Prozession; die Verfolger laufen vorbei. Wie vorher das Wort »Kinn«, so erzeugt der Wagenheber eine komische Schnittstelle, weil seine Form an das Kruzifix erinnert, ein Bild aus dem Bereich der idealistischen, reinen Welt.

Komik erinnert uns beständig an die zwei Welten, aus denen das Menschsein besteht. Ein Mann, der in einem Smoking stolz die Straße entlangpromeniert, ist nicht komisch. Er lebt in einer Welt und glaubt, daß er über dem Rest steht. Plazieren Sie eine Bananenschale oder, besser noch, Hundekot auf dem Bürgersteig; schon haben Sie einen komischen Moment erzeugt. Humor heißt, sich der Realität des Lebens bewußt zu werden, und jeder, der sich selbst zu ernst nimmt, ist ein perfektes Ziel.

Soweit haben die meisten meiner Beispiele gezeigt, wie die unbarmherzige, animalische Welt in die idealistische Welt einbricht, aber es funktioniert auch in der anderen Richtung. Ein Schimpanse in einem Smoking ist lustig wie auch ein Landstreicher, der vorgibt, ein reicher Mann zu sein. Charlie Caplin hat das in seinen Filmen bewiesen. Der Stolz und der unerschrockene Anspruch des Landstreichers, mit Würde und Respekt behandelt zu werden, lassen ihn komisch erscheinen. Wenn wir über seine Beharrlichkeit lachen, seine Rolle als machtlose Person zu leugnen, erkennen wir die Realität des Landstreichers an. Er ist eine machtvolle Person.

Lachen gleicht vieles aus. Es reißt die sozialen Schranken nieder, die Menschen isoliert, vereint sogar uneinige, geteilte Volksgruppen. Wenn wir lachen, erkennen wir uns selber, und in dieser Erkenntnis kommen wir mit den anderen zusammen. Im nächsten Abschnitt zeige ich Ihnen Techniken, wie Sie über die Probleme, die Sie im ersten Teil des Kapitels ausgegraben haben, lachen lernen.

Flick-Flack: Verdrehte Welt

Denken Sie sich eine Situation aus, in der eine Gruppe eine andere in irgendeiner Form bedrängt oder unterdrückt. Versuchen Sie, die Situation umzudrehen, in dem Sie den Zusammenhang verdrehen, um die unterdrückte Gruppe zu unterstützen. Wie sähe beispielsweise ein Diät-Zentrum in einer Gesellschaft aus, in der Fettleibigkeit ein Schönheitssymbol ist?

Noch tiefer eintauchen ...

Ist Ihre Skizze lustig? Warum? Fiel es Ihnen leicht, die Realität zu verdrehen, oder hatten Sie dauernd eine Stimme in Ihrem Kopf, die Ihnen nur immer »So was Dummes!« sagte? Was sagt Ihr Text über die eigentliche Unterdrückung aus?

Die umgekehrte Welt

Meine Tochter war drei Jahre alt, als sie sich an einem Abend weigerte, den Pyjama anzuziehen und ins Bett zu gehen. Wie viele Eltern stand ich einer Situation gegenüber, die entweder eine strenge Reaktion erforderte oder eine subtile Form von Drohung wie: »Ich zähle bis drei. Wenn Du dann nicht den Schlafanzug anhast, gibt es keine Geschichte.« Ich verstehe mich nicht auf solche Dinge, und meine Frau war nicht da, um mir zu helfen. Deswegen habe ich nur meine Hände in die Luft gestreckt und gesagt: »Also gut, ich komme von der umgekehrten Welt, wo wir mit Kleidern ins Bett gehen und unsere Schlafanzüge am Morgen anziehen.« Meine Tochter daraufhin: »Putzt ihr eure Zähne?« Und ich sagte: »Nein. Unsere Zähne putzen uns.« Das war es dann. Die nächste Stunde spielten Jessie und ich »Umgekehrte Welt«. Am nächsten Tag schrieb ich unsere Flick-Flacks auf. Hier sind einige davon. Wenn Sie Kinder haben, lesen Sie ihnen einige vor, und versuchen Sie, mit ihnen »Umgekehrte Welt« zu spielen.

In der umgekehrten Welt
retten Drachen die Prinzen
vor feuerspeienden Prinzessinnen.

In der umgekehrten Welt
jagen Schätze
begrabene Piraten.

In der umgekehrten Welt
lieben die Kinder es, ihr Zimmer aufzuräumen,
und hassen das Spielen.
Eltern schreien:
»Hört endlich auf, das Zimmer aufzuräumen,
und geht jetzt raus zum Spielen.«

In der umgekehrten Welt
sind Kätzchen unheimlich
und Monster knuddlig.

In der umgekehrten Welt
lieben alle Kinder Spinat und Leber,
und die Eltern müssen sie zwingen, Eis zu essen.

In der umgekehrten Welt
spricht dir die Flagge den Gehorsamseid.

In der umgekehrten Welt
setzt das Puzzle dich zusammen.

Obwohl es anfangs als dummes Spiel erscheinen mag, so habe ich es doch inzwischen als wesentliches Werkzeug erkannt, Einsichten und Erkenntnisse über die Welt zu gewinnen. Die Fähigkeit, die Dinge der Welt ins Gegenteil zu verkehren, gibt uns die Distanz, um die Beziehung zwischen den Dingen zu erkennen. Es hilft uns, in unseren Gedanken so flexibel zu werden, daß wir Lösungen von Problemen erkennen. Versuchen Sie es mit so einem Flick-Flack, wenn Sie das nächste Mal in eine unerträgliche Situation kommen. Vergnügen sie sich an der Absurdität von Welten, die in ihr Gegenteil verkehrt werden.

Auslöser

- ❧ Erfinden Sie weitere »Umgekehrte Welten«. Lassen Sie keine Albernheit aus, die Sie mit Ihren Flick-Flacks erfinden können. Wenn Sie Kinder haben, spielen Sie mit ihnen »Umgekehrte Welt«. Achten Sie darauf, wie schnell sich Kinder auf das Vergnügen einer Flick-Flack-Welt einlassen.
- ❧ Zeichnen Sie einen Cartoon über einen komischen Augenblick in Ihrem Leben.
- ❧ Erinnern Sie sich an einen Moment, in dem man von Ihnen erwartet hat, besonders klug zu sein, Sie aber versagt haben. Erinnern Sie sich, und schreiben Sie über diesen Augenblick.
- ❧ Stellen Sie sich vor, ein Komiker zu sein, der Witze über die frustrierenden Momente seines Lebens reißt. Erzählen Sie einige kurze Geschichten, die Sie mit einem Kassettenrekorder aufnehmen. Hören Sie sich die Geschichten an, und nehmen Sie weitere auf. Lassen Sie die Komik, die Sie beim Anhören empfinden, langsam an die Oberfläche dringen.
- ❧ Schreiben Sie einen Dialog zwischen zwei Personen, die ein Geheimnis teilen. Enthüllen Sie aber nicht das Geheimnis. Der Dialog soll zeigen, wie die Worte der beiden das Geheimnis umkreisen, es aber nicht aussprechen.
- ❧ Zeichnen Sie einen Cartoon über einen amüsanten Augenblick Ihres Lebens. Machen Sie sich keine Sorgen, ob Sie zeichnen können oder nicht. Wenn nötig, zeichnen Sie Strichmännchen. Lassen Sie Ihre Figuren in Sprechblasen etwas sagen.
- ❧ Schreiben Sie eine Filmszene über einen großen Moment in Ihrem Leben. Geben Sie die Gedanken der handelnden Personen als Untertitel auf die Leinwand. Zum Beispiel:
  Frank: Und was machst Du heute abend später noch?
  Untertitel: Bitte hör mir zu. Mist, das klingt als wäre ich ein Blödmann.
  Sarah: Warum fragst Du?
  Untertitel: Es ist nicht zu glauben, daß er mich das fragt. Ich habe ihm das doch schon vor einer Stunde gesagt.

Der Springtext

Nachdem wir jetzt gezeigt haben, daß wir Rollen und Muster durch Lachen aufweichen können, wird es Zeit, wieder ein wenig ernster zu werden. Im letzten Teil dieses Kapitels werden wir Schreibtechniken ausprobieren, die uns lehren, die Verbindungen und Zusammenhänge zwischen einzelnen Dingen zu sehen.

Alice Fogel, eine Dichterin, die früher an der University of New Hampshire gelehrt hat, erfand eine Art Aufsatz, der die weitreichende Verbindungen knüpfte, über die wir schon weiter oben gesprochen haben. Sie nannte ihn *Springtext* und definierte ihn als Text, in dem weit auseinanderliegende Dinge miteinander verbunden werden. Ich erinnere mich immer noch an ihr Beispiel von 1985. Gorbatschow und Reagan waren auf Island zusammengetrof-

fen, um Abrüstungsfragen zu diskutieren, was mit einer Pattsituaion endete. Es war Abend-
essenszeit, und während sie den Nachrichten von dem Gipfeltreffen zuhörte, hörte sie draußen ihren Hund, der Emily Dickinson hieß, bellen. Das Bellen des Hundes störte sie. Als sie
hinauslief, um den Hund zu bestrafen, sah sie, daß jedes Haar seines Fells aufgestellt war,
und eine kleine Katze auf der anderen Straßenseite den Hund anstarrte. Der Hund war nicht
wütend. Der Hund hatte Angst. Plötzlich zündete in ihr der Gedanke, daß dasselbe für die
Führer der Welt galt, die mehr Zeit mit Bellen verbrachten, als ihre Angst zuzugeben.

Funkenschlagen

Springtexte zu schreiben bedeutet, aus dem Persönlichen ins Allgemeine, ins Globale und
wieder zurück zu springen. Ich habe für diese Art des Denkens eine Schreibtechnik entwik-
kelt. Ich habe sie *Funkenschlagen* genannt, weil durch sie eine Idee die nächste entzünden
soll. Wenn wir unsere Gedanken Funken schlagen lassen, springen wir von einem Ereignis
zum nächsten. Wir überwinden die Zeit und assoziieren. Betrachten Sie es als eine direkte
Form des Spontanen Schreibens, das darauf abzielt, Analogien zwischen den Dingen zu
finden, die am weitesten voneinander entfernt sind.

Beginnen Sie, indem Sie eine Meinung, die Sie haben, formulieren; vergleichen Sie diese
dann mit irgendetwas anderem. Überstürzen Sie nichts. Lehnen Sie sich zurück, und warten
Sie auf den Funken.

Hier ein Beispiel für so einen Text; in ihm verknüpfte ich gedanklich eine Elvis-Briefmar-
ke und Präsident Reagan.

In der Zeitung von letzter Woche lese ich, daß die überwältigende Mehrheit der Amerikaner für die Gedenkbriefmarke das Abbild des jungen Elvis dem Abbild des alten Elvis
vorzieht. In derselben Zeitung findet sich die Besprechung eines Buchs von Patty Davis
Reagan. In diesem neuen Buch bezeichnet sie ihren Vater als den Sohn eines Alkoholi-
kers, dessen ganzes Leben auf der falschen Vorstellung aufgebaut war, daß nichts wirklich falsch ist. Die Amerikaner wählten Ronald Reagan, weil sie wußten, daß sie in
Schwierigkeiten waren, es aber wie Kinder von Alkoholikern vorzogen, etwas anderes
gesagt zu bekommen. Das ist einer der Gründe, warum Amerika mehrere Billionen Dollar Schulden hat. Zwischen beiden Artikeln sehe ich eine Verbindung. Wenn wir an den
altgewordenen Elvis denken, dann assoziieren wir einen drogenabhängigen Mann mit
Übergewicht, der sich ganz zurückgezogen hat. Wir denken an einen einsamen Menschen, der wie die meisten Süchtigen weder verstand noch wußte, wie er mit seinen
emotionalen Bedürfnissen zurechtkommen sollte. Aber der junge Elvis ist nichts weiter
als das Rock'n-Roll-Idol. Der Schmerz ist völlig maskiert und Elvis verkörpert jeder-
manns Traum vom sorglosen, freien, ursprünglichen Rock'n Roll. Die Amerikaner wählten Ronald Reagan zu ihrem Präsidenten. Die überwältigende Mehrheit der Amerikaner
wählte den jungen Elvis für ihre Gedenkbriefmarke. Wir sind ein Land, dessen überwältigende Mehrheit die Vorstellung der Realität vorzieht. Ich erinnere mich, daß ich einen
Interviewstreifen gesehen habe, in dem ein Reporter den jungen Elvis fragte: »Sag uns:
Wie ist es, Elvis zu sein?« Elvis, von der Frage verblüfft, schwieg eine kurze Zeit. Dann
hob er schüchtern den Kopf und sagte, fast mit der Stimme eines kleinen Jungen: »Naja,
zuerst kommt Elvis, dann komme ich.«

Elvis kannte den Unterschied zwischen Vorstellung und Realität. Das ist mehr, als wir über seine Fans sagen können, in deren Sprechchören wir folgendes hören konnten: »Der König ist tot. Es lebe der König!«

Mein Text zieht eine Verbindung zwischen Amerikas Faszination für Elvis und Ronald Reagan. Beide Männer betäubten den Schmerz in ihren Leben. Ich könnte weiterschreiben. Ich könnte darauf hinweisen, daß ein Land mit 3 Billionen Dollar Schulden an der Realität nicht übermäßig interessiert ist. Ich könnte darüber reden, wie es ist, pleite zu sein und trotzdem die Kreditkarte zu benutzen.

Wenn wir Funken schlagen, erlauben wir uns spekulative Vergleiche und tragen dabei das Risiko, daß sie keinen Sinn haben. Gewöhnlich finden wir aber wichtige Verbindungen und Themen, die sich durch unser Leben ziehen.

Von einer Idee springen Sie zur nächsten und immer weiter. Freuen Sie sich an ungewöhnlichen Verbindungen, Verknüpfungen, Zusammenhängen.

Noch tiefer eintauchen ...
Erkennen Sie zwischen Ihren Ideen Zusammenhänge? Oder sind sie schwach und dünn? Was sagen Ihnen die Verbindungen?

Zusammenhänge erkennen

Friede ist für die Erde, was Hefe für das Brot ist.
DER TALMUD

Während meiner Studienzeit teilte ich meine Wohnung mit einem Kommilitonen namens Jim, einem, gelinde gesagt, etwas ungewöhnlichen Zeitgenossen. Als ich eines Tages von meiner Arbeit nach Hause kam, sah ich ihn auf einem Kissen sitzen und auf einen Haufen von Zeitungsausschnitten starren, die seinen himmelblauen Fußboden bedeckten. Er hatte aus verschiedenen Zeitungen die Überschriften ausgeschnitten und sie auf dem Fußboden ausgelegt. Er sagte mir, daß er sie betrachte, um die Verbindungen zwischen ihnen herauszufinden. Damals erschien mir so ein Verhalten äußerst bizarr, sogar leicht psychotisch; einige Jahre später hatte ich jedoch in einem Flugzeug über dem Mittelmeer eine ähnliche Erfahrung, als ich die *International Herald Tribune* las. Jede Überschrift auf der Titelseite der Zeitung schien ganz unmittelbar mit den anderen verbunden zu sein. Der zugrundeliegende Gedanke schien zu sein, daß die natürlichen Ressourcen erschöpft waren und überall in der Welt die Menschen sich bemühten, die Auseinandersetzungen von früher weiterzuführen. Der Kalte Krieg begann, ökonomisch undurchführbar zu erscheinen. Wie sollte ich wissen, daß fünfzehn Jahre später die Verbindungen, die ich sah, Realität werden sollten?

Wenn man lernt, die Zusammenhänge zwischen verschiedenen Dingen zu erkennen, dann hat man das vielleicht wichtigste Werkzeug in der Hand, mit dem man sich auf das 21. Jahrhundert vorbereiten kann. Seit mehreren hundert Jahren ist das Wissen dem Prozeß der Zersplitterung in Spezialgebiete ausgesetzt. Die großen Denker, die Menschen, die die Welt verändert haben, sind aber immer diejenigen Individualisten gewesen, die fähig waren, zurückzutreten und die großen Muster zu erkennen. Sie waren diejenigen, die neue Zusammenhänge aus altem Wissen schufen.

Auf der persönlichen Ebene ermöglicht uns die Fähigkeit, große Muster zu erkennen, in neuer Weise zu handeln und frühere Handlungsmuster abzulegen, die wir erlernt hatten, um im Bereich unserer Familie zu überleben. Und wie wir gesehen haben, ist unser Sinn für Humor unmittelbar mit unserer Fähigkeit verbunden, zurückzugehen, die großen Muster zu sehen und Schreiben als Werkzeug zu benutzen, um neue Zusammenhänge herzustellen.

Auslöser

- ๛ Versuchen Sie sich an einer *Momentaufnahmen-Kette*. Schreiben Sie einen Springtext, der aus verschiedenen Momentaufnahmen komponiert ist, die nur lose miteinander zusammenhängen müssen. Erinnern Sie sich? Eine Momentaufnahme ist einfach nur ein Wortbild von etwas. Schreiben Sie die Momentaufnahmen, dann Sätze, die die Verbindungen zwischen ihnen erklären.
- ๛ Eine *Juxtaposition* entsteht, wenn Sie eine Sache neben eine andere stellen, üblicherweise, um einen Vergleich zu schaffen. Manchmal kann eine starke Juxtaposition offenkundige Ironie oder Heuchelei verdeutlichen.

  Beispielsweise wird im Buch *Why Men Stray and Why Men Stay* von Alexandra Penney, das von Männern in der Partnerschaft handelt, Frauen mitgeteilt: »Bedenken Sie, daß Sex das größte Bedürfnis Ihres Ehemanns ist.« In dem Buch *Out of the Shadows* von Patrick Carnes, das für Sexsüchtige und sexuelle Straftäter in Therapie geschrieben wurde, schreibt er über die dominante Vorstellung von Vergewaltigern und Sexsüchtigen: »Ein Süchtiger glaubt, daß Sex sein größtes Bedürfnis ist.« Diese Juxtaposition sagt einiges darüber aus, wie sehr allgemein verbreitete Vorstellungen synonym zu sozialen Krankheiten stehen.

  Nehmen Sie eine Schere und einen Stapel Zeitschriften. Suchen Sie Bilder und Sätze, die Ihnen in ihrer Gegensätzlichkeit auffallen und stellen Sie sie als Juxtapositionen nebeneinander. Erfreuen Sie sich an den Verbindungen, die Ihrer Collage entspringen.
- ๛ Machen Sie ein *Anzeigengedicht*. Suchen Sie sich Anzeigen und schneiden Sie aus Ihnen eine Collage zusammen. Suchen Sie besonders nach Worten und Sätzen, die Sie anspringen. Arrangieren Sie dann die Schnipsel auf einem großen weißen Blatt Papier. Schreiben Sie einen Text dazu, und machen Sie ein Gedicht daraus.

Eine Begegnung mit George McGovern

Wer alle Wesen in sich und sich in allen Wesen sieht,
kann aufgrund dieser Einsicht niemanden hassen.
UPANISHADEN

Meine letzte Geschichte über die Möglichkeiten, die ein Wechsel von Rollen und Zusammenhängen bringt, spielt an der *University of New Hampshire*. Die New Hampshire Vorwahlen zur Nominierung der Kandidaten für die Präsidentschaftswahlen 1984 waren in vollem Gang, und die Studenten wurden wieder einmal mit den Wortgetöse der Möchtegernkandidaten beider Parteien überschwemmt. Einer dieser Männer war George McGovern. Ich mochte ihn und hatte ihn 1972 gewählt. Ich war erstaunt, daß er nun wieder antrat. Ich erinnere mich, wie ich in den Toilettenraum des Studentenwerksgebäudes eintrat und unten, hinter einer mit Klosprüchen beschmierten Kabinenwand, gepflegte schwarze Schuhe sah. Der Mann trug einen Anzug aus schottischem Plaid – denselben Anzug, den ich an meinem favorisierten Kandidaten am heutigen Tag schon gesehen hatte. Ich erinnerte mich an die Männer in Anzügen, die vor der Toilettentür gestanden hatten, und wußte, daß es keinen Zweifel geben konnte. Die rhythmischen Geräusche von Darmentleerung aus der Toilette stammten von Süd-Dakotas Senator George McGovern. Es mag vielleicht merkwürdig klingen, aber während ich am Pissoir stand, wurde ich überwältigt von Gefühlen der Wärme und Liebe für George McGovern. Nicht weil er ein großer Liberaler war, für den ich gestimmt hatte, oder sich als großartiger Staatsmann erwies, an den ich glaubte, oder weil er sich, trotz schlechter Chancen, noch einmal dem Kampf um das Präsidentenamt stellte. Ich war überwältigt von Gefühlen der Sympathie für George McGovern, weil er einfach ein menschliches Wesen war, wie alle anderen Menschen. Warum das so eine Offenbarung für mich war, weiß ich nicht. Wenn ich zurückblicke, denke ich, daß es nur die Einzigartigkeit der Situation war, die meine Sinne erschütterte.

Ich stand am Pissoir, unwillig, die Spülung auszulösen, riskierte, den flüchtigen Augenblick zu vergessen. Am liebsten hätte ich irgendetwas gesagt, etwas wie »Zeig's ihnen, George« oder »Ich bin bei dir, George«. Aber alle meine Worte erschienen mir wie Versuche, ein privates Gefühl öffentlich zu machen, das nichts mit George McGovern zu tun hat. Ich drückte auf die Spülung und verließ die Toilette, bevor mein Kandidat aus der Kabine kam.

Augenblicke später stand ich im Foyer, als George McGovern in seinem grauen schottischen Plaid-Anzug durch die Halle glitt. Die Fernsehteams richteten ihre Kameras auf ihn, als er weiterging, seine Krawatte geradezog, einige Fussel von seiner Schulter abstreifte, höflich in die Menge lächelte, die sich versammelt hatte.

Ich beobachtete ihn, wie er den Korridor hinunterging, einen Schwarm von Reportern und Kameramännern hinter sich herzog. Ich dachte an die einfachen biologischen Dinge, die aus uns ein Menschengeschlecht formen – das Blut, die Knochen, die Gedärme in uns allen. Es ist so leicht, unsere Herkunft zu ignorieren und sie durch eine Maske zu ersetzen, die uns einen Platz in der Gesellschaft schafft. George McGovern in einem anderen Zusammenhang zu sehen machte ihn für mich wirklich.

Wenn wir erstarrte Rollen aufweichen, die Zusammenhänge wechseln, beginnen wir, die Welt kennenzulernen. Im nächsten Kapitel ändern wir Blickwinkel, um neue Verbindungen zu entdecken. Gerade jetzt sollten Sie Ihr Schreibheft noch einmal durchlesen und nach Momenten Ausschau halten, in denen Sie einen neuen Zusammenhang entdecken. Streichen Sie sich einen solchen Moment an, und schreiben Sie darüber zehn Minuten lang. Lesen Sie den entstandenen Text noch einmal durch, und schauen Sie, ob sich noch einmal neue Verknüpfungen ergeben. Vergessen Sie nicht, daß der Prozeß des Erneuerns und der Prozeß der Wahrheitsfindung immer weitergeht.

Im nächsten Kapitel werden wir der Welt ein neues Gerüst geben, indem wir die Blickwinkel wechseln. Hier ist eine letzte Übung, die uns zeigt, wie sich in unserem Leben Zusammenhänge, Muster und Rollen verändert haben.

Eine verlorene Freundschaft wiederfinden

Versuchen Sie, über eine zerbrochene Freundschaft zu schreiben. Versuchen Sie, in Ihrem Text aufzuspüren, was wirklich in Ihrer Freundschaft passiert ist. Vergessen Sie nicht, daß eine Freundschaft eine Anfangs-, Mittel- und Endphase hat. Erinnern Sie sich mit Ihrem Stift an die ganze Zeit. Benutzen Sie einige der untenstehenden Fragen, um in Ihre Erinnerung einzudringen. Beachten Sie dabei nicht nur besonders, wie sich Ihr Freund oder Ihre Freundin verändert hat, sondern vor allem, wie Sie sich verändert haben, sowie die Strukturen Ihrer Beziehung. Zum Beispiel: Sie lernten Ihren Freund in der Schule kennen, Sie beide gingen dann zur Universität, verloren sich aus den Augen.

Warum fühlte ich mich zu dieser Person hingezogen?
Was hielt die Freundschaft aufrecht?
Gab es irgendwann einen Augenblick des Treuebruchs?
Wann begann die Freundschaft zu zerbrechen?
Wollten beide das Ende der Freundschaft?
Wie beeinflußte Sie die Person?
Warum haben Sie diese Freundschaft und keine andere ausgewählt,
    um darüber zu schreiben?
Welcher war der glücklichste Moment?
Welcher war der traurigste Moment?

Haben Sie jetzt Lust, mit dem Schreiben zu beginnen oder vielleicht eine Fieberkurve von der Freundschaft zu zeichnen? Suchen Sie die großen Momente, und entschlüsseln Sie einen davon. Schreiben Sie verschiedene Momentaufnahmen über sich und Ihren Freund oder Ihre Freundin: einige aus der Anfangszeit, einige aus der Mittelphase und einige über die Endzeit der Freundschaft. Machen Sie einen Höhlentext über den Augenblick, in dem Ihre Freundschaft zu Ende ging.

Verbringen Sie, wenn Sie wollen, ruhig mehrere Wochen mit dieser Übung. Lassen Sie Ihrem Stift Zeit, sich zu erinnern, und freuen Sie sich über die Fähigkeit, durch die Erinnerung Schicht für Schicht der Vergangenheit aufzudecken und wieder zusammenzusetzen. Lauschen Sie auf die Erinnerungen, die Sie überraschen werden und die Ihnen Lust machen, weiterzuschreiben. Stellen Sie sich Fragen, die Ihnen helfen, tiefer in das Herz dieser Erinnerungen einzudringen. Suchen Sie die Fragen heraus, die Sie sich noch immer selbst stellen, wenn Sie über die Person nachdenken.

Kapitel 5

Alte Geschichten/Neue Perspektiven: Die Erforschung anderer Blickwinkel

Einen Augenblick lang werde ich Du sein
und Du wirst ich sein, und das bringt uns weiter.
MERYL STREEP

Die Fähigkeit, aus verschiedenen Blickwinkeln die Welt zu betrachten, ist ein Werkzeug der Erkenntnis, das untrennbar mit kraftvollem Schreiben und kritischem, einfallsreichem Denkvermögen verbunden ist. Der Intelligenz-Forscher Howard Gardner nennt diese Art von Begabung interpersonale Intelligenz oder die Fähigkeit, sich die Welt des anderen vorstellen zu können. Er bezeichnet sie als eine der wichtigsten Eigenschaften, die Kinder entwickeln müssen, um im einundzwanzigsten Jahrhundert bestehen zu können. Im letzten Kapitel haben wir die Muster und Zusammenhänge verschoben und gesehen, wie es geholfen hat, neue Verbindungen zu knüpfen. In diesem Kapitel denken wir uns in verschiedene Sichtweisen hinein, um ein tieferes und umfassenderes Verständnis für uns selbst und die Welt um uns herum zu erhalten.

Aber wo fangen wir an, und was ist der Vorteil, wenn man die Welt aus verschiedenen Blickwinkeln betrachtet?

Das erweiterte Blickfeld

Die Photographie auf der nächsten Seite machte ich an einem regnerischen Tag in London 1979. Ich stand auf dem Bürgersteig vor dem Kaufhaus Harrod's, fasziniert von den finster blickenden, kahlköpfigen Schaufensterpuppen in ihren weißen Anzügen. Auch fesselte mich die Spiegelung der Gebäude der anderen Straßenseite im Fenster und wie sie die Schaufensterpuppen als Geister erscheinen ließ. Gerade als ich auf den Auslöser drückte, liefen zwei Personen ins Bild. Ein Paar, beide zwischen fünfzig und sechzig. Der Mann schien besorgt und gespannt, die Frau verwirrt und gedankenverloren zu sein. Sie spielte mit dem Knopf ihres Regenmantels. Die Hand des Mannes umklammerte den Arm der Frau. Er schien unsicher zu sein, ob er sie führte oder von ihr gezogen wurde. Die Schaufensterpuppen blickten auf beide mit finsterem Grimm.

Einige Jahre später reichte ich das Photo bei einem Wettbewerb ein. Die Juroren schrieben mir, daß es unscharf sei. Sie hatten wohl offensichtlich angenommen, daß der Mann und die Frau im Vordergrund das Thema des Bildes wären. Die Schaufensterpuppen nahmen sie nicht in derselben Weise wahr, wie ich es getan hatte. Nach ihrer Meinung war es der Hintergrund des Photos. Je nachdem, welche Sichtweise Sie einnehmen, könnten Sie sagen, daß das Photo entweder mein fehlendes Können als Photograph widerspiegelt oder die fehlende Flexibilität der Juroren. Ich denke, daß das »verschwommene« Paar die gespenstische Wirkung der Photographie verstärkt. Die Ängstlichkeit und Hast scheinen so vergänglich und buchstäblich vorübergehend, wogegen die Schaufensterpuppen hinter ihnen aussehen, als würden sie alles überdauern. Die Schaufensterpuppen beherrschen die Szenerie. Die Menschen sind vergänglich, die Schaufensterpuppen zeitlos. Ich könnte argumentieren, daß das eine Aussage über eine Gesellschaft ist, in der Dinge höher bewertet werden als Menschen.

Totzdem bin ich bescheiden genug zuzugeben, daß die Juroren recht haben können. Es könnte ja tatsächlich nichts anderes als ein unscharfes Photo sein, das ein Amateurphotograph in einer Straße in London von zwei Passanten aufgenommen hat. Keine Sichtweise muß richtig sein. Die Fähigkeit, beide Blickwinkel zu sehen, half mir jedoch zu erkennen, daß das Photo mehr wert ist, als ich anfangs gedacht hatte. Wenn ich mich in die Sichtweisen der Abgebildeten versetzen könnte, könnte ich lernen, noch mehr zu entdecken. Die Schaufensterpuppen denken vielleicht daran, das Schaufenster zu verlassen und die Straße hinunter zu laufen. Der Mann denkt über den schmuddelig aussehenden Mann nach, der vorgibt, Henri-Cartier Bresson zu sein. Die Frau fragt sich, ob sie noch pünktlich ins Theater kommen. Das Gebäude auf der anderen Straßenseite schwelgt in Erinnerungen an das britische Empire.

Wenn ich mich in andere Sichtweisen hineindenke, habe ich die Möglichkeit, neue Informationen zu entdecken und eine umfassendere Weltsicht zu erlangen. Solange ich nur ein Ereignis aus der Vergangenheit betrachte, bin ich auf die Stimme beschränkt, die über dieses Ereignis jetzt spricht. Im ersten und zweiten Teil des Buches haben wir gesehen, wie eine veränderte Wahrnehmung uns erlaubt, unsere Vergangenheit aus einer reiferen Perspektive zu betrachten. Jedoch ist sie immer, ganz gleich wie durchdacht und entwickelt sie sein mag, an die Grenzen unseres Egos gebunden. Wenn wir Dinge aus verschiedenen Blickwinkeln betrachten, können wir die Grenzen der eigenen Wahrnehmung überschreiten und tiefer in unsere Geschichte eintauchen.

Um diese Entwicklung einzuleiten, müssen wir unsere Phantasie zugrunde legen, damit wir andere Sichtweisen verstehen und darstellen können. Die folgende Übung habe ich mit zahlreichen Studenten durchgeführt.

Empathie-Übung: Sichtweisen

Machen Sie eine Liste von zehn Personen, die Sie in Ihrem Leben irgendwann nicht gemocht haben. Darunter können auch bekannte Persönlichkeiten sein, stellen Sie aber sicher, daß Sie einige der Genannten auch persönlich kennen.

Wählen Sie eine Person aus, und schreiben Sie zehn Dinge auf, die Sie an ihr nicht mögen. Als nächstes stellen Sie sich vor, diese Person zu sein, und schreiben zehn Dinge auf, die sie nicht an Ihnen mag.

Suchen Sie nach Ähnlichkeiten in beiden Listen, und streichen Sie sie an. Zum Beispiel:

Meine Liste:	*Die Liste des anderen:*
Großsprecherisch	Klein
Patzig	Hochnäsig
Laut	Gibt vor, keine Sorgen zu haben
Ewiger Angeber	Findet, daß ich zu laut bin

Noch tiefer eintauchen ...

Waren Ihnen die Ähnlichkeiten schon aufgefallen, bevor Sie die Übung begonnen haben? Was haben Sie über sich aus der Sicht des anderen gelernt? Was haben Sie über den anderen Menschen gelernt?

Haß ist ein Spiegel

Wenn die Menschen die Staaten der anderen betrachten würden, wie sie die eigenen betrachten, wer würde seinen Staat erheben, um einen anderen anzugreifen? MO TZU

Zum ersten Mal ließ ich diese Übung am Morgen nach der Bombardierung Libyens durch die USA machen. Ich unterrichtete Studenten im ersten Semester Komposition an der Universität von New Hampshire, und jener Kurs hatte einen besonderen Haß auf Mu'ammar al-Gaddafi. Ich ließ sie alle Eigenschaften aufzählen, die sie an ihm nicht mochten. Dann sollten sie sich vorstellen, sie wären Gaddafi, und alle Eigenschaften aufschreiben, die sie aus seiner Sicht an Präsident Ronald Reagan nicht mochten. Als sie die Listen verglichen, fanden sie viele Übereinstimmungen. Zum Beispiel war Gaddafi »zu theatralisch« und Reagan war ein »Filmstar Cowboy«. Gaddafis Sichtweise von Politik war stark vereinfachend, und er sah Reagan als trottligen Präsidenten, der mehr von Schauspielerei als von Politik verstand. Meine Studenten kamen schnell über ihre anfänglichen ungeprüften Meinungen hinaus zu einem tieferen Verständnis für den Grund, warum sich die beiden Männer haßten: Sie glichen sich in so vielen Aspekten.

Dann probierten wir die vorausgehende Übung über Personen aus, die wir nicht mögen, und entdeckten eine ähnliche Dynamik. Eine Studentin behauptete, daß ihr Feind arrogant sei und noch nie mit ihr gesprochen hat. Als sie jedoch den Standpunkt ihres Feindes einnahm, stellte sie fest, daß ihr Feind dachte, daß *sie* arrogant sei. Meine Studentin begann einzusehen, was die großen Propheten seit Jahrhunderten lehren: Haß ist nur ein Spiegel. Ironischerweise nahmen meine Studenten nur wahr, wenn sie den Standpunkt des anderen einnahmen, daß sie das, was sie am anderen nicht mochten, auch an sich selbst nicht leiden konnten. Haß ist ein zweischneidiges Schwert. Wir würden nichts gegen andere tun, wenn wir nicht selbst litten. Oder, mit den Worten Buddhas gesprochen: »Haß wird zu keiner Zeit durch Haß beendet, aber Haß kann durch Liebe beendet werden; das ist die ewige Wahrheit.«

Indem wir viele Blickwinkel einnehmen, finden wir über unsere ersten vorurteilsbehafteten Antworten hinaus zu einem globaleren Verständnis der Welt. So schließt uns das Schreiben neue Welten auf. Wenn Sie sich die Liste anschauen, auf der steht, was die Person, die Sie nicht mögen, über Sie denkt, können Sie spüren, was es bedeutet, die Welt mit den Augen des anderen zu sehen.

Auslöser

- ☞ Wenn Sie die Übung am Ende des vorangegangenen Kapitels gemacht haben, versuchen sie jetzt über die zerbrochene Freundschaft aus der Sicht des verlorenen Freundes zu schreiben. Was entdecken Sie dabei?
- ☞ Denken Sie an eine Person, die Sie wirklich nicht mögen. Versetzen Sie sich in sie hinein. Schreiben Sie in der ersten Person einen Text, in dem Sie die Weltanschauung der Person darstellen.
- ☞ Erinnern Sie sich an einen bedeutenden Konflikt, den Sie mit Ihrem Partner, Chef oder Kind hatten. Schreiben Sie über ihn aus der Sicht des anderen in der dritten Person.
- ☞ Nehmen Sie eine Kamera, und suchen Sie sich ein Motiv. Photographieren Sie es von vielen Blickwinkeln aus. Breiten Sie die Photos auf dem Tisch aus, und suchen Sie sich das beste heraus. Welche unterschiedlichen Informationen stecken in den Photos?
- ☞ Erzählen Sie einen Zwischenfall aus Ihrem Leben aufs neue von einem anderen Standpunkt aus.
- ☞ Hier ist so eine Situation: Zwei Kinder gehen durch eine Straße und finden einen Zehnmarkschein. Schreiben Sie einen Dialog zwischen den beiden, in dem diskutiert wird, was man nun tun soll.
- ☞ Suchen Sie sich zwei zeitgenössische oder frühere Staatsmänner, die einander hassen. Versetzen Sie sich nacheinander in ihre Situation, und zählen Sie Einzelheiten über den anderen auf. Vergleichen Sie!
- ☞ Schreiben Sie aus der Perspektive eines Körperteils einen Monolog, zum Beispiel: »Ein Tag aus dem Leben einer großen Zehe«.

Ein Wiedersehen mit einer Liebesgeschichte

> *Es ist auf keiner Landkarte zu finden:*
> *Wahre Orte gibt es nicht.*
> HERMAN MELVILLE

Nachdem wir nun einige Erfahrung damit gesammelt haben, andere Sichtweisen zu verstehen, nutzen wir sie jetzt dafür, mehr über unser eigenes Leben zu erfahren. Die meisten von uns hatten keine ewig glückliche Beziehung; während unserer Kindheit hat man uns zwar erzählt, daß das ein erreichbares Ziel sei – als eine gesellschaftliche Wunschvorstellung oder eine märchenhafte Romanze. Wenn wir alte Liebesgeschichten aus neuen Blickwinkeln betrachten, können wir genau unterscheiden zwischen dem Wunsch, wie wir die Menschen gern hätten, und der Realität, wie sie sind.

1. Beginnen Sie, indem Sie eine Liste aller romantischen Begegnungen oder Beziehungen anfertigen, an die Sie sich erinnern können (oder erinnern wollen). Sie können sich selber in die Mitte eines Wortnetzes stellen und die Menschen, die Ihnen etwas bedeuten, um Sie kreisen lassen. Oder Sie zählen sie ganz schnell einfach auf. Es macht nichts, wenn die Liste unvollständig ist. Aber lassen Sie möglichst viele Erinnerungen zu.
2. Wählen Sie die Person, für die Sie die meisten ungelösten Gefühle empfinden. Setzen Sie die Person oben auf ein leeres Blatt Papier.
3. Schreiben Sie die Momente auf, die Sie mit der Person gemeinsam erlebt haben. Beziehen Sie Momente vom Beginn bis zum Ende der Beziehung ein.
4. Zeichnen Sie eine Linie, auf der Sie die Momente chronologisch anordnen. Beginnen Sie mit dem Moment, in dem Sie die Person getroffen haben, und begeben Sie sich zu dem Moment, in dem die Beziehung endete.
5. Wählen Sie zwei Momente aus. Einen aus der Anfangszeit und einen vom Ende ihrer Liebesgeschichte. Schreiben Sie frei und spontan zehn Minuten lang über jeden Moment.
6. Lesen Sie den Text noch einmal durch. Legen Sie ihn weg. Schließen Sie Ihre Augen, und stellen Sie sich vor, daß Sie die andere Person sind, oder nehmen Sie einfach einen anderen Blickwinkel ein. Schreiben Sie aus dieser Sichtweise über jeden Moment zehn Minuten lang in der Ich-Form.
7. Lesen Sie die Texte noch einmal. Notieren Sie sich eine Frage, die Sie noch immer zu dieser Beziehung haben. Schreiben Sie zehn Minuten lang spontan eine Antwort.

Noch tiefer eintauchen …

War es für Sie leicht, sich in die Sichtweise Ihres ehemaligen Partners zu versetzen? Welche neue Erkenntnisse haben Sie gewonnen, als Sie die Geschichte von seinem Standpunkt aus erzählt haben? Wie hat sich Ihr Verhältnis zu sich selbst geändert, seit Sie die Geschichte erzählt haben? Was sagt die Frage, die Sie zum Schluß gestellt haben, über Ihr Leben nach der Liebesgeschichte aus?

Ein Wiedersehen mit Cinderella

Der modernen Welt fehlt es nicht nur an Plätzen, um sich zu verstecken,
sondern auch an Gewißheiten.   SALMAN RUSHDIE

Neue Sichtweisen setzen neue Informationen im Umkreis unsere Geschichten frei. Wenn Ihnen diese Übung unangenehm ist, sind Sie vielleicht noch nicht bereit, über Ihre eigene Sichtweise hinauszugehen und eine andere anzunehmen. Vielleicht denken Sie in einigen Jahren darüber anders. Auf einer gewissen Stufe bringt Selbsterkenntnis Leid mit sich und fordert dadurch immer zu Versöhnung mit sich auf. Es ist aber nicht immer gut, sich in diesen Prozeß hineinzustürzen.

Wenn ich mich in andere Sichtweisen hineinversetze und Fragen stelle, ermögliche ich mir den Blick auf mich selbst als Person in meiner Vergangenheit und, wenn ich mutig genug bin, einen tieferen Blick auf das, was ich wirklich war. Wenn Sie Schwierigkeiten mit dieser Übung hatten, weil Sie zum Thema noch nicht genug Distanz hatten, wird Ihnen die nächste Übung zeigen, wie Sie Abstand und eine klarere Perspektive gewinnen können.

Auslöser

↬ Schreiben Sie die letzte Szene eines romantischen Liebesromans aus einem unüblichen Blickwinkel. Normalerweise sind solche Romanzen aus der Sicht der Heldin erzählt, die in der letzten Szene von dem Mann umarmt wird, der vorher grob und beleidigend zu ihr gewesen ist.

↬ Stellen Sie sich vor, fast hundert Jahre alt zu sein. Schreiben Sie über Ihre erste Liebe.

↬ Stellen Sie sich vor, wieder vierzehn zu sein. Schreiben Sie über Liebe und Heirat.

↬ Erzählen Sie das Märchen von der ewig glücklichen Liebe. Beginnen Sie aber mit dem Schluß, und hauchen Sie ihm etwas Realismus ein.

↬ Schreiben Sie über Ihren ersten Kuß.

↬ Zeichnen Sie eine Linie, auf der Sie chronologisch die Hauptereignisse eintragen, die Ihre Haltung gegenüber der Liebe verändert haben. Wählen Sie das Ereignis aus, das Sie am meisten beeinflußte, und schreiben Sie darüber.

↬ Schreiben Sie Ihre sexuelle Autobiographie. Fangen Sie mit den Erinnerungen an die ersten sexuellen Erfahrungen an, und nehmen Sie sich mit auf eine Reise durch die vergangenen Jahre.

Die Macht der dritten Person

Ich bin gerade daran, einen Roman zu schreiben. Das einzige Problem ist,
daß ich nicht weiß, ob ich ein Ich oder eine Sie bin.

ELIZABETH HARDWICK

Abgesehen von zusätzlicher Information, bringt uns die Vorstellung anderer Sichtweisen mehr Distanz gegenüber den Geschichten, die wir erzählen. Belletristik-Autoren wechseln oft in die dritte Person, wenn sie zu ihrem Material zu wenig Abstand haben. Das ist ein sehr menschliches Verfahren und muß sich nicht nur auf Schriftsteller beschränken.

Belletristik-Autoren schaffen oft Figuren, denen sie Gesichtszüge von sich geben oder Gesichtszüge, die sie gerne hätten. Diese Figuren erleichtern es Schriftstellern, aus der Distanz ein Material zu untersuchen, zu dem ihnen der Abstand fehlt.

Nehmen Sie Ihr Schreibheft zur Hand, und suchen Sie sich ein Ereignis aus, über das Sie gern schreiben möchten. Schaffen Sie eine Figur, die Ihnen möglichst ähnelt. Stellen Sie Ihre Figur vor ein Problem, mit dem Sie zu tun haben. Schreiben Sie zwanzig Minuten lang. Wenn Sie z. B. beabsichtigt haben, das Rauchen aufzugeben, schaffen Sie eine Figur, die dasselbe vorhat. Lassen Sie Ihre Figur in einer Situation agieren, die zum Rauchen verführt.

Noch tiefer eintauchen …

Fühlten Sie sich Ihrer Figur nah? Wie unterschiedet sich Ihre Figur von Ihnen? Ging Ihre Figur mit dem Problem anders um?

Lyndy Loo-Geschichten

Als meine Tochter Jessie Lynn klein war, fand meine Frau eine wirksame Methode, um ihr zu helfen, traumatische Erfahrungen zu verarbeiten. Sie erzählte ihr *Lyndy Loo-Geschichten*. Lyndy Loo war ein kleines, blondes Mädchen, das ungefähr dasselbe Alter wie Jessie Lynn hatte und oft dasselbe erlebte. Eines Tages wurde Jessie Lynn Zeuge eines Autounfalls, und ihre Mutter ließ sie im Auto zurück, um dem Verunglückten zu helfen. Lyndy Loo hatte eine ähnliche Erfahrung gemacht und ebenfalls in ihrem Kindersitz geweint. Jessie lernte, nach Lyndy Loo-Geschichten zu fragen, wenn sie aus der Fassung gebracht wurde.

In der dritten Person zu schreiben hat einen ähnlichen Effekt. Es befreit uns davon, Dimensionen von uns zu untersuchen, die wir erst begonnen haben zu entdecken. Es ist ein Weg, um mehr Distanz von unserem Leben zu bekommen und tiefer in die Probleme einzusteigen, die zu erforschen wir keine Angst haben.

Experimente mit verschiedenen Sichtweisen helfen uns, die Blickwinkel anderer zu erkennen. Neben der dritten Person lassen sich Geschichten auch in der zweiten oder ersten Person schreiben. So sehen dieselben zwei Sätze in den verschiedenen Formen aus:

> Ich habe ihr verboten zu kommen, aber sie kam trotzdem. Was sollte ich tun?
> Du hast ihr verboten zu kommen, aber sie ist trotzdem gekommen.
>   Was willst du jetzt tun?
> Er hatte ihr verboten zu kommen, aber sie kam trotzdem. Was sollte er tun?

Bemerken Sie die Kraft, die jedes einzelne Beispiel entwickelt? Andere Zeitformen können einem Text ebenfalls neue Kraft geben. Die drei Beispiele waren in der Vergangenheitsform geschreiben. So klingen sie in der Gegenwartsform:

> Ich verbiete ihr zu kommen, aber sie kommt trotzdem. Was soll ich tun?
> Du verbietest ihr zu kommen, aber sie kommt trotzdem. Was willst du tun?
> Er verbietet ihr zu kommen, aber sie kommt trotzdem. Was soll er tun?

Wie würden diese Beispiele im Futur klingen? Experimentieren Sie beim Schreiben mit Sichtweisen und Zeitformen. Lassen Sie sich von den folgenden Übungen anregen.

Auslöser

- ↬ Denken Sie an jemanden, den Sie nicht mögen. Versuchen Sie aus dem Blickwinkel von diesem Menschen in der ersten Person fünf Seiten zu schreiben. Lesen Sie das Geschriebene noch einmal durch, und fragen Sie sich dann, warum Sie den Menschen nicht mögen.
- ↬ Verfassen Sie in der dritten Person eine Beschreibung über einen großen Augenblick in Ihrem Leben. Schreiben Sie ihn in die zweite Person um. Merken Sie den Unterschied?
- ↬ Erfinden Sie eine(n) Autor(in), der (die) eine Figur erfindet, die so ist wie er oder sie.
- ↬ Schreiben Sie eine Szene, in der eine Figur ernsthaften Schwierigkeiten gegenübersteht. Versuchen Sie, die Übung in der ersten, zweiten und dritten Person auszuführen. Achten Sie auf die Unterschiede.
- ↬ Erschaffen Sie eine Figur, die so ist wie Sie vor zwanzig Jahren. Zeichnen Sie zuerst ein Bild, dann verfassen Sie eine Momentaufnahme über das Bild. Überlegen Sie sich eine Situation, der Sie Ihre Figur aussetzen.
- ↬ Versetzen Sie sich in die Gedanken eines Freundes oder eines Familienmitglieds. Lassen Sie die Person in Schwierigkeiten geraten und schreiben Sie darüber.
- ↬ Schreiben Sie über sich in der dritten Person. Denken, handeln und sprechen Sie im Text.
- ↬ Fragen Sie ein Familienmitglied, welches die zentralen Ereignisse in seinem Leben waren. Wählen Sie eines aus, und beschreiben Sie es in der dritten Person.
- ↬ Schreiben Sie das Anfangskapitel eines Romans, der von einer alten Frau handelt, die auf ihr Leben zurückblickt.
- ↬ Malen Sie eine Landschaft, in der sich eine einzelne, einsam erscheinende Person befindet. Zeichnen Sie die Gedanken der Person in den Kopf der Figur.
- ↬ Erzählen Sie sich selbst eine Lyndy Loo-Geschichte über ein traumatisches Erlebnis, das Sie einmal hatten. Nehmen Sie es auf Band auf, und hören Sie es sich vor dem Schlafengehen noch einmal an.
- ↬ Erzählen Sie ein Märchen über etwas, das in Ihrem Leben passiert ist.
- ↬ Erzählen Sie eine Geschichte über einen Moment, in dem Sie etwas entdeckten. Experimentieren Sie mit der ersten, zweiten und dritten Person. Wo liegen die Unterschiede?

Zigaretten tun Dir gut

> *Wenn man etwas Komisches darin findet,*
> *kann man es überleben.*   BILL COSBY

So wie uns wechselnde Sichtweisen der Wahrheit unserer Geschichte näherbringen, kann uns eine satirische Sichtweise helfen, Realität von unserer Einbildung zu trennen und ein kritisches Verständnis der Welt zu erlangen. Nirgends wird das so offensichtlich wie bei der Werbung.

   Bis zu einem gewissen Grad lügt jede Werbung. Im Grunde ist ja ein Produkt doch gewöhnlich nicht viel besser als ein anderes. Aber der schlimmste Übeltäter ist Werbung für schädliche und gefährliche Produkte wie Alkohol und Zigaretten. Manche sind der Meinung, daß diese Werbung verboten werden sollte; andere – wie ich – denken, daß das

Problem damit nur halb gelöst wäre. Nötig wäre, den Menschen beizubringen, die Botschaften, mit denen sie von Geburt an bombardiert werden, zu interpretieren und zu verstehen. Wir müssen Kindern beibringen, gewohnheitsmäßig das Bild von der Realität zu trennen.

Wenn wir die Sichtweise des Leiters der Marketing-Abteilung einer Zigaretten- oder Alkoholfirma imitieren, kann das viel aussagen über die Gesellschaft, in der wir leben – was sie uns zu erzählen und zu verkaufen versucht. Es kann auch der Ausgangspunkt zum Schreiben einer Satire sein. Die folgende Übung zeigt uns kritisches und satirisches Denken in einer Weise, die jeder verstehen kann.

Das Bild und die Realität

> *Werbung ist die Kunst, auf den Unterleib*
> *zu zielen und die Brieftasche zu treffen.*
> PETER SELLERS

Die Übung habe ich mit großem Erfolg am Gymnasium angewandt. Man übt mit ihnen einen wahrheitsliebenden satirischen Blickwinkel. Außerdem macht sie Spaß.

Wählen Sie eine Droge wie Alkohol oder Zigaretten. Zählen Sie alle nachteiligen Effekte der Droge auf. Zum Beispiel:

Alkohol
macht einen schwindelig
man sagt Dinge, die man nicht so meint
man wird gewalttätig
man kotzt
man fährt sein Auto zu Schrott
man schlägt ein Familienmitglied

Wenn Sie die Liste fertig haben, stellen Sie sich vor, ein Marketing-Leiter zu sein, der ein Problem hat. Ihr Produkt hat all die beschriebenen negativen Eigenschaften, aber Sie müssen einen Weg finden, es den Leuten zu verkaufen. Deshalb müssen Sie ein Image für Ihr Produkt finden und mit diesem Image werben. Schauen Sie sich Schnaps- und Bierwerbung an, um Ideen zu bekommen. Geben Sie Ihrem Produkt einen Namen, der mit dem Image übereinstimmt und trotzdem auf gewisse Weise die Realität mit erfaßt. Zum Beispiel:

Schmetter: Das Bier, das Champions aufschlagen läßt
Passion: Das Getränk für Liebende

Schreiben Sie einen Werbespot, der das Image fördert, aber auch die negativen Seiten der Droge darstellt, für die Sie werben. Das wird Ihren Text von der üblichen Werbung unterscheiden. Das kann Ihren Text auch amüsant werden lassen. Wenn Sie eine Videokamera haben, nehmen Sie den Spot auf, und zeigen Sie ihn Ihren Freunden.

Noch tiefer eintauchen …

Wurde Ihr Spot als lustig empfunden? Warum oder warum nicht? Wie hat sich die Realität im Bild gespiegelt?

In der Rolle des Feindes

Eine satirische Sichtweise enthüllt oft die Wahrheit über den Gegenstand der Satire. Satiriker schlüpfen oft in die Rolle des Feindes, ziehen das Publikum in diese Illusion hinein und decken dann Stück für Stück die Karten der Wahrheit auf.

Ein klassisches Beispiel ist der berühmte Essay von Jonathan Swift: »Ein bescheidener Vorschlag«. Zu der Zeit, als er geschrieben wurde, veröffentlichten zahlreiche englische Weltverbesserer Artikel über die Probleme in Irland. Das verarmte, unterdrückte Land, in das England eingefallen war, war zu einem britischen Problem geworden. Swift begann sein Essay mit der Nachahmung der englischen Weltverbesserer in ihrem mechanistischen Tonfall. Erst am Ende des Essays entdeckt er uns seinen Plan, die Ernährung der irischen Familien dadurch zu sichern, daß sie ihre eigenen Babys essen. Man kann sich den nahe bevorstehenden Schrecken der Leser gut vorstellen, die den Essay mit großem Ernst und Kopfnicken zu lesen begonnen hatten. Das Ziel der Satire ist nicht allein die Kritik, sondern auch, den Menschen die Unzulänglichkeit einer einzelnen Sichtweise bewußt zu machen.

Auslöser

⇒ Versuchen Sie, eine Satire auf eine der folgenden Stimmen zu machen:
Einen Nachrichtensprecher aus dem Radio
Einen Versicherungsagenten
Einen Arzt
Einen Sprecher eines Werbespots

⇒ Machen Sie eine Satire auf eine Stimme aus Ihrer Kindheit. Zum Beispiel: »Iß deinen Spinat auf, die Kinder in Indien hungern.«

⇒ Schauen Sie eine Stunde lang Fernsehen, und suchen Sie nach Bildern von Frauen oder Männern in der Werbung. Wählen Sie jemanden aus, und schreiben Sie zehn Minuten lang in seiner oder ihrer Stimme.

⇒ Nehmen Sie einige Modemagazine zur Hand, und suchen Sie nach Bildern von Männern oder Frauen auf den Anzeigenseiten. Hängen Sie die Seiten an die Wand über Ihren Schreibplatz. Schreiben Sie einen Dialog, in dem sich die Figuren miteinander unterhalten. Lassen Sie sie über das sprechen, was in ihren Köpfen vorgeht, nicht in ihren Körpern.

⇒ Schneiden Sie aus Illustrierten Photographien von Menschen aus, und kleben Sie sie auf großes Stück Papier. Geben Sie Ihren Figuren Namen. Schreiben Sie einen Dialog zwischen ihnen.

⇒ Blättern Sie eine Illustrierte mit einem Stapel selbstklebender Zettel durch. Schreiben Sie zu jedem Bild einer Anzeige ihre Botschaft auf einen der Zettel. Zum Beispiel ist die Botschaft einer Reklame für Bier, die einen Fußballspieler beim Torschuß vor einer Flasche des Produkts zeigt: »Dieses Bier ist sportlich; Du bist sportlich, wenn du es trinkst …« Merken Sie, daß die eigentliche Botschaft der Bilder oft eine Lüge ist?

Satirische Stimmen

Finden Sie eine Stimme, die Sie nervt, eine Stimme, die Ihnen das Leben schwer macht, eine Stimme, die Sie anlügt. Es könnte die Stimme von Tante Margrit sein, die Stimme eines Bordcomputers in Ihrem Auto, die Stimme von Lotterieunternehmen, deren Briefe zwischen

Ihrer Post stecken, oder die Stimme eines Mannes oder einer Frau aus der Fernsehwerbung. Schreiben Sie zehn Minuten lang Worte dieser Stimme auf. Machen Sie sich keine Sorgen über den Inhalt. Lassen Sie die Stimme einfach plappern, und hören Sie zu, was sie sagt. Dann schauen Sie sich den Text an. Fragen Sie sich: Warum nervt mich diese Stimme so sehr? Wenn Sie die Frage beanwortet haben, schreiben Sie weitere zehn Minuten, und übertreiben Sie die Eigenschaften der Stimme, die Sie nervt.

Noch tiefer eintauchen ...
Was für ein Gefühl hatten Sie, als Sie die Stimme zu Wort kommen ließen? Was haben Sie durch die Übertreibung über die ursprüngliche Stimme ausgesagt?

Keine Analphabeten mehr im Jahre 2000
Als ich die Notiz las, wurde ich wütend, richtig wütend. Sie war vom Leiter eines Vereins gegen Analphabetismus geschrieben und sprach in einem sehr hochnäsigen Ton von der Notwendigkeit, im Jahr 2000 keine Analphabeten mehr zu haben. Als Lehrer, der selber in der Erwachsenenbildung mit Analphabeten gearbeitet hatte, war ich entsetzt über den Mangel an Sensibilität. Wir alle versuchen, bessere Leser und Schreiber zu werden. Aber zu sagen, daß einige Menschen schreiben und lesen können und andere eben nicht, heißt im gewissen Sinne, Menschen zum Analphabeten-Dasein zu verdammen, bis sie durch Zauberkraft erleuchtet werden.

Weiter wurde die Fähigkeit zu lesen von dem Mann in erster Linie als ein Zeichen für kulturelle Überlegenheit und nicht als Werkzeug gesehen, mit dem man zum Schreiben und Denken befähigt wird. Früher habe ich Leserbriefe zum selben Thema geschrieben. Ich habe in ihnen deutlich gemacht, daß Überschriften wie »Gemeindebüchereien bekämpfen Analphabetismus« über unterprivilegierte Menschen in einer Weise sprechen, als hätten sie die Pest.

Anstatt einen neuen Brief zu schreiben, entschloß ich mich, mich von hinten anzuschleichen. Ich nannte mein Essay: »Keine Analphabeten im Jahre 2000 – ein erreichbares Ziel«. Und wie Sie in der vorhergehenden Übung begann ich den Tonfall der kulturellen Überlegenheit, der mich in der Notiz so gestört hatte, nachzuahmen. Ich nannte die Notiz ein wichtiges Dokument und stimmte dem Autor mit vollem Herzen zu. Ich sprach über die ungebildeten Massen, die – an ihre Fernsehapparate gefesselt – an der großartigen Welt der Literatur nicht teilhaben konnten. Einige Absätze später deckte ich alle meine Karten auf. Hier ist mein Plan, um im Jahre 2000 nur noch Menschen um uns zu haben, die lesen und schreiben können. Beobachten Sie, wieviel Spaß es mir machte, die unbewußten Meinungen zum Analphabetismus, die mich störten, nachzuahmen und zu übertreiben.

Ein bescheidener Vorschlag zur vollständigen Alphabetisierung unseres Landes
1. Keine Gespräche: Die zählebigen, ungebildeten Kulturgruppen der Welt werden naiv als »orale Kulturen« bezeichnet. Diese unglücklichen Stämme existierten Jahrtausende ohne Schrift. Zu ihnen zählen die amerikanischen Indianer, australischen Aborigines und Buschmänner der Kalahari. Veranwortlich dafür, daß trotz der Unzumutbarkeit der Abwesenheit von Schrift die Gesellschaften weiterbestanden, von Generation zu Generation ihr Wissen weitergeben konnten, war: Das Sprechen. Der Verzicht darauf brächte zwar unseren alphabetisierten Bürgern Unbequemlichkeiten und würde vom

Staat größere Investitionen in Schreibpapier und Stifte erfordern, Analphabeten wären aber zur sofortigen Aufgabe ihrer Lebensform gezwungen. Durch ein Gesetz, das jedes Sprechen verbietet, hätte man ein todsicheres Mittel in der Hand, um Analphabeten zur Einschreibung in die Erwachsenenbildungsprogramme zu zwingen.

2. Literarische Kontrollpunkte: Seit das Erziehungsministerium und andere zugehörige Behörden sich im Kampf gegen den Analphabetismus engagieren, sollten auch die Polizisten, die bisher soviel Zeit mit angetrunkenen Autofahrern verbringen mußten – einige von ihnen übrigens hochgebildete Menschen – sollten auch unsere unentwegten Verfechter von Recht und Ordnung auf diese edle Aufgabe besondere Mühe verwenden. Stellen Sie sich vor, was passiert, wenn diese tapferen Frauen und Männer in dieser historischen Anstrengung ihren Teil übernehmen! Sie fahren über die Bundesstraße 12. Sie haben eine Straßensperre vor sich. Der Beamte in Uniform kommt zu ihrem Wagen, während Sie das Fenster herunterkurbeln. »Vollenden Sie folgende Versstrophe eines deutschen Dichters«, verlangt er und rezitiert: »Und frische Nahrung, neues Blut saug ich aus freier Welt«. Und kaum hat er ausgesprochen, haben Sie schon den Gedankenblitz, Ihnen sind sofort die richtigen Worte eingefallen. Mit geschlossenen Augen, die Hände am Lenkrad, sprechen Sie sanft: »Wie ist Natur so hold und gut, die mich am Busen hält.« Sie und der Polizist schauen sich verstehend an, wissen wortlos, was in dieser Welt wichtig und wertvoll ist, gedankenvoll grüßt der Polizist mit der Hand an der Mütze, Sie kurbeln dankbar das Fenster nach oben …

Wenn Sie hingegen mit ausdruckslosem, verlegenem Gesicht den Beamten auf seine Frage hin verblüfft anstarren, in den hintersten Winkeln ihres Gehirns nach den Resten von Bildung kramen, nur wenig fündig werden und fragend stottern: »Äh, Dracula? Frankenstein? Hui-Buh?«, dann können Sie sicher sein, zur Bildungszwangsmaßnahme »Autoren der Klassik, Aufklärung und Empfindsamkeit« verpflichtet zu werden. Obwohl Ihnen der Führerschein, falls Sie Ersttäter sind, nicht entzogen wird, verhängt die zuständige Behörde doch eine einjährige literarische Bewährungsfrist, in der von Ihnen erwartet wird, sich nicht nur mit griechischer Tragödiendichtung, sondern auch den Hauptwerken aller Literaturnobelpreisträger vertraut zu machen.

Wenn Sie an einem literarischen Kontrollpunkt gestoppt werden, und es wird nachgewiesen, daß Sie nicht nur keine Ahnung von Goethe haben, sondern überhaupt nicht lesen können, wird ihr Fahrzeug beschlagnahmt, Sie selbst in ein Schreib-Schock-Therapie-Zentrum gebracht, wo Sie in einer schmalen Zelle untergebracht werden, in der Sie über einen Lautsprecher Tag und Nacht mit Auszügen und Zusammenfassungen der wichtigsten wissenschaftlichsten Werke beschallt werden, die sich mit der »Einführung in die Linguistik und Sprachwissenschaft« befassen.

3. Der Preis für die vollständige Alphabetisierung: Leider gibt es noch bei der Durchführung des Plans, die Bevölkerung bis ins Jahr 2000 vollständig zu alphabetisieren, ein bedauerliches Problem, das nicht durch die obigen einfachen Maßnahmen gelöst werden kann. Untersuchungen haben gezeigt, daß gewisse Individuen nach Professor Sowieso »niemals das zivilisierte Erwachsensein von jemandem erreichen können, der das Lesen und die Literatur liebt.« Diese große menschliche Tragödie betrifft Tausende von geistig behinderten und aus anderen Gründen lernunfähigen Menschen. Es ist von größter Wichtigkeit für das Wohlbefinden der alphabetisierten und gebildeten

Bürger, all diese unglücklichen Seelen in ein Gebiet umzusiedeln, das einen niedrigeren Standard und weniger strenge Vorschriften bezüglich der Alphabetisierung hat. Obwohl diese Notwendigkeit hart erscheint und verschiedentlich als unmenschlich bezeichnet werden wird, können wir bei unserem Ziel, die *vollständige* Alphabetisierung der Bevölkerung bis zum Jahr 2000 zu erreichen, auf individuelle Fälle von begründetem Analphabetismus keine Rücksicht nehmen.

Ich hoffe, daß Sie während der Lektüre dieses einfachen Drei-Punkte-Plans gesehen haben, daß er mit den Forderungen des Vereins für Alphabetisierung übereinstimmt. Ich hoffe, daß Sie, werter Leser, einer von den Tausenden unserer Bürger sind, die bereit sind, gegen das Virus des Analphabetismus aufzustehen, das unser Land so lange schon infiziert und sich nun epidemisch ausgebreitet hat. Und wenn Sie zu den unglücklichen drei Prozent gehören, die dieses Essay nicht entziffern konnten, denken Sie daran, daß Sie Ihren geheimen Herzenswunsch, die »Odyssee« zu lesen, nicht aufgeben müssen, solange es gutmeinende, einfallsreiche, gebildete Menschen wie mich gibt, die bereit sind, alles für Ihr Wohl zu opfern.

Auslöser
- ☞ Sie sind ein Außerirdischer vom Planeten Zentaur, auf dem es keine Sexualität gibt. Beschreiben Sie die Balzrituale der Menschen in einem Brief nach Hause.
- ☞ Stellen Sie sich vor, daß Bäume die höchstentwickelten Lebewesen sind. Beschreiben Sie aus der Sichtweise eines Baumes die absonderliche Spezies Mensch.
- ☞ Versuchen Sie folgendes mit Ihrem Partner oder einem engen Freund oder Freundin. Was bedeutet es, vom Partner beachtet zu werden? Zählen Sie Ihre Bedürfnisse auf. Lassen Sie Ihren Freund oder Freundin das gleiche tun. Vergleichen Sie die Listen, und diskutieren Sie Übereinstimmungen und Unterschiede.
- ☞ Schreiben Sie einen Leitfaden für Neugeborene aus der Sicht eines erfahrenen Kleinkinds.
- ☞ Schreiben Sie aus der Sicht eines bedrängtes Nahrungsmittels oder Tieres.
  Hier lesen Sie ein Gedicht von Geoff Hewitt über einen starken Truthahn.

Der blitzschnelle Truthahn
Ich bin ein blitzschneller Truthahn,
so genannt, weil ich laufe und laufe.
Ich laufe so schnell, daß mich keine Kugel trifft,
laufe so schnell, daß das Gras unter meinen Füßen Feuer fängt.
Ich bin ein blitzschneller Truthahn
der die Farbe des Windes trägt und so schnell ist.
So schnell ist, daß mich Erntedank kaltläßt,
so schnell ist, daß es mich gibt am Morgen nach dem Weihnachtsfest,
so schnell bin ich das sausende Wunder der ganzen Welt,
so schnell, daß meine Schlegel zum Trommeln da sind,
nicht zum Essen, nicht zum Kochen, nicht zum Rupfen, nicht zum Füllen,
nicht um über ihnen ein Gebet zu sprechen und es Gnade zu nennen,

nicht um mich mit Champagner hinunterzuspülen,
weder um mich nach den Feiertagen einzeln abzunagen,
noch um mich für Sandwichs mit viel Mayonnaise aufzuschneiden.
Weil ich ein blitzschneller Truthahn bin. Mein Lied wird die Welt aufwecken,
mein Schrei wird das Blut der Pilger zum Kochen bringen,
mein Leben wird ein Beispiel geben.
Weil ich der Präsident aller Truthähne sein werde,
werde ich aus ihren Knochen das Fleisch wieder herstellen,
und die Eingeweide wieder einfüllen,
und jede Feder an ihren Platz zurückstecken,
die Köpfe und Schnäbel wieder einsetzen, die Zungen und Kehllappen,
und setze sie flatternd zurück ins Leben der Ställe,
ausgestattet mit meiner Schnelligkeit, meinem Appetit auf Menschen.

Sichtweisen träumen

So wie ein satirischer Blickwinkel uns hilft, bedrückende Situationen zu meistern und uns eine weitere, humorvolle Perspektive in unserem bewußten Dasein zeigt, so können uns neue Sichtweisen auch helfen, ein klareres Bild von unseren Träumen zu gewinnen. Diese Übung, die auf der Gestalt-Therapie von Fritz Perls basiert, kann helfen, Ihnen die umfassenderen Zusammenhänge Ihrer Träume deutlich zu machen.

Beginnen Sie, indem Sie einige Wochen lang ein Traumtagebuch führen. Notieren Sie Ihre Träume sofort nach dem Aufwachen. Machen Sie sich keine Sorgen, wenn Sie sich nicht an alle Träume erinnern können; schreiben Sie aber jedes Bruchstück auf. Vielleicht geht es Ihnen wie mir: Der Vorgang des Schreibens hilft der Erinnerung auf die Sprünge.

Wenn Sie einen Traum notiert haben, über den Sie arbeiten möchten, machen Sie eine Liste aller Blickwinkel und Perspektiven des Traums. Das können alle Personen oder Objekte Ihres Traumes sein. Lassen Sie Ihrer Phantasie freien Lauf. Suchen Sie drei Blickwinkel aus, und schreiben Sie über jeden spontan zehn Minuten lang.

Noch tiefer eintauchen …
Wurden Sie von irgendeiner Information oder einem Gefühl überrascht, das durch einen der Blickwinkel entstand? Was haben Sie Neues über Ihren Traum gelernt? Welche Sichtweise war die aufschlußreichste?

Die Gestalt unserer Träume
Der Psychologe Fritz Perls glaubte wie sein Lehrer Sigmund Freud, daß alle Bilder in unseren Träumen entfremdete Teile von uns selbst sind. Die genaue Bedeutung dieser Einzelteile ist Gegenstand der Diskussion. Zur Therapie gehört, daß all diese Fragmenten beachtet werden und zu Wort kommen. Erst wenn alle Stimmen gehört sind, beginnen wir, das Ganze zu sehen oder das, was Perls »Gestalt« nannte. Viele verschiedene Sichtweisen des Lebens wahrzunehmen, ist nach Perls der Schlüssel, um gesund zu werden. Am Ende dieses Kapitels werden Sie sehen, daß Perls' Gedanken richtig sind.

Vor Jahren unterrichtete ich an der Universität von New Hampshire Psychologie. Im Kurs interpretierten wir unsere Träume mit Hilfe von Perls' Theorie. Wir machten mit den Personen und Symbolen Rollenspiele. Ich hatte geträumt, daß mein Bruder und ich als Kinder mit unserem Vater über eine alte Eisenbahnbrücke liefen. Als ein Zug kam, kletterte ich unter die Brücke und hielt mich an den Schwellen fest, während der Zug über die Brücke fuhr. Als ich da hing, fragte ich mich, was mit meinem Bruder und Vater passiert war. Dann wachte ich auf.

Als ich mit dem Rollenspiel an der Reihe war, nahm ich zuerst den Blickwinkel meines Bruders und Vaters ein.

Michael und Vater: Kein Grund, sich Sorgen zu machen. Der Zug wird uns nicht verletzen.

Dann übernahm ich meine Rolle.

Ich: Seid ihr verrückt? Der Zug fährt direkt auf uns zu. Laßt uns von hier verschwinden.

Dann spielte ich den Zug. Plötzlich wußte ich, von was der Traum handelte.

Zug: Ich werde Euch kriegen. Lauft so schnell ihr könnt. Lauft so schnell ihr könnt. Ich werde Euch kriegen. Ihr entkommt mir nicht!

Der Zug war Realität oder Tod – der gemeinsame Nenner. Als ich vor der Klasse das spielte, spürte ich mein Herz schneller schlagen, und meine Stimme wurde tief und krächzend. Ich konnte den Druck und die Kraft spüren. Ich zitterte, als ich fertig war.

Diesen Traum im Rollenspiel darzustellen, half mir zu erkennen, daß mein Bruder und mein Vater Teile von mir sind, die ich meiden wollte; sie täuschten vor, daß alles in Ordnung sei. (Ich war ausgesprochen gleichgültig und ruhig und klang sogar distanziert, als ich ihre Stimmen spielte.)

Das paßt zu meiner Kerngeschichte: Immer versuche ich die Realität von der Vorstellung zu trennen. Mein Bruder und mein Vater machen diesen Unterschied nicht. Sie behaupten, daß keine Gefahr droht, und erwarten von mir, daß ich das glaube. Aber ich sehe, wie sich der Zug nähert. Ich bin derjenige, der die Realität sehen will; ich verstecke mich. Aber das macht mich eben einsam, in meinem Traum hänge ich allein unter der Brücke an den Holzschwellen.

Verschiedene Blickwinkel aus den Träumen erleichtern es mir, meine Kerngeschichte besser zu erkennen und zu analysieren. Die nächste Übung wendet dieselbe Idee auf unser bewußtes Leben an.

Auslöser

- ❧ Führen Sie einen Monat lang ein Traumtagebuch. Legen Sie es mit einer Taschenlampe neben Ihr Bett. Schreiben Sie gleich nach dem Aufwachen Ihre Träume und auch die Erinnerungsbruchstücke auf. Durch das Schreiben werden Sie sich an mehr erinnern. Wenn Sie einen Traum haben, mit dem Sie sich weiter beschäftigen möchten, schenken Sie jedem seiner Elemente und Personen eine Stimme. Schreiben Sie Ihre Träume auf, als wären sie Theaterstücke.
- ❧ Machen Sie einen Höhlentext über einen Traum. Zeichnen Sie von den wichtigsten Darstellern Bilder, und verleihen Sie ihnen eine Stimme, mit der sie Gefühle und Gedanken ausdrücken können. Welche Themen tauchen auf?
- ❧ Schreiben Sie einen Dialog zwischen Bildern ihres Traumes.

- Erinnern Sie sich an einen Traum, der Sie beunruhigt hat? Geben Sie vor, auf Urlaub im Traum unterwegs zu sein. Schreiben Sie sich selbst eine Postkarte.
- Erfinden Sie einen Traum, der Sorgen illustriert, die Sie vor kurzem hatten.
- Erfinden Sie einen Traum, der Ihre persönliche Seelenruhe widerspiegelt. Machen Sie zuerst einen Höhlentext, oder stürzen Sie sich gleich hinein.

Meine drei Gesichter

Ich suche Kraft, nicht um größer als mein Bruder zu werden,
sondern um meinen größten Feind zu bekämpfen, mich selbst.
VON EINEM INDIANISCHEN PREDIGER

Stellen Sie sich für einen Augenblick vor, daß verschiedene Personen in Ihnen leben. Stellen Sie sich vor, Sie sind ein schizophrener Mensch. Eine dieser Personen kann ein Spaßmacher sein, die andere ist ernst, die dritte ein Kind. Machen Sie einen Höhlentext von diesen Personen. Bringen Sie möglichst viele Details, und lassen Sie die Personen sprechen.

Wenn Sie sich etwas Klarheit über ihre Figuren verschafft haben, schreiben Sie einen Dialog zwischen ihnen.

Noch tiefer eintauchen ...

Was für eine Beziehung haben die drei Personen zueinander? Dominiert eine Person die anderen? Welche mögen Sie am liebsten? Welche am wenigsten gern?

Die Mitwirkenden

Als ich meine Persönlichkeit aufspaltete, fand ich drei Gestalten: Jemanden, der sich ständig Sorgen macht, einen Spaßmacher und einen, der dauernd lächelt. So sieht ein typischer Dialog zwischen ihnen aus:

> Der Sorgenvolle: Wir wollen gehen. Sonst kommen wir noch zu spät.
> Der Spaßmacher: Spät, spät. Wir sind immer zu spät dran. Wen kümmert das?
> Der Lächelnde: Riecht ihr die Rosen? Regt euch nicht auf. Entspannt euch.
> Der Sorgenvolle: Ihr verschwendet eure Zeit, statt zu arbeiten. Kommt doch endlich.
> Der Lächelnde: Was heißt schon Zeit verschwenden. Seid glücklich.
> Genießt den Augenblick.
> Der Spaßmacher: Zeit ist da, wo die Uhr ist.

Meine Persönlichkeit aufzuspalten half mir, verschiedene Aspekte meines Daseins zu entdecken und mich an ihnen zu erfreuen. Es half mir auch zu erkennen, welche Charakterzüge meines Lebens mich, wenn sie mich leiten, glücklich machen und welche unglücklich. Der Sorgenvolle ist der Quälgeist meines Lebens. Er möchte immer etwas anderes. Er ist nie zufrieden. Wenn er mich leitet, gibt es keinen Frieden. Der Lächelnde hingegen ist eine Freude. Obwohl er keine Wünsche hat, ist er dankbar und genießt jeden Augenblick. Der Spaßmacher erfreut mich, weil er immer mit meinem Realitätssinn spielt, um mich zum

Lachen zu bringen. Wenn er mich leitet, ist mein Leben chaotisch und unstrukturiert, aber voller Vergnügen. Von welchem Ihrer Charakterzüge möchten Sie geleitet werden? Zählen Sie einige positive und negative Merkmale auf.

Auslöser

- ❧ Spalten Sie den Charakter Ihrer Mutter oder Ihres Vaters in drei Teile. Zeichnen Sie die drei. Machen Sie einen Höhlentext, oder schreiben Sie ein kurzes Gedicht aus dem Blickwinkel der einzelnen Charakterzüge.
- ❧ Erfinden Sie eine Situation, in der Ihre drei Charakterzüge gemeinsam handeln müssen. Zum Beispiel: Sie sind mit einem Fahrstuhl steckengeblieben. Schreiben Sie zwischen den dreien einen Dialog.
- ❧ Gehen Sie in Ihrem Leben zu dem Augenblick zurück, in dem Sie eine wichtige Entscheidung zu treffen hatten. Lassen Sie Ihre drei Charakterzüge zu dieser Zeit zu Ihnen sprechen.
- ❧ Spalten Sie die Persönlichkeit einer prominenten Persönlichkeit, die des Präsidenten oder die eines Filmstars, in Charakterzüge auf.
- ❧ Spalten Sie die Persönlichkeit eines Tiers. (Katzen eignen sich besonders gut.) Zeichnen Sie die einzelnen Charakterzüge, und zeigen Sie, wie sie in bestimmten Situationen miteinander sprechen.

Gespaltene Geschichten

Bisher haben wir in diesem Kapitel gelernt, verschiedene Blickwinkel anzunehmen. Wir haben in der dritten Person geschrieben und gelernt, daß das Experimentieren mit verschiedenen Sichtweisen sowohl heilsames Vergnügen sein kann als auch große Visionen von der Welt hervorbringt. Jetzt ist es an der Zeit, dieses Wissen auf unsere Kerngeschichten anzuwenden. Suchen Sie sich eine Geschichte aus Ihrem Schreibheft aus. Eine Geschichte, die zu erzählen Ihnen Spaß machen wird.

Blickwinkel aufzeichnen

Schauen Sie sich die Geschichten in Ihrem Schreibheft noch einmal an. Wählen Sie eine aus, an der Sie gern weiterarbeiten möchten. Nehmen sie eine, die einen emotionalen Konflikt in sich trägt, eine Geschichte, die noch nicht gelöst ist. Wenn Sie keine Geschichte dieser Art finden, nehmen Sie am besten einen Traum, den Sie erst vor kurzem gehabt haben. Zeichnen Sie ein Netz aller Blickwinkel, wie ich es auf der gegenüberliegenden Seite gemacht habe. Ein Blickwinkel kann von einer Person, von einem Baum, Wind, einer Parkuhr oder von irgendetwas anderem in Ihrer Geschichte stammen. Vielleicht möchten Sie anstatt des Netzes die Blickwinkel auch einfach nur aufzählen.

Schreiben Sie zwanzig Minuten aus einem ungewöhnlichen Blickwinkel.

Noch tiefer eintauchen ...

Was erfuhren Sie durch den neuen Blickwinkel? Wie veränderte dieses neue Wissen Ihre ursprüngliche Wahrnehmung von der Geschichte? Gibt es einen anderen Blickwinkel, über den Sie schreiben möchten?

Mrs. Carberrys Blickwinkel

Ich hatte mich für den Blickwinkel von Mrs. Carberry entschieden. Sie war die Vorschullehrerin aus dem zweiten Kapitel, die mich an den Armen gespackt und geschüttelt hatte. Ich fragte mich, was sie gedacht haben könnte, und das kam dabei heraus:

> Was ist nur los mit dem Kind? Warum weiß es die Antwort nicht? Bin ich eine schlechte Lehrerin? Nein, es ist selbst schuld. Schaut es nur an. Es paßt nicht genug auf. Und es war ein oder zwei Wochen nicht da. Es hat wahrscheinlich seiner Mutter erzählt, daß ich ein alter Drachen bin. Es weiß doch die Antwort. Ich krieg sie schon heraus. Ich werde sie aus ihm herausschütteln. Das werde ich tun. Es wird nicht erzählen, daß ich eine schlechte Lehrerin sei. Es ist nicht mein Fehler, wenn er nicht aufpaßt. Ich werde es ihm schon zeigen. Kleine Kröte.

Indem ich das Ganze aus der Sichtweise von Mrs. Carberry betrachtete, erfuhr ich, daß sie eben kein niederträchtiges Weib war. Vielmehr ist sie ein Opfer unseres Erziehungsystems, das Korrektheit durch Unterdrückung durchzusetzen versucht. Sie schüttelte mich, um einen Sinn für ihre Unzulänglichkeit als Lehrerin und ihre Hoffnungslosigkeit zu finden. Das heißt nicht, daß das, was sie mir angetan hat, entschuldigt ist. Aber es fiel mir leichter, ihr zu vergeben, nachdem ich ihren Blickwinkel kennengelernt hatte. Und als Mensch kann ich erst weiterkommen, wenn ich ihr vergeben habe.

Ich habe viel Zeit damit verbracht, durch das Land zu fahren und Lehrern zu helfen, Schreiben in einer Weise zu unterrichten, die die Individualität der Studenten berücksichtigt. Viele Lehrer haben gelernt, die dominierende Autorität im Klassenzimmer aufzugeben und in ihren Kursen die Schüler dazu zu ermutigen, daß sie indiviuelle Möglichkeiten ausprobieren und sich individuell ausdrücken. Meine Aufgabe dabei ist es, diese Lehrer mit Ideen und Techniken zu versorgen und auszubilden.

Immer wenn ich unterwegs bin, denke ich an Mrs. Carberry und wie sie mich schüttelte, damit ich die richtige Antwort gebe. Und jetzt, nachdem ich die Übung oben gemacht hatte, konnte ich den Lehrern erzählen, daß meine Angst vor Mrs. Carberry in Wirklichkeit eine Angst war, die sich auf sie von ihren Lehrern übertragen hatte. Niemals hatte sie eine richtige Antwort bekommen, und das ist der Grund, warum sie mich schüttelte. Ich habe das erst durch Denken und Schreiben aus meiner und aus ihrer Sicht gelernt; auch dadurch daß ich dieses Buch geschrieben habe. Ich weiß nun etwas, was Mrs. Carberry nicht wußte: Es gibt keine richtige Antwort, nur immer mehr Fragen, die wir sanft aus uns heraus schütteln können.

Auslöser

- ❧ Nehmen Sie den Blickwinkel eines unbelebten Gegenstandes ein wie den von einem Tisch, Stuhl oder Hut, und erzählen Sie dieselbe Geschichte von neuem.
- ❧ Spalten Sie Ihre Persönlichkeit in drei Teile in der Weise auf, wie wir es schon gemacht haben. Geben Sie Ihren drei Figuren Namen, die mit Ihrer momentanen Realität zusammenhängen. Benutzen Sie Namen wie Herz, Gedanke, Gefühl. Schreiben Sie einen Dialog zwischen den drei Figuren, der in derselben Zeit wie Ihre Geschichte stattfindet.
- ❧ Kehren Sie in Ihre Kindheit zurück, und erzählen Sie dem Kind in sich eine Geschichte. Wenn sie sich entfaltet, erklären Sie dem Kind genau, was mit Ihrer Erwachsenenstim-

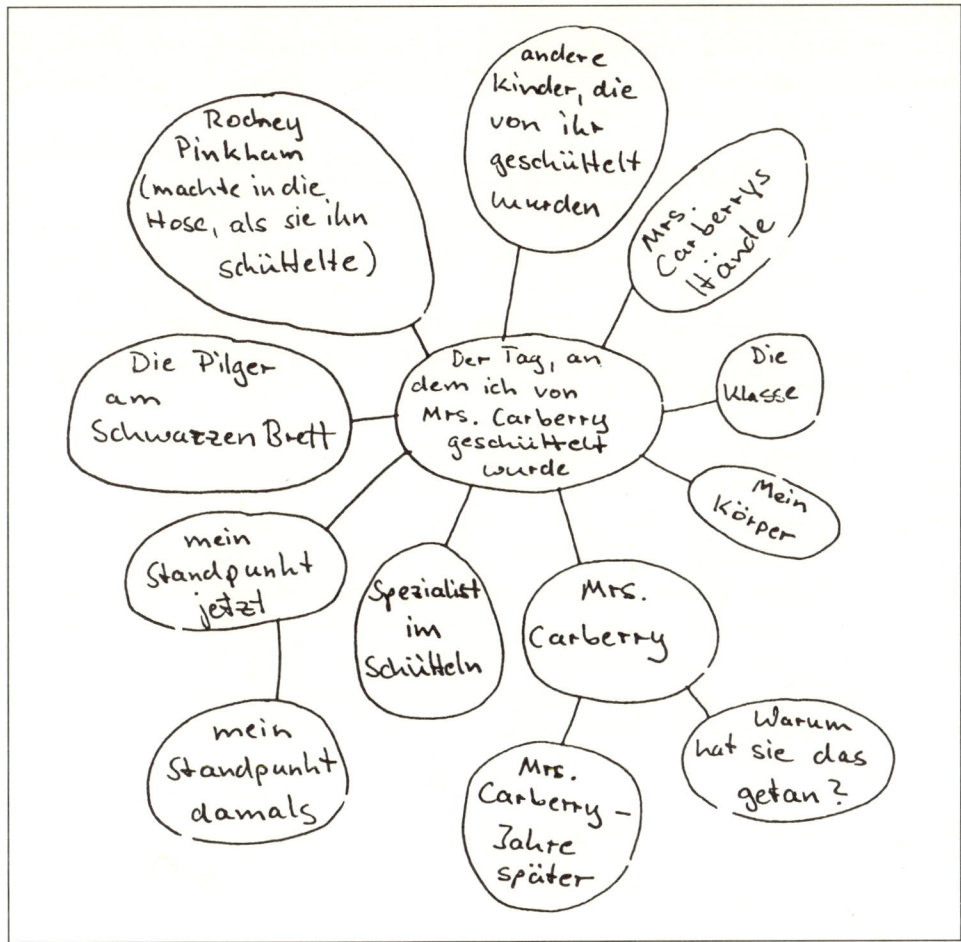

me passiert. Trösten Sie Ihr Kind in Ihrem Text: Erzählen Sie ihm, wie sehr Sie es lieben. Erklären Sie die Situation, und machen Sie Ihrem Kind klar, daß es mit der Zeit alles besser verstehen wird, daß es aber ein Recht hat, in dieser Weise zu fühlen.

☞ Kaufen oder backen Sie einen Kuchen. Schneiden Sie den Kuchen in so viele Stücke, wie Sie Sichtweisen haben möchten. Geben Sie den Stücken Bezeichnungen, die Sie mit selbstklebenden Zetteln am Kuchen festmachen. Nehmen Sie die Stücke mit den Blickwinkeln heraus, über die Sie schreiben möchten. Schreiben Sie zehn Minuten. Dann essen Sie den Kuchen. Wiederholen Sie die Übung, bis der ganze Kuchen gegessen ist. (Nebenbemerkung: Diese Übung ist bekömmlicher, wenn man sie mit mehreren Personen gemeinsam macht.)

☞ Photographieren Sie einen Gegenstand oder einen Menschen mehrmals. Schauen Sie sich an, wie jedes Photo einen Aspekt der Persönlichkeit des Themas festhält. Wählen Sie drei Photos aus, und verleihen Sie den Photos Stimmen.

☞ Schreiben Sie aus dem Blickwinkel eines Menschen, den Sie idealisieren. Lassen Sie diese Person eine persönliche Schwäche erklären.

Wieder ins Bild setzen

Jetzt, nachdem wir mit verschiedenen Blickwinkeln gespielt und uns in neue Sichtweisen hineinversetzt haben, sind wir fähig, noch einmal in alte Erinnerungen einzusteigen. Wir werden diese Erinnerungen in unseren Köpfen mit dem neuen Wissen verbinden, das das Spiel mit verschiedenen Blickwinkeln uns vermittelt hat. Nur so erhalten wir die Kraft, uns unser Leben und die Welt, in der wir leben, neu vorzustellen.

Im nächsten Teil beginnen wir aufzuzeichnen, wie sich Geschichten beim Wiedererzählen wandeln. In Kapitel 7 lernen wir, diese Geschichten mit neuen Stimmen und Ideen zu beleben. Im Schlußkapitel schaffen wir eine neue Vorstellung von uns und der Welt. Machen Sie nun eine Pause, und schauen Sie all Ihre Texte noch einmal durch. Erfreuen Sie sich an den verschiedenen Aspekten Ihrer Persönlichkeit, die an unterschiedlichen Orten aufscheint. Es gibt auf diesem Planeten niemanden, der so ist wie Sie. Wenn Sie eine Pause machen wollen, können Sie auch folgende Übung probieren.

Die maskierte Wirklichkeit

Laden Sie einen Freund ein, und leihen oder kaufen Sie sich ein Buch, in dem erklärt wird, wie man Masken herstellt. Stellen Sie Gipsmasken von Ihren Gesichtern her. Bemalen und dekorieren Sie die fertigen Masken mit allen möglichen und unmöglichen Dingen. Denken Sie nicht zuviel nach, tun Sie es einfach. Wenn Sie fertig sind, legen Sie die Masken auf den Boden, und betrachten Sie sie. Sprechen Sie über die Masken und was sie bedeuten. Lassen Sie Ihre Masken sprechen. Setzen Sie sie auf, und werden Sie für ein oder zwei Minuten wie sie. Versuchen Sie, den Atem der Maske zu spüren. Versenken Sie sich ganz in die Maske. Sprechen Sie mit ihrer Stimme. Schreiben Sie aus derselben Stimme zehn Minuten lang. Zahllose Blickwinkel warten in Ihnen darauf, beschrieben zu werden. Vergessen Sie nicht, daß Sie einzigartig sind, und lernen Sie das zu schätzen. Hängen Sie Ihre Maske an die Wand in die Nähe Ihres Schreibtischs.

Teil III

Anwenden

*Worte sind Luft. Aber die Luft wird
zum Wind, und der Wind macht die Schiffe segeln.*

ARTHUR KOESTLER

Kapitel 6

Wiederverwertete Geschichten: Der Tanz der Wörter und Bedeutungen

> *Ich erzähle dir etwas über Geschichten (sagte er).*
> *Sie sind nicht nur Unterhaltung, täusch dich nicht.*
> *Sie sind alles, was wir haben, weißt du,*
> *alles was wir haben, um gegen Krankheit und Tod zu kämpfen.*
>
> LESLIE SILKO

In den letzten zwei Kapiteln haben Sie gelernt, neue Muster und Wahrheiten in Ihren Geschichten zu suchen und darzustellen. Im Schlußteil des Buches werden wir die Kerngeschichten neu erzählen, die zu verschiedenen Zeitpunkten unseres Lebens immer wieder auftauchen, und diese Erfahrungen mit anderen Augen neu erleben.

In diesem Kapitel suchen wir nun Möglichkeiten, um den Weg, den eine Geschichte durch die Zeit zurücklegt, aufzuzeichnen. Ich habe das *zyklische Geschichte* genannt, um deutlich zu machen, daß manche Geschichten immer wieder auftauchen. Eine zyklische Geschichte zu verstehen, hilft uns, langsam Distanz zu unseren Kerngeschichten zu gewinnen. Diese Distanz schließlich gibt uns die Kraft, daß wir uns ein neues Bild von uns selbst und von der Welt, in der wir leben, machen können. Darauf konzentrieren wir uns in Kapitel 7 und 8.

Die Stimme einer Geschichte

> *Ein Künstler muß schweigen, wenn sein Werk zu sprechen*
> *beginnt.* FRIEDRICH NIETZSCHE

Jede Geschichte hat eine Stimme, mit der sie zu ihrem Erzähler spricht, wenn sie erzählt wird. Den Tonfall dieser Stimme zu hören und zu untersuchen, kann uns helfen, die Wahrheit über diese Geschichte herauszufinden.

Überlegen Sie eine Geschichte, die Sie zu verschiedenen Zeitpunkten Ihres Lebens erzählt haben. Sie kann aus Ihrer Kindheit, aber auch aus Ihrem Erwachsenendasein stammen. Es soll eine Geschichte sein, die Sie viele Male erzählt haben. Nun stellen Sie sich vor, daß die Geschichte ein Mensch ist, der Ihnen wertvolle Informationen mitzuteilen hat. Was erzählte er Ihnen damals, als sich die Geschichte ereignete? Was erzählt er Ihnen jetzt? Verleihen Sie Ihrer Geschichte eine Stimme, und lassen Sie sie zu Ihnen sprechen. Schreiben Sie spontan zehn Minuten die Antwort auf beide Fragen.

Noch tiefer eintauchen ...
Wie hat die Stimme die Geschichte verändert? In welcher Weise ist sie dieselbe geblieben? Was hat den Wandel vor allem beeinflußt?

Pinkys Geschichte
Nehmen wir an, daß alle Geschichten ein Versuch sind, die Wahrheit zu erzählen. Überprüfen wir dann, wie wir Geschichten zu verschiedenen Zeiten unseres Lebens immer anderen Zuhörern erzählt haben, so erhalten wir ein Porträt davon, wie wir Wahrheit wahrnehmen.

Sarah fand dies durch die Geschichte von Pinky heraus, eine ihrer frühesten Kindheitserinnerungen. Sie war zu der Zeit zwei Jahre alt, und ihr liebstes Spielzeug war ein Teddybär, der Pinky hieß. Die Familie lebte in einer Wohnung in New York City. Sarahs Mutter war in dieser Zeit sehr im Streß. Eines Abends war sie wütend darüber, daß Sarah nicht ihr Zimmer aufgeräumt hatte. Um sie dazu zu bringen, drohte sie, Pinky den Müllschacht im Treppenhaus hinunterzuwerfen. Sarah war von dieser Vorstellung so erschrocken, daß sie diese Geschichte ihr ganzes Leben lang ihren Freunden erzählen mußte.

Als sie ergründete, wie sie sich die Geschichte damals selbst erzählt haben könnte, klang die Stimme so: »Du bist ein unordentliches Kind. Unordnung kann für deine Spielsachen gefährlich sein. Hör auf, unordentlich zu sein. Hör auf, du selbst zu sein.«

Jahre später konnte Sarah oft lachen, wenn sie die Geschichte Freunden erzählte. Als sie die Stimme der späteren Geschichte aufschrieb, klang sie so: »Deine Kindheit war die Hölle. Wie hilflos warst du als kleines Mädchen. Du warst so allein mit den Sorgen der Frau. Darüber solltest du ärgerlich sein. Warum findest du das jetzt lustig?«

Jede Stimme erzählte Sarah etwas über die Geschichte und über Sarah selbst. In ihrer frühen Geschichte machte sie sich selbst verantwortlich. Die spätere Version zeigte die Rolle der Mutter deutlicher. Der Stimme einer Geschichte zu verschiedenen Zeitpunkten in unserem Leben zuzuhören, befreit uns von alten Vorstellungen. Wir erleben darüber hinaus, was die Geschichte meint, und verstehen selbst besser, wer wir sind.

In der nächsten Übung probieren wir aus, wie die Kenntnis der Zuhörer uns helfen kann, näher an die Bedeutung unserer Kerngeschichten zu gelangen.

Auslöser
- ∽ Erzählen Sie die Geschichten über Ihre Mutter oder Ihren Vater noch einmal. Verändern Sie sie ein wenig, um hervorzuheben, was Sie in ihnen hören.
- ∽ Erzählen Sie Geschichten über sich, die Ihnen von Ihren Eltern, Verwandten oder Freunden berichtet wurden, noch einmal.
- ∽ Erzählen Sie sich noch einmal die Geschichte Ihres Lebens. Beginnen Sie in der Gegenwart, und gehen Sie rückwärts in die Vergangenheit.
- ∽ Beginnen Sie mit dem Aufmacher: »Ich wußte bis jetzt nicht die wirkliche Geschichte von ...«

Die Macht der Zuhörer

Wie wir in der letzten Übung gesehen haben, ist oft die Wirkung unserer Geschichte auch von demjenigen abhängig, dem wir die Geschichte erzählen. In dieser Übung erkunden wir den Einfluß des Publikums auf unsere Geschichten, und wie sie sich beim Erzählen verändern.

Stellen Sie ein Verzeichnis aller Menschen auf, denen Sie eine für Sie wichtige Geschichte erzählt haben, sowie das ungefähre Jahr, in dem es gewesen ist.

Nun wählen Sie zwei Personen aus. Versuchen Sie, sich zu erinnern, wann Sie die Geschichte erzählt haben und wie Sie sich hinterher gefühlt haben. Dann stellen Sie sich vor, daß die beiden anwesend sind. Erzählen Sie den beiden nacheinander die Geschichte noch einmal. Wenn Sie fertig sind, schreiben Sie auf, was Sie gefühlt haben.

Noch tiefer eintauchen ...
Was veränderte sich an der Geschichte bei verschiedenen Zuhörern? Welcher Zuhörer machte es Ihnen leichter? Wer half Ihnen, die eigentliche Geschichte zu verstehen?

Pinkys Rache
»So etwas zu sagen, war sadistisch«, sagte der Psychologe von Sarah, als sie 38 Jahre alt und wegen Depressionen in Behandlung war.

Das war der Moment, in dem die zyklische Geschichte von Pinky beendet war. Sarah weinte, als sie in der sonnigen Praxis saß. Der Psychologe hatte recht. So etwas zu sagen, war sadistisch. Aber niemand hatte ihr das in den ganzen Jahren, in denen sie die Geschichte erzählte, gesagt. Das Verhalten ihrer Mutter wurde als irrational oder sogar verrückt bezeichnet. Sie schien einen schlechten Charakter zu haben. Aber niemand erkannte die sadistische Art einer dreißigjährigen Frau, die damit droht, den Teddybär einer Zweijährigen kaputt zu machen – die ganze Zeit nicht bis zu diesem Moment. Die Worte des Psychologen halfen Sarah, nachdem sie jahrelang die Geschichte wieder und wieder erzählt hatte, loszulassen. »Ich muß die Geschichte von Pinky nicht mehr erzählen«, sagte mir Sarah in einem Gespräch.

Der richtige Zuhörer kann der beste Katalysator sein, um eine zyklische Geschichte zu beenden.

Auslöser
- ↪ Erzählen Sie dieselbe Geschichte zwei Freunden. Achten Sie genau auf Ihre Gefühle beim Erzählen der Geschichte. Schreiben Sie zehn Minuten über den Unterschied, den Sie beim Erzählen spürten. Beantworten Sie sich die Frage, welcher Freund Sie der Wahrheit der Geschichte näher brachte.
- ↪ Stellen Sie sich vor, daß Sie Gastgeber einer Radio-Talk-Show sind, die in der ganzen Welt gesendet wird. Nehmen Sie die Show mit Ihrem Kassettenrekorder auf. Warten Sie einige Tage, bis Sie sich das Band anhören. Dann schreiben Sie sich Fanpost, in der Sie darstellen, wie sehr Sie sich mit der Show identifizieren. Lassen Sie auch Ihre Kenntnisse über die Figur des Show-Masters mit einfließen.
- ↪ Erzählen Sie eine Geschichte aus Ihrem Erwachsenendasein in einer Weise, daß ein kleines Kind sie verstehen kann.

◌ Erzählen Sie eine Geschichte über etwas, das Ihnen als Erwachsener passiert ist. Aber schreiben Sie es als Brief an das Kind in Ihnen. Beginnen Sie mit »Mein liebes Kind, …«

◌ Geben Sie vor, ein Historiker im Jahre 2310 zu sein. Sie stellen einen Aufsatz vor, in dem Sie das Leben eines normalen Menschen im späten 20. Jahrhundert beschreiben. Schreiben Sie über Ihr Leben, und führen Sie einige ausgewählte Momente daraus als Beispiele an.

Das Geschichtenrad

Wie würde es aussehen, wenn wir die Arbeit mit wiederverwendeten Geschichten graphisch darstellen könnten? Ich habe ein eigenes Modell entwickelt, um diesen dynamischen Prozeß illustrieren zu können. Ich habe es *Geschichtenrad* genannt. Es ist ein Werkzeug, um Fragen über Geschichten zu erzeugen, die man über längere Zeit immer wieder erzählt.

Machen Sie vergrößerte Photokopien von dem unausgefüllten Diagramm auf Seite 112 oder pausen Sie es einfach in Ihr Schreibheft durch. Gehen Sie wie unten beschrieben vor, und füllen Sie die Lücken. Was passiert?

1. Die drei Kreissegmente ordnen Sie drei unterschiedlichen Zeitpunkten zu, an denen Sie Ihre Geschichte verschiedenen Zuhörern erzählt haben. Sie können auch drei verschiedene Geschichten zum gleichen Thema nehmen.
2. Schreiben Sie die Stimme jeder Version der Geschichte in die innere Kreisbahn.
3. Welche Gefühle entstehen in Ihnen, wenn Sie die Stimme der Geschichten hören? Schreiben Sie die Gefühle von damals auf die linke und die Gefühle, die Sie jetzt haben, auf die rechte Seite.
4. Vertiefen Sie sich in das, was Sie in das Geschichtenrad geschrieben haben, und stellen Sie sich vor, daß sich das Rad schnell zu drehen beginnt. Während das Rad herumwirbelt, wird jedes Kreissegment Fragen ausspinnen; es sind Fragen, die normalerweise im Innern gefangen bleiben. Schreiben Sie diese Fragen in die äußere Kreisbahn oder neben das Diagramm.
5. Wählen Sie die spannendste Frage aus, und schreiben Sie spontan zehn Minuten.

Noch tiefer eintauchen …
Wie unterscheiden sich die Fragen zu den einzelnen Versionen der Geschichten? Gab es in Ihrem Geschichtenrad eine Überraschung? Wie veränderte sich die Stimme Ihrer Geschichte?

Warum hast Du mir das angetan?
Auf Seite 113 sehen Sie Sarahs Geschichtenrad. Sehen Sie, daß sich Sarah in den frühen Versionen ihrer Geschichte selbst verantwortlich macht und in den späteren ihre Mutter? Erst die Schlußgeschichte zeigt ihre Mutter und Sarah selbst im richtigen Verhältnis.

Aber wichtiger ist noch, daß ihre frühen Fragen von ihrer eigenen Unzulänglichkeit handelten, während sie mit den späteren das Verhalten ihrer Mutter und ihren eigenen Ärger darüber zu verstehen versuchte. Wenn sich das Geschichtenrad durch die Jahre dreht, kommen mehr und mehr Wahrheiten an das Licht. Wenn wir diese Wahrheiten untersuchen und hinterfragen, bekommen wir ein klareres Bild von dem, was wir heute sind.

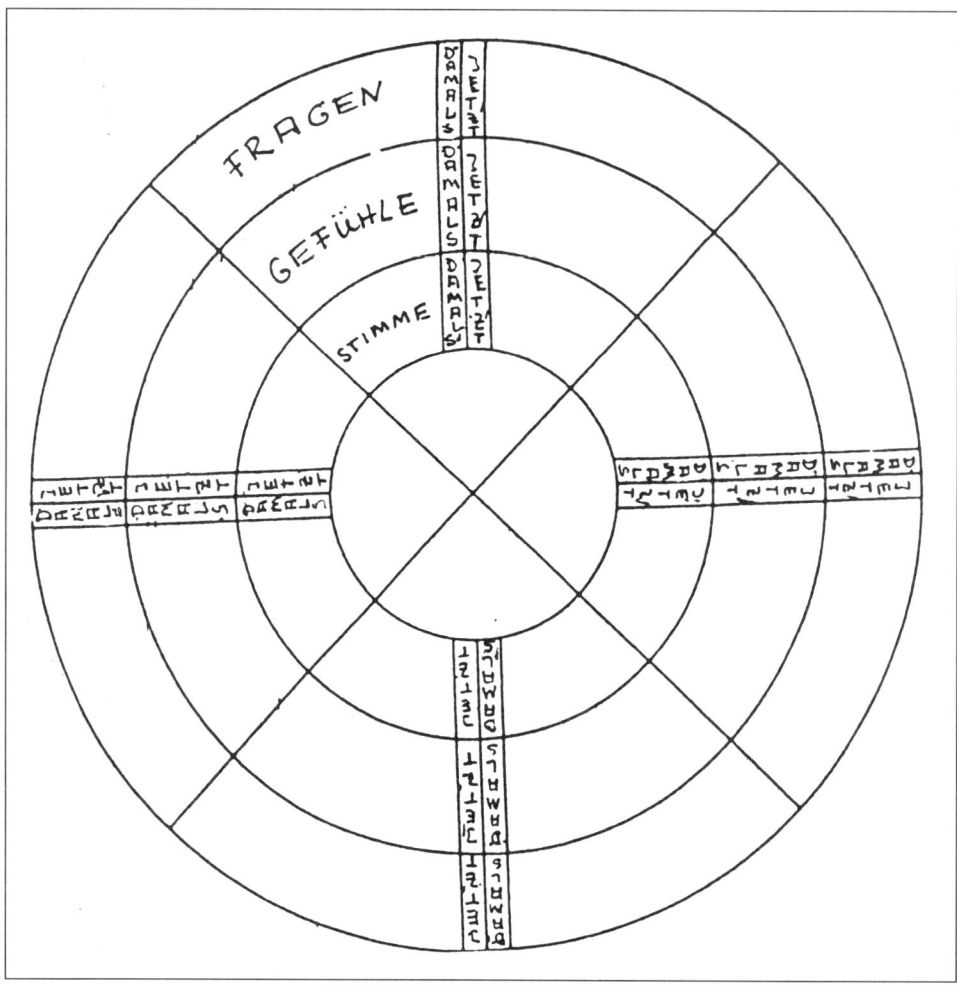

Die Wahrheit erscheint in Zyklen. Unlängst hörte ich Kevin Locke, einen Lakota-Sioux-Indianer, unterrichten. Er sprach über die großen Schwierigkeiten, die er hat, Schulkindern zu erklären, was ein Kreis ist. Er sagte, daß die Lakota-Indianer für die Europäer, die nach Amerika kamen, ein Wort benutzten, das übersetzt soviel bedeutet wie: »Menschen, die aus Dingen Vierecke machen«. Er sagte: »Wie kann ich ihnen erklären, was ein Kreis ist, wenn sie in viereckigen Zimmern leben? Wenn sie durstig sind, gehen sie in ihre viereckige Küche zu dem viereckigen Kühlschrank und nehmen den viereckigen Milchkarton heraus. Wenn ich aus dem Flugzeug schaue, sehe ich nur viereckige Felder.«

Da ist es kein Wunder, daß wir gewöhnt sind, linear zu denken. Und wir sind frustriert, wenn uns das Leben immer wieder denselben Denkzettel zu etwas verpaßt, von dem wir glaubten, es schon früher einmal gelernt zu haben. Wir werden entmutigt, weil wir nicht akzeptieren, daß das Leben in Zyklen verläuft. Aber wenn man einmal dieses Muster akzeptiert hat, fällt einem das Leben leichter. Wir erkennen plötzlich Verbindungen, wo wir früher Hemmnisse erlebt haben, und können mit den Geschichten in uns harmonisch zusammen-

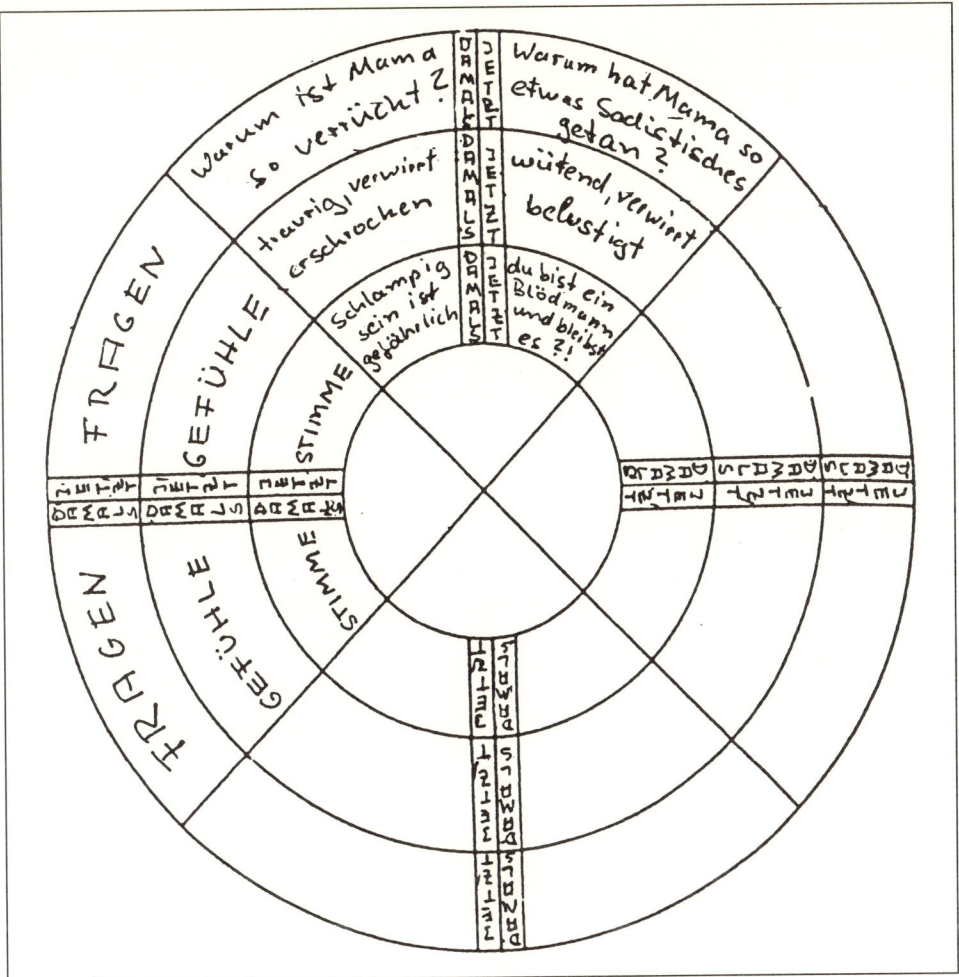

leben. Sie wachsen um uns wie große Bäume. Schauen Sie Ihr Geschichtenrad an. Drehen Sie es. Durch die Stimme und die Fragen Ihrer Geschichte wird Ihre Wahrheit durchschimmern und zu erkennen sein.

Auslöser
☞ Anstatt mit einer neuen Geschichte füllen Sie ein Geschichtenrad mit drei Kerngeschichten zum gleichen Thema. Finden Sie die Stimmen, die die Geschichten miteinander verbinden, und die Fragen, die daraus entstehen.
☞ Nehmen Sie einen roten und einen blauen Farbstift zur Hand. Schraffieren Sie die äußere Kreisbahn mit Rot. Diese Farbe steht für ungelöste Fragen. Lila steht für beantwortete Fragen: Übermalen Sie die roten Stellen, die für Sie kein Problem mehr darstellen, mit Blau, so daß Lila entsteht. Hängen Sie Ihr Geschichtenrad an eine Wand in der Nähe des Schreibtischs auf. Fixieren Sie es in der Mitte mit einem Nagel, und drehen Sie es, während Sie es anschauen, damit Sie noch mehr finden, über das Sie schreiben können.

☞ Machen Sie ein Geschichtenrad mit drei Familiengeschichten. Schreiben Sie über die Fragen, die Sie am meisten fesseln.

☞ Erfinden Sie Ihr eigenes Schema, um den Fortgang Ihrer Geschichten zu illustrieren. Zeigen Sie es einem Freund, oder schicken Sie es an den Verlag zu meinen Händen.

Familien-Kerngeschichten

Nachdem wir zu sehen begonnen haben, wie eine zyklische Geschichte funktioniert, können wir die Kerngeschichten unserer Familien betrachten und untersuchen, wie wir und andere sie erzählen.

Und so geht es los. Schreiben Sie *Familiengeschichten* in die Mitte eines Blatt Papiers. Machen Sie ein Wortnetz mit den Geschichten, die Ihnen Ihre Großeltern und Eltern erzählt haben. Eine wählen Sie aus, die Sie besonders fasziniert, und schreiben spontan darüber zehn Minuten lang. Lesen Sie die Geschichte noch einmal durch, und schreiben Sie fünf Fragen zu der Geschichte auf. Schreiben Sie über eine der Fragen weitere fünf Minuten.

Suchen Sie dann den Höhepunkt der Geschichte, und füllen Sie eine weitere Seite, indem Sie ihn schreibend erforschen.

Noch tiefer eintauchen …
Warum haben Sie diese Geschichte ausgewählt? Haben Sie etwas über die Geschichte durch die Beantwortung Ihrer Fragen gelernt? Welche Ähnlichkeiten gibt es zwischen den Geschichten? Was erzählen sie über ihren Erzähler?

Die Wiederverwertung von Familiengeschichten
Mein Vater hatte einen Hund, der Pal hieß. Er fütterte ihn mit den Eiskremresten von Breyers Eisfabrik. Der Hund war eine schmuddelige kleine Töle mit einem aufgestellten und einem hängenden Ohr. Wie mein Vater lebte der Hund auf den Straßen von Brooklyn, und sie schlossen sich gegenseitig sofort ins Herz. Die Stimme meines Vaters wurde immer sehr gefühlvoll, wenn er über Pal sprach. »Wir waren wie Brüder« sagte er, »Überall, wo ich hinging, ist er mitgegangen. Dann lief er eines Tages weg. Oder irgendjemand hat ihn mitgenommen. Ich weiß es nicht. Ich habe nur mitgekriegt, daß er weg war. Tage habe ich damit verbracht, ihn zu suchen, bin die Straßen und Gassen von Brooklyn rauf- und runtergelaufen. Aber ich hatte kein Glück. Monate vergingen, und ich hatte alle Hoffnung aufgegeben, ihn zu finden. Eines Tages spielte ich gerade mit meinen Freunden in einer Straße so eine Art Hockey. Wer tauchte plötzlich auf? Pal. Er war abgemagert und sah krank aus. Er humpelte auf drei Beinen, und aus seiner Schnauze tropfte Schaum, hing wie ein Bart herunter. Das sieht man an Hunden, die Tollwut, Staupe oder eine andere böse Krankheit haben. Aber woher sollte ich das wissen? Ich war ein Kind. Er war mein Hund. Mein Bruder. Er kam auf mich zu, und sein räudiger Schwanz wedelte. Er legte sich vor mich auf den Bürgersteig hin, damit ich seinen Bauch streichelte. Als ich den Ball die Straße hinunter schmiß und er sich nicht bewegte, als ich sagte: «Komm Junge. Bring ihn« wußte ich, daß er wirklich krank war.

Pal überlebte den nächsten Tag nicht. Und ich dachte, daß seine Geschichte mit seinem Tod auch zu Ende sein würde. Zumindest dachte ich das bis zu dem Augenblick, an dem ich mich hinsetzte, um zu schreiben. Denn als ich über Pal schrieb, erinnerte ich mich an meinen ersten Hund Snoopy. Snoopy war ein Welpe von nicht einmal einem Jahr, als er für drei Tage davonlief. Ich war wie vernichtet. Ich liebte diesen Hund, wie nur ein Zwölfjähriger einen Hund lieben kann. Ich konnte nicht schlafen und weigerte mich am ersten Tag zu essen. Ich erinnere mich, daß mein Vater gesagt hat, er würde zurückkommen. Er war davon überzeugt. Mein Vater arbeitete die ganze Woche bis spät in die Nacht, und wenn er heimkam, war das erste, was er fragte: »Ist Snoopy wieder da?«

Am dritten Tag, kurz vor Einbruch der Dunkelheit, kehrte Snoopy mit wedelndem Schwanz und dem zügellosen Stolz eines ungebundenen Hundes zurück. Er war froh, wieder da zu sein, und ich war sehr froh, ihn zu sehen, aber mein Vater kam wieder erst sehr, sehr spät nach Hause. Als er Snoopy sah, hörte ich ihn »Gottseidank« sagen.

»Wo warst du?« fragte ihn meine Mutter. Sie hatte in der Arbeit angerufen und herausgefunden, daß er ganz normal von dort weggegangen war. Er sagte uns, daß er die ganze Woche nach dem Hund gesucht hatte, von Stadt zu Stadt gefahren war, Höfe und Parkplätze durchsucht hatte. Jede Nacht hatte er einen anderen Platz für seine Suche ausgewählt. Er fühlte, daß Snoopy lebte, aber er war sich nicht sicher, ob er ihn jemals finden würde. Ich erinnere mich, wie glücklich ich war, daß Snoopy wieder da war. Ich erinnere mich auch, wie sehr ich meinen Vater liebte, daß er so viel getan hatte, um Snoopy für mich zu finden. Aber während ich das jetzt schreibe, weiß ich, daß mein Vater noch eine andere Mission neben derjenigen erfüllte, den Kummer seines zwölfjährigen Sohnes zu stillen. Er durchlitt seine eigene Geschichte ein zweites Mal und war fest entschlossen, diesmal einen anderen Ausgang zu erleben.

Snoopy war nicht richtig krank. Aber der wilde Blick in seinen Augen, den Hunde bekommen, wenn sie eigene Geschichten zu erzählen haben, zeigte, daß er tagelang nichts gefressen hatte. Der Hund lebte noch viele Jahre, nachdem ich von zu Hause ausgezogen war, weiter und wurde der beste Freund meines Vaters – immer an seiner Seite, ständiger Nutznießer der Reste des Abendessens meines Vaters.

Und während ich das schreibe, sehe ich meinen Vater durch die nächste Welt spazieren, sehe die zwei Hunde anhänglich hinter ihm und sehe, wie sie an seinen Fußstapfen schnüffeln.

Auslöser

↬ Drehen Sie ein Geschichtenrad, in dem drei Familienerinnerungen stecken. Versuchen Sie, die wichtigste Frage zu beantworten, die dabei herausfliegt.

↬ Erzählen Sie eine Familiengeschichte aus zwei Blickwinkeln.

↬ Machen Sie einen Höhlentext über den großen Augenblick in einer Familiengeschichte. Arbeiten Sie verschiedene Fragen mit ein, damit Sie zum Herz der Geschichte gelangen.

↬ Interviewen Sie den ältesten noch lebenden Verwandten. Nehmen Sie die Geschichten auf Band auf. Malen Sie ein Bild über eine, um den Kern der Geschichte zu finden.

↬ Wählen Sie ein Thema wie »Verlieren« oder »Weglaufen«. Fragen Sie Ihre Mutter oder Ihren Vater nach Geschichten zu diesem Thema. Schreiben Sie deren Geschichten auf, und dann schreiben Sie eigene. Vergleichen Sie die Geschichten, oder machen Sie ein Geschichtenrad.

Die alten Sachen: Kerngeschichten aus der Vergangenheit

Familiengeschichten studieren kann uns helfen, die Zusammenhänge zwischen den Generationen zu erkennen. Alte Geschichten werden über viele Generationen wiedererzählt. Sie zeigen uns etwas von unserer Kultur und lassen uns sehen, woher wir kommen. Diese Übung soll Ihnen bewußt machen, wieviel Kraft in den »alten Dingen« steckt. Erzählen Sie eine Geschichte, die Sie aus Ihrer Kindheit kennen, ein Märchen oder eine Geschichte aus der Bibel. Erzählen Sie die Geschichte mit möglichst vielen Einzelheiten.

Nehmen Sie den Höhepunkt der Geschichte, und machen Sie einen Höhlentext. Abgebildet ist mein Höhlentext über die Geschichte von Abrahams Opfer aus dem Alten Testament. Als Kind war ich von dieser Geschichte entsetzt, und mein Höhlentext drückt das Entsetzen über die Grausamkeit von Gott aus, diesen Befehl Abraham zu erteilen. Auch Ihr Höhlentext soll Ihre Kindheitsgefühle zu der Geschichte wiederspiegeln.

Noch tiefer eintauchen ...
Warum haben Sie diese Geschichte ausgewählt? In welcher Weise sehen Sie die Geschichte jetzt anders?

Alte Geschichten aufarbeiten
Daß Gott Abraham auffordert, seinen einzigen Sohn zu opfern, erschien mir nur schrecklich. Ich erinnere mich, wie mir meine Mutter die Geschichte erzählte. Sie las sie aus einer Bibel für junge Menschen vor, die mit bunten Zeichnungen illustriert war. Isaak war an den Felsen gefesselt, und Abraham war gerade dabei, Isaaks Kehle mit einem Messer aufzuschlitzen.

Ich konnte die Verschonung von Isaak kaum als Gnadenakt Gottes sehen. Jahre später erst, als ich Ethnologie studierte, las ich, das Menschenopfer zu dieser Zeit üblich waren. In diesem Licht gesehen, war die Verschonung von Isaak die Botschaft eines neuen Gottes, der neue Verhaltensregeln vorschrieb. Für mich handelte die Geschichte jetzt mehr von der Liebe Gottes als vom Gehorsam Abrahams.

Geschichten wandeln sich durch das Erzählen. Sie werden einfacher, haben dafür mehr Kraft und lassen sich nicht mehr vollständig richtig interpretieren. Aber wir lernen über uns etwas, wenn wir die möglichen Interpretationen untersuchen.

Auslöser
- ↪ Lokalisieren Sie den Kern einer alten Geschichte. Erforschen Sie ihn auf einem Blatt Papier oder mit einem Höhlentext.
- ↪ Erzählen Sie eine alte Geschichte aus einem anderen Blickwinkel.
- ↪ Erzählen Sie Ihren Kindern eine alte Geschichte.
- ↪ Erzählen Sie eine alte Geschichte in der Form eines kurzen Gedichts. Jedes Wort zählt dabei. (Daher ist es immer gut, sich auf den Kern der Geschichte zu konzentrieren.)
- ↪ Zeichnen Sie eine alte Geschichte als Bild. Steigen Sie in die Geschichte mit Ihrem bildhaften Vorstellungsvermögen ein. Konzentrieren Sie sich auf die Sache, die Sie am meisten fasziniert.
- ↪ Suchen Sie eine allgemein bekannte Geschichte, und erzählen Sie dieselbe Geschichte einem Kind zehn Mal. Verbessern Sie sie bei jedem Durchgang.

- ∽ Zeichnen Sie ein Bild von zwei Gefühlen, die einander widersprechen. Dann versuchen Sie, ein Gedicht über das Bild zu schreiben.
- ∽ Schreiben Sie ein Märchen mit drei verschiedenen Schlüssen. Lassen Sie Ihre Kinder entscheiden, welcher der beste ist.
- ∽ Zeichnen Sie einen Baum, der sich in einen Menschen verwandelt, einen Menschen, der sich in ein Tier verwandelt, oder ein Tier, das sich in eine Wolke verwandelt. Genießen Sie den Moment, in dem die Verwandlung beim Zeichnen vor sich geht.
- ∽ Laden Sie einige gute Freunde zu sich nach Hause zu einer besonderen Erzählrunde ein. Erzählen Sie sich alte Geschichten, und sprechen Sie darüber, was sie Ihnen bedeuten.

Zyklische Träume

Naturvölker halten ihre Träume oft für Botschaften aus der jenseitigen Welt. Genauso wie zyklische Geschichten bringen Träume immer wieder auf ganz unterschiedliche Art Botschaften und helfen den Träumern, ihr Leben zu verstehen und damit zurechtzukommen. Der erste Schritt in diesem Prozeß der Selbstentdeckung ist die Interpretation des Gefühlsinhalts unserer Träume.

Ich hatte verschiedene Träume über meinen Vater, seit er gestorben ist. Jeder Traum schien mir etwas zeigen zu wollen, das tief in mir steckt. Ich erzähle sie hier noch einmal und versuche, sie zu interpretieren. Den ersten Traum habe ich schon in Kapitel 3 erzählt, aber ich wiederhole ihn hier noch einmal, damit Sie ihn im Zusammenhang mit den anderen lesen können.

Ich stehe auf dem Treppenabsatz des Hauses in der Highland Street, dem ersten Haus, in dem ich überhaupt gelebt habe. Mein Vater ist wieder ein junger Mann, und ich bin glücklich, ihn wiederzusehen. Er trägt ein ärmelloses Unterhemd und ist frisch rasiert. Ich drücke ihn an mich und fühle die Tränen in meinen Augen. »Papa, Papa« rufe ich. Plötzlich erinnere ich mich, daß er tot ist. Ich teile ihm diesen Gedanken mit: »Du bist tot, oder nicht?« Er nickt traurig, betrachtet den Fußboden aus Holz. Ich wache auf.

Der Traum beruhigte mich. Mein Vater erschien als junger Mann, der junge Vater, von dem ich als Kind abhängig war, nicht der alte Mann, von dem ich unabhängig war. Ich bin glücklich, ihn zu sehen, und obwohl ich sogar realisiere, daß er tot ist, steht dieser Tatsache entgegen, daß er im Traum erscheint. Als ich aufwachte, wußte ich: Mein Vater ist immer noch ein wichtiger Teil von mir, obwohl er fort ist.

In meinem zweiten Traum wohnte mein Vater in einem 4-Sterne-Hotel in Honolulu. Er traf mich im Foyer und erzählte mir, wie wunderschön sein Zimmer sei. Er wollte es mit mir teilen, wie ein kleines Kind etwas teilen will. Als er begann, eine Wendeltreppe nach oben zu steigen, merkte ich, daß ich ihm nicht folgen konnte.

Auch dieser Traum beruhigte mich, denn es ging meinem Vater anscheinend gut. Es war der ältere Vater, den ich aus einer gewissen Distanz liebte. Der Tod war keine so schreckliche Sache: tatsächlich war es wunderbar, nur daß er es nicht mit mir teilen konnte. Ich hatte zu warten.

Der nächste Traum handelte von meiner Empfindung von Ungerechtigkeit, als er starb. Ich holte unseren alten Wagen ab, dessen rostige Karosserie ich schon vor Jahren hergerichtet hatte. Aber die Frau am Empfang sagte, daß ich zu spät gekommen sei, daß das Auto jetzt ihnen gehöre, weil ich es nicht abgeholt hatte. Ich bin wütend und weiß nicht, was ich tun soll. Ich gehe hinaus zu meinem Vater, und er sagt, daß er die Sache erledigen will. Er nimmt mir das Papier aus der Hand und geht in das Gebäude. Als letztes sehe ich ihn am Schreibtisch mit dem Papier in seiner Hand.

Meine Träume erzählten mir die vielen Dinge, die ich beim Tod meines Vater nur fühlte. Auch zeigten sie mir den Weg, wie ich besser verstehen würde, wer ich bin. Wenn ich meinen Träumen zuhöre, hat mein Schmerz eine Stimme. Es kostet dann kaum Mühe, diese Stimme mit dem zu verbinden, was Elisabeth Kübler-Ross die Phasen der Trauer genannt hat.

Verleugnung: Du bist tot, oder nicht?
Wut: Warum bist du weggegangen?
Verhandeln: Die Frau kann nicht das Auto stehlen. Das ist nicht fair.
Akzeptanz: Du bist tot, oder nicht? Mein Vater, wie er zu Boden schaut.

Im nächsten Abschnitt dieses Kapitels untersuchen wir die Verbindungen zwischen wiederkehrenden Träumen und wiederverwendeten Geschichten.

Über die Brücke

In einem Traum wurde ich aufgefordert, ohne Auto über die General-Sullivan-Brücke zu kommen. Es war mir nicht erlaubt, auf der Straße zu gehen, sondern ich sollte über die gewölbten Stahlträger kriechen. Es war ein windiger Tag, und sechzig Meter unter mir floß eine der stärksten Strömungen der Welt. Die General-Sullivan-Brücke überspannt die Bucht zwischen Newington und Dover in New Hampshire, der Stadt, in der ich geboren wurde.

Seit ich ein Junge war, hatte ich diesen Traum immer wieder. Aber jedes Mal war er ein wenig anders. Manchmal balancierte ich auf Drahtseilen, manchmal auf hölzernen Balken, manchmal kroch ich auf Kletterpflanzen hinüber. Immer habe ich ein wichtiges Ziel, weiß aber nicht welches. Ich bin mir immer sicher, es nicht zu schaffen, weil ich bei dem Versuch ums Leben komme. Immer wache ich starr vor Schrecken in dem Moment auf, in dem ich nicht weiterkomme.

Hören Sie jetzt auf zu lesen, und machen Sie ein Liste aller beängstigenden Träume, die Sie in Ihrem Leben gehabt haben. Machen Sie über den schlimmsten Moment, den Sie in einem der Träume erlebt haben, schnell einen Höhlentext. Schreiben Sie dann spontan auf, was Sie denken, daß der Traum Ihnen sagen will.

Als nächstes schreiben Sie über einen beängstigenden Moment in Ihrem Leben. Beschreiben Sie ihn spontan zehn Minuten lang. Dann schreiben Sie auf, was der Moment in Ihrem Leben bedeutet.

Noch tiefer eintauchen …

Fiel es Ihnen leicht, sich an Ihre Träume zu erinnern? Hatten Sie seitdem weitere Träume, die ähnlich waren? Wie haben sich Ihre Träume im Laufe der Jahre gewandelt? Erzählen Sie Ihre Träume Ihrer Familie oder Ihren Freunden? Können Sie sich mit Ihren Träumen identifizieren?

Das größere Bild

Kindheitsängste aufzuschreiben hilft uns, sie zu verstehen. Ich habe auch ein Verzeichnis von meinen Ängsten angelegt, an die ich mich erinnern konnte: die Hollywood-Indianer, die auf mich mit Pfeilen schossen, die chinesischen Kommunisten vom Titelblatt einer Illustrierten, die meinen Vater erschossen, die roten Teufel von der Dose mit dem Fleckenmittel, die drohten, mich zu fressen.

Ich hatte dann vor, einen Text schreiben, was es bedeutet, als Kind einen Alptraum zu haben.

Außerhalb meines Kinderzimmers war ein hölzerner Korridor mit einer Nachtlampe. Ich erinnere mich, wie ich mit nackten Füßen auf dem harten Boden zum Zimmer meiner Eltern ging, die Tür öffnete und wartete, bis einer von ihnen sich bewegte. Ich kroch neben meine Mutter, bewegte mich nicht, suchte nur die Wärme ihres Körpers wie ein besänftigendes Tonikum. Alpträume handeln immer davon, allein zu sein, und Einsamkeit wird uns Kinder gelehrt.

Dieser letzte Satz sprang unbewußt aus mir heraus auf das Papier. Er erschien mir wahr, als ich ihn schrieb, obwohl er mich überraschte. Vielleicht brauchte ich gar nicht über Angst zu schreiben, sondern über diese Einsamkeit? Ich begann, mir Fragen zu stellen. Ist diese Einsamkeit kulturell bedingt? Haben Kinder in anderen Ländern dieselben Erfahrungen mit Einsamkeit?

Angst ist etwas, das jeder fühlt, aber gewöhnlich versteckt. Sie wird stillschweigend von Generation zu Generation weitergegeben, und nur durch das Erzählen und Wiedererzählen von Geschichten über unsere Ängste brechen wir aus der Isolation aus und unterbrechen die Kette.

Als Deborah Gulliver den ersten Entwurf ihres Buches *The Night Rape* schrieb, war die Angst noch beerdigt. Ihr Buch beginnt so:

> Mein Alptraum begann in einer Augustnacht 1986. Ich arbeitete in einem Schnellimbiß-Restaurant. Ich arbeitete als Geschirrwäscherin. Wir arbeiteten jede Nacht bis zwei Uhr. Ich war die einzige Frau, die im Geschirraum in dieser Nacht arbeitete.
>
> Ich nahm den Abfall mit herunter und ließ ihn dort, wo er hingehörte. Dann wollte ich wieder nach oben. Ich stand vor der Aufzugtür, als mich ein Mann von hinten anfaßte.
>
> Ich merkte, daß es zwei Männer sein mußten, da sie miteinander sprachen. Der Mann hielt mir ein Messer an die Kehle. Seine Stimme war so tief, daß sie wie ein Donner durch meinen Körper rollte, als er sagte:
>
> »Wenn du schreist, bringen wir dich um.«

Ihr Buch handelt von dieser Vergewaltigung und dem langen Ringen, sich davon wieder zu erholen. Sie war in Beratungsstellen, wurde aber nie mehr wirklich ihre Angst los, bis sie begann, ihre Geschichte zu schreiben, damit sie jeder hören konnte. Abgesehen vom therapeutischen Effekt schrieb Deborah ihre Geschichte aber auch so, daß andere Frauen mit gleichen Erfahrungen nicht mehr fühlen sollten, an dem Verbrechen selbst Schuld zu haben. Ich war dabei, als Deborah ihren ersten Entwurf der Schreibgruppe vorlas. Eine der Frauen brach in Tränen aus, als Deborah eine Stelle kurz vor dem Schluß des Buches vorlas.

> Und bitte, wenn ihr auch Opfer seid, versucht nicht, damit selbst klarzukommen, weil es sich in eure Gehirne hineinfressen wird und ihr vielleicht an den Punkt kommen werdet, an dem ihr glaubt, daß es euer Fehler war und ihr euch so schämt, daß ihr so dumme Dinge tut wie euch selbst das Leben zu nehmen. Glaubt mir, es ist weit besser, darüber zu sprechen, als es in euren Köpfen verschlossen zu halten. Benutzt diesen Schlüssel und laßt es heraus.

Nach dem Vorlesen traf Deborah die Frau, die den Raum verlassen hatte. Sie sprachen miteinander und waren nicht mehr allein wie zuvor.

Schreiben ist mehr als eine Privattherapie. Es verbindet uns mit denen, die gleiche Probleme haben. Es ist ein Weg, der uns stützt und erzieht. Wenn wir die Geschichten aufschreiben, die wir immer wieder jemandem erzählt haben, beginnen wir den Prozeß einzuleiten, der uns heilen kann. Und wenn andere Menschen unsere Geschichten lesen, geben wir ihnen die Chance, an diesem Prozeß teilzuhaben.

Meine Brückenträume endeten in einer Nacht vor einigen Jahren. Ich stand allein in der Mitte der Brücke. Es war windig, und ich starrte auf die grauen Wellen weit unter mir. Ich hatte solche Angst, daß ich in die Knie ging. Da merkte ich, daß hinter mir Leute waren und ich sie über die Brücke führte. Wenn ich nicht weiterging, würden sie alle sterben. Ich machte einen Schritt, dann einen zweiten und noch einen. Der Menschenzug folgte mir. Nach einigen Schritten hatte ich keine Angst mehr. Ich überquerte die General-Sullivan-Brücke und half den Menschen hinter mir, auch die Brücke zu überqueren.

Ich bin mir nicht sicher, ob der Traum davon handelt, die Einsamkeit zu überwinden, aber ich weiß, daß meine lähmende Angst, als ich gemerkt hatte, daß hinter mir Menschen waren, mir nicht mehr wichtig erschien. Ich denke an die Brücke immer, wenn es mir unmöglich erscheint, meine Gefühle mit jemandem zu teilen, immer wenn ich weglaufen will und allein in einer Hütte in den Bergen leben will oder einfach in meinem Kopf. Ich denke an die Menschen hinter mir, und das hilft mir, mich zu erinnern, daß ich nicht allein bin; wir alle versuchen, die Brücke gemeinsam zu überqueren.

Auslöser

- ☞ Zeichnen Sie ein Bild von einem Platz, der in Ihren Träumen vorkam.
- ☞ Zeichnen Sie den Umriß Ihrer Hand auf ein Stück Papier. Schreiben Sie ein Wort auf jeden Finger und ein Wort auf Ihren Handteller. Machen Sie eine Faust und lesen Sie sich das Gedicht, daß Sie geschrieben haben, dreimal vor. Sprechen Sie die Worte jedes Mal ein wenig lauter.
- ☞ Schreiben Sie über eine Zeit, in der Sie etwas verletzt hat.
- ☞ Schreiben Sie einen Brief an jemanden, der Sie verletzt hat und dem Sie nie vergeben haben. Erklären Sie der Person genau, was Sie verletzt hat, und vergeben Sie ihr dann. Warten Sie ein oder zwei Tage und lesen Sie den Brief wieder durch. Überlegen Sie, wie es sein würde, wenn Sie ihn zur Post brächten, und schreiben Sie darüber. Überlegen Sie, ob Sie ihn vielleicht nicht doch absenden sollten.
- ☞ Finden Sie den Moment in einer Geschichte heraus, in dem Sie fast gelogen hätten. Untersuchen Sie diesen Augenblick, reflektieren Sie, warum Sie wohl lügen wollten.
- ☞ Erzählen Sie eine erfundene Geschichte über eine Figur, die in einer Situation richtig handelt. Schreiben Sie die Geschichte so um, daß die Figur das Falsche tut.
- ☞ Stellen Sie sich vor, eine Figur in einer der alten Geschichten zu sein. Erzählen Sie die Geschichte aus ihrem Blickwinkel.

Schreiben über den Ursprung: Die Wiederverwertung unserer Geschichte

In diesem Kapitel untersuchen wir unsere unbewußten Kräfte, die sich unablässig mit unseren Problemen beschäftigen, Lösungen suchen und Verbindungen mit der Außenwelt herzustellen suchen. Wir sind in die Geheimnisse unserer Vergangenheit, unserer Familie und unserer Träume eingedrungen und haben auf unseren Expeditionen neue Geheimnisse und Fragen aufgedeckt. Ich habe Ihnen gezeigt, wie sich Geschichten entwickeln, und Werkzeuge in die Hand gegeben, um einer Geschichte durch die Zeit auf den Spuren zu bleiben.

Diese letzte Übung zeigt Ihnen, wie Sie tiefer in Ihre Familiengeschichte eindringen können:

1. Verfolgen Sie den Stammbaum Ihrer Familie auf beiden Seiten eine oder zwei Generationen zurück. Fragen Sie Ihre Eltern oder andere Verwandte, um ein besseres Verständnis dafür zu bekommen, wer sie sind und woher sie alle kommen. Wenn Sie über verschiedene Verwandte recherchiert haben, machen Sie eine Liste ihrer Eigenschaften. Schrei-

ben Sie auch die Fragen auf, die Sie über sie haben. Schließen Sie ein oder zwei Minuten die Augen, und stellen Sie sich den Verwandten vor, der Sie am meisten interessiert.

2. Öffnen Sie die Augen wieder, und schreiben Sie eine Momentaufnahme von der Person über einen Augenblick in deren Leben. Nehmen Sie sich die Freiheit, Einzelheiten hinzuzufügen, die Ihnen gefallen, damit Ihr Text lebendiger wird. Kehren Sie noch einmal an den Ort zurück und erschaffen Sie ihn neu. Zum Beispiel: Sie stand in ihrem schwarzen Kleid auf dem Deck des Dampfers. Der Ozean schäumte unter dem Bug, und etwas Gischt spritzte in ihr dunkles Gesicht. Sie trug ein schwarzes Kleid und über ihren Schultern eine graue Wolldecke.

3. Schreiben Sie nun über das Problem, das Ihr Verwandter oder Ihre Verwandte hatte. Klettern Sie in die Gedanken dieser Person, und schreiben Sie ein Gedankenbild über das, was sie oder er gedacht hat. Zum Beispiel: Sie versuchte, nicht an das Dorf in Polen zu denken – an ihre Mutter, die in der Küche den Teig für das Sabbat-Brot knetete – an ihren Vater, der im Garten Mohrrüben für die Suppe ausgrub, mit Händen, die von der Erde schwarz waren. Sie spürte, wie die Traurigkeit sie umfing.

4. Lesen Sie, was Sie geschrieben haben, und denken Sie über das Leben des Verwandten nach. Schreiben Sie eine Frage über sie oder ihn auf, die in Ihrem Kopf herumspukt. Zum Beispiel: Wie gelang es ihr, die Einsamkeit zu überwinden, als sie in ein neues Land kam?

5. Vergleichen Sie diese Frage mit Fragen, die Sie in diesem Kapitel zu Ihrem eigenen Leben entwickelt haben. Schreiben Sie spontan zehn Minuten darüber.

6. (zusätzlich) Schreiben Sie der Person einen Brief über Ihr eigenes Leben. Schreiben Sie einen Antwortbrief aus der Sicht der oder des Verwandten.

Noch tiefer eintauchen ...

Haben Sie etwas Neues durch das Gespräch mit Ihrem Verwandten erfahren? War es leicht herauszufinden, was Sie interessiert? Oder erschien Ihnen alles gleich? Hat Ihnen die Momentaufnahme Lust gemacht, mehr über die Figur zu schreiben, die Sie ausgewählt haben? Sehen Sie einen Zusammenhang zwischen Ihnen und der Person, über die Sie geschrieben haben?

Wo ist euer Gott, wenn er zuläßt, was wir tun?

Familiengeschichten sind wie Kriminalgeschichten mit überraschenden Wendungen. Je mehr wir uns unseren Ahnen nähern, desto mehr sehen wir das unausgesprochene Vermächtnis, das auf uns lastet. Ich erfuhr dies, als ich Ende zwanzig war und begann, Geschichten über den Holocaust zu schreiben.

»Sie schlugen deinen Onkel mit einem Gewehrkolben zu Boden und als er blutend auf dem Boden lag und starb, drehten sie sich zu deiner Tante um und sagten: «Wo ist euer Gott, wenn er das zuläßt?« Die Stimme meiner Mutter erzählt die Geschichte, und ich höre wie ein kleiner Junge zu, in meiner Vorstellung ein Flüchtling aus dem Dritten Reich, der in eine kleine Stadt nach New Hampshire kommt. Ich sehe mir die Photos meiner Verwandten an – die dunklen Augen, die besorgten Gesichter. »Die wurden vor dem Krieg gemacht« sagt meine Mutter, »die ganzen Leute sind weg.« Sie deutet auf einen Mann mit einem dunklen Bart, eine Frau mit dicken Augenbrauen, einen Jungen in einem Matrosenanzug, der nicht lächelt. Meine Mutter hatte die Photos in einem Karton auf dem Dachboden aufgehoben. Ich muß fünf oder sechs Jahre alt gewesen sein, als ich die Photographien meiner ermordeten Verwandten in der staubigen Kiste entdeckte. Jetzt bin ich 36 Jahre alt und versuche immer noch, den Holocaust zu begreifen.

Ich erinnere mich, daß ich zuerst versuchte, die Zahl von sechs Millionen Juden zu begreifen. Wenn man sich vorstellt, daß die durchschnittliche Länge der ausgestreckten Arme neunzig Zentimeter beträgt (eine vorsichtige Veranschlagung, die kleine Kinder einbezieht), und dies mit sechs Millionen multipliziert, erhält man ungefähr 5400 Kilometer. Ich stellte mir Juden vor, die auf einem Highway stehen und sich an den ausgestreckten Händen fassen, eine Menschenkette, die von Neufundland bis Florida und wieder zurückreicht. Alte Männer, alte Frauen, Kinder und Eltern stehen auf der Standspur, Stapel von Gepäckstükken neben sich. In meiner Phantasie ist es ein sonniger Tag, und sie alle warten still in ihrer dunklen Kleidung, bis die Autos und Lastwagen sie auseinandersprengen würden.

Gut, das sind sechs Millionen Juden, aber was hatte das mit mir zu tun, einem jungen Juden, der in New Hampshire aufwuchs? Ich wußte es nicht. Ich wußte nur, daß ich das Bedürfnis empfand, darüber zu schreiben. Wegen der Stimme meiner Mutter und dem Gefühl von Hilflosigkeit, das ich in meiner Magengrube spürte.

Die erste Geschichte, die ich schrieb, handelte von einem Treffen von Überlebenden des Holocaust im Disneyland. Die Hauptfigur war ein junger, geschiedener, jüdischer Mann, der für einen Tag seinem Leben entkommen will. Als er Eva Schwartz kennenlernt, jagen ihn trotzdem sofort Vorstellungen von Gaskammern in Konzentrationslagern zwischen den heiter stimmenden Bildern von Disneyland. Als Kind wurde er von den Geschichten der Mutter verfolgt, die von dem Tod ihrer Familie in den Gaskammern erzählte. Der Mann träumte, daß er mit seiner Großmutter in der Gaskammer von Ausschwitz sitzt, das Gas aber nicht giftig ist. Es riecht wie Zuckerwatte. Er versucht, das seinen Tanten und Onkels mitzuteilen, die ihm aber keine Aufmerksamkeit schenken. Sie sterben weiter vor seinen Augen.

Eine andere frühe Geschichte handelt von einem jüdischen Jungen, der schwimmen lernte. Jedes Mal, wenn er ins Wasser stieg, befiel ihn eine unerklärliche Angst. Er war der erste in der Familie, der der Angst trotzte und als alter Mann erkannte, daß diese Angst etwas mit der Geschichte seiner Eltern zu tun hatte. Diese Geschichte war zum Teil autobiographisch. Ich bin der einzige meiner Familie, der schwimmen gelernt hat, und ich hatte immer das Gefühl, daß diese Angst sich auf mich von einer vorherigen Generation übertragen hatte.

Ich habe Geschichten über den Holocaust geschrieben, und jede hatte zum Thema Angst und Lähmung, und wie sie sich in meiner Generation niedergeschlagen hat. Jede neue Geschichte schien mir den Schrecken der Geschichte ein ganz klein wenig mehr zu erhellen.

Welche Themen finden Sie in Ihren Familiengeschichten? Welche Rolle spielen sie in Ihrem Leben?

Auslöser

- ☞ Fragen Sie Ihre Eltern oder Großeltern, wie sie aufgewachsen sind. Versuchen Sie, so viel wie möglich darüber herauszufinden. Sondieren Sie mit Fragen und sammeln Sie Tatsachen. Stellen Sie sich vor, Sie würden historische Romane schreiben und Fakten sammeln, um Ihre Figuren glaubwürdig gestalten zu können. Als nächstes versetzen Sie sich in die Sichtweise Ihrer Eltern und beschreiben eine Szene aus deren Leben.
- ☞ Schreiben Sie ein Exposé für eine Familiensaga. Vier Generationen Ihrer Familie sollen beschrieben und das Buch ein Bestseller werden! Drei Hauptcharaktere sind drei Per-

sonen, die in direkter Linie voneinander abstammen. Die vierte sind Sie oder ein Elternteil von Ihnen.

Sie müssen sich nicht an die Wahrheit halten. Erfinden Sie ohne Bedenken neue Ereignisse, oder verändern Sie solche, die wirklich passiert sind. Wenn es darum geht, spannende Geschichten zu schreiben, braucht man es mit der Wahrheit nicht allzu genau nehmen.

Zum Beispiel: Die Urgroßmutter war eine Prostituierte im viktorianischen England, die Großmutter eine Krankenschwester, Mutter ein Filmstar, und Sie machen Musik.

Beginnen Sie, indem Sie ein Verzeichnis Ihrer Darsteller anlegen. Schreiben Sie eine oder zwei Seiten über jeden. Beschreiben Sie das Aussehen. Diskutieren Sie ihre Probleme, ihre Träume, ihre Ängste, usw. Dann skizzieren Sie die Geschichte vom Anfang ausgehend bis zum Ende. Schreiben Sie einfach auf, was in der Handlung passiert.

Zum Beispiel: Sam ist Arbeiter in einer Schuhfabrik im 19. Jahrhundert. Eines Tages lernt er Greta kennen, die ihn anschreit, daß er zu langsam arbeiten würde. Er mag sie zwar anfangs nicht, beginnt sie aber dann dennoch zu lieben. Sie heiraten und leben in der Nähe der Fabrik ...

Wenn Sie die Skizze anfertigen, sollten Sie sich selbst einige Fragen stellen. Welche Eigenschaften haben die vier Figuren gemeinsam? Welche Teile ihrer Träume stimmen überein? Welche stimmen nicht überein? Welche vererbten physischen Merkmale verbindet die vier Figuren?

- ☞ Gestalten Sie ein Familienwappen, für das Sie die wichtigsten Gefühle und Vorstellungen in Ihrer Familie als Material benutzen.
- ☞ Suchen Sie in alten Photoalben nach dem Photo eines Verwandten, den Sie nie kennengelernt haben, der Sie aber fasziniert. Stellen Sie die Photographie vor sich auf den Tisch. Schreiben Sie über die Person, und schließen Sie in den Text Beschreibungen von dem Photo mit ein. Schreiben Sie dem Verwandten einen Brief über Ihr Leben.
- ☞ Machen Sie ein Geschichtenrad mit drei Familiengeschichten, die von demselben Familienmitglied erzählt werden. Schreiben Sie spontan über einige der Fragen, die entstehen.
- ☞ Entwerfen Sie eine Postkarte, die einen Augenblick Ihrer Vergangenheit veranschaulicht. Tun Sie so, als könnten Sie eine Zeitreise zu diesem Moment unternehmen. Schreiben Sie schnell einige Wahrnehmungen auf, und schicken Sie die Postkarte zurück an sich selbst.

Damals und heute

In diesem Kapitel haben wir gelernt zu sehen, wie Kerngeschichten wachsen, wenn wir sie öfters neu erzählen. Im nächsten Kapitel betrachten wir die Geschichten noch einmal mit anderen Augen und verleihen ihnen eine neue Stimme. Aber bevor wir damit anfangen, sollten Sie sich eine Minute Zeit nehmen, die Texte in Ihrem Schreibheft durchzusehen. Lesen Sie die Geschichten, die Sie faszinieren, noch einmal durch. Brechen Sie in der Mitte ab, und fragen Sie sich selbst: »Was weiß ich jetzt, was ich vorher nicht gewußt habe?« Schreiben Sie Ihre Antwort auf. Im nächsten Kapitel lernen wir Wege kennen, in diese Geschichten auf eine neue Weise einzusteigen.

Kapitel 7

Der Mann hinter dem Vorhang: Einsteigen in Vergangenheit und Gegenwart

> *Im Grunde genommen stirbt die menschliche Rasse. Sie ist*
> *wie ein großer entwurzelter Baum, dessen Wurzeln in die*
> *Luft starren. Wir müssen uns wieder im Universum ein-*
> *pflanzen.* D. H. LAWRENCE

Durch das Spiel mit Sichtweisen und Blickwinkeln haben wir gelernt, wie man auf unterschiedliche Art Verständnis üben kann. Diese Fähigkeit hatten wir noch nicht, als wir nur in unsere Vergangenheit zurückschauten. In diesem Kapitel probieren wir nun Techniken aus, wie wir in unsere Geschichten, in Vergangenheit und Gegenwart, vor diesem Hintergrund neu einsteigen können.

Die Suche nach dem wirklichen Zauberer

> *Sieh der Angst ins Antlitz, und der Tod der Angst ist gewiß.*
> EVIE MALCOLM

»Achte nicht auf den Mann hinter dem Vorhang«, sagt der Zauberer von Oz mit seiner Donnerstimme. Der Vorhang umweht den alten Mann, der die Lippen bewegt. Plötzlich ist der schreckliche Zauberer nicht mehr als ein alberner eingeschüchterter Mann, der eine große Maschine bedient und in ein Mikrophon spricht. »Ich bin der große und machtvolle (brüllt die Maschine) Zauberer von Oz«, sagt der Mann mit zitternder, um Entschuldigung bittender Stimme.

Es war immer meine Lieblings-Filmszene, weil sie so menschlich ist. Denn wir haben alle in uns mehrere Stimmen. Sie denken nicht nach, wenn sie uns beleidigen, schüchtern uns ein, indem sie uns unsere Unzulänglichkeit spüren lassen, beschämen uns, damit wir uns unterwerfen. Und wie viele von uns haben die Möglichkeit, den Mann oder die Frau hinter dem Vorhang zu sehen, der die Lippen bewegt?! Im letzten Kapitel experimentierten wir damit, das Leben aus verschiedenen Blickwinkeln zu sehen. Nun beginnen wir, die verschiedenen Blickwinkel in unserem eigenen Denken ausfindig zu machen und zu lernen, wie wir sie beeinflußen können, damit die Zukunft für uns anders als die Vergangenheit aussehen wird.

Wer hat uns gesagt, wer wir sind?

Früher oder später begegnen wir auch dem, was unser Selbstbewußtsein, unsere Standpunkte und Weise, die Welt zu sehen, gebildet hat. Das zu verstehen leitet den Prozeß der wahren Selbsterkenntnis ein.

Die folgende Übung zeigt uns, wie wir herausfinden, wer uns erzählt hat, wer wir sind. Mit ihr lernen wir auch, diesen Stimmen eine Antwort zu geben.

Der Chor

1. Schreiben Sie alle Personen auf, die in Ihrem Leben Ihnen irgendwann einmal gesagt haben, wie Sie sind. Beginnen Sie mit Ihrer Familie.
2. Schreiben Sie jeder Person zwei oder drei Sätze zu, die sie zu Ihnen darüber gesprochen hat. Die Zeilen können positiv oder negativ sein. Lassen Sie sie so stehen. Überlegen Sie, wie Sie von jeder Person bezeichnet werden, und schreiben Sie das erste auf, was Ihnen einfällt.
3. Antworten Sie einer Stimme nach der anderen. Halten Sie Ihre Antworten kurz, lassen Sie aber die Worte fließen, wenn Ihnen mehr einfällt. Zum Beispiel:
   Mutter: Du hast nie deine Cornflakes aufgegessen.
   (Nimm es leicht, Mama)
   Vater: Du bist zu sensibel.
   (Männer haben auch Gefühle, Papa.)

Noch tiefer eintauchen …

Welche Menschen haben am meisten über Sie gesagt? Welche Antworten zu schreiben hat am meisten Spaß gemacht? Versuchen Sie, eine Ihrer Antworten zu einem Dialog auszuweiten.

Die richtigen Antworten

Bei dieser Übung haben Sie vielleicht eine der Stimmen in Ihrem Kopf, die Sie bis jetzt für die eigene hielten, jemand anderem zuordnen können. Sie dachten, Sie wären eine Schlampe, aber in Wirklichkeit war es immer Tante Margrits Stimme, die Ihnen das gesagt hat. »Ich bin keine Schlampe, Tante Margrit« geben Sie nun endlich zurück; von jetzt an, wann immer Sie die Bananenschale auf der Rückbank Ihres Autos entdecken und eine Wolke von Fruchtfliegen beim Aufheben der Schale aufsteigt, wird in Ihrem Kopf Tante Margrit Sie nicht mehr beleidigen. Von jetzt an werden Sie die Stimme unterbrechen: »Ja, da liegt eine Bananenschale auf dem Rücksitz meines Wagens. Ja, da schwärmen Fruchtfliegen herum. Aber trotzdem: *Ich bin keine Schlampe. Verstanden, Tante Margrit? Verstanden?*«

Wenn wir wissen, welche Stimmen in unseren Köpfen sprechen, sind wir nicht mehr von ihnen gefangen, können wir uns von ihrer Unterdrückung befreien.

Auslöser

↬ Schreiben Sie ein kurzes Theaterstück mit dem Titel: »Die Stimmen in meinem Kopf«.
↬ Zeichnen Sie Masken, die verschiedene Gefühle in Ihnen ausdrücken. Zeichnen Sie eine Maske, die Sie darstellt.

∞ Schreiben Sie über eine Zeit, in der Sie etwas taten, das Sie selbst überraschte – etwas, von dem Sie nicht dachten, daß Sie dazu fähig wären.

∞ Schreiben Sie verschiedene Momentaufnahmen von sich zu verschiedenen Zeitpunkten Ihres Lebens. Geben Sie Ihren Momentaufnahmen Stimmen.

∞ Zeichnen Sie Ihren Körperumriß auf ein großes Stück Papier. Geben Sie wie ein Karikaturist den verschiedenen Körperteilen eigene Stimmen. Lassen Sie sie Witze reißen, Erinnerungen erzählen, lassen Sie sie schreien, wimmern, seufzen; alles, was Ihnen in den Sinn kommt. Verteilen Sie so viele Stimmen wie möglich. Lassen Sie die Körperteile miteinander sprechen.

Stimmen in unserem Kopf

Givan Thompson ist ein Motivations-Trainer, der überall im Land vor Studenten Vorlesungen über Drogenmißbrauch und die Macht des positiven Denkens hält. Nachdem er seinen Vortrag zur Hälfte gehalten hat, macht er eine Pause und bittet Studenten, Spitznamen zu flüstern, mit denen sie in ihrer Familie gerufen worden sind. Wenn er dann durch die Stuhlreihen geht, horcht er zu und schaut in die Gesichter. Zurück am Rednerpult, sagt er: »Sehen Sie, es ist schrecklich, diese furchtbaren Namen zu hören, mit denen Sie von Menschen, die Sie lieben, bezeichnet wurden. Schlimmer noch war es, Ihre Gesichter zu sehen, als Sie die Namen sagten. Ich habe das Gefühl, daß viele von Ihnen noch glauben, so zu sein, wie es der Name glauben machen will.«

Diese Stimmen aufzuschreiben, kann der erste Schritt sein, um in unsere Gedanken hineinzusehen und Abstand zu bekommen.

1. Schreiben Sie fünf Namen auf, die Ihnen jemand in der Familie gegeben hat und die Ihre Gefühle verletzt haben. Ein Name kann dabei mehr als ein Wort sein. Es kann auch ein Satz sein, mit dem Sie bezeichnet wurden. Wenn Sie in einer fehlerlosen Familie aufgewachsen sind, nehmen Sie Namen, mit denen Sie von Freunden bezeichnet wurden.

2. Suchen Sie sich eine stille Ecke, und lesen Sie sich Ihre Liste zehnmal laut vor. Sprechen Sie jedes Mal ein wenig lauter. (Wenn Sie keinen ungestörten Platz haben, machen Sie die Übung im Auto.) In der Gruppe rezitieren Sie einer nach dem anderen. Schreien Sie sich die Namen zu. Spüren Sie, wie die Macht der Worte sich beim Sprechen verflüchtigt? Bemerken Sie, wie Wiederholung und Zuhören der schlimmsten Beleidigung die Kraft nimmt, sie manchmal sogar ins Komische verkehrt?

3. Zu einem anderen Zeitpunkt formulieren Sie zwei oder drei persönliche Schwächen, die Sie haben, in jeweils einem Satz. Wiederholen Sie die Sätze zehn Mal, sprechen Sie die Worte jedes Mal lauter. Dann wechseln Sie zwischen Beleidigungen und Schwächen ab. Zum Beispiel:

   Ich bin unordentlich.

   Schlampe

   Ich kann nicht rechnen.

   Trottel

4. Horchen Sie in die Worte hinein. Lassen Sie sich Zeit zu spüren, wie sich die Distanz zwischen Ihnen und den Worten entwickelt.

5. Zeichnen Sie ein Bild von den zwei Stimmen. Zeigen Sie die Verbindung zwischen ihnen.

6. Betrachten Sie nun das Geschriebene. Fügen Sie eine dritte Stimme hinzu, eine Stimme, die zu Ihnen steht, die Sie bejaht, bestätigt, die zum Beispiel sagt: »Ich bin mehr wert.« Diese Stimme muß voll und ganz positiv sein. Sie darf nicht argwöhnisch sein; sie lebt aus der unleugbaren Kraft der Bestätigung: »Du bist wertvoller, als Du glaubst.« Wiederholen Sie diese Bestätigung dreimal. Sagen Sie es voller Vertrauen. Atmen Sie vor jedem Satz tief ein.
   Verbinden Sie jetzt alle drei durch eine Ordnung, die Sie selbst entwickeln. Probieren Sie aus, an welche Stelle die positiven Bestätigungen am besten passen. Zum Beispiel so:
   »Du bist unordentlich.«
   »Schlampe!«
   »Du bist mehr wert!«
7. (zusätzlich für Gruppen) In einer Gruppe können Sie einen Chor der Zustimmung bilden, einzelne Stimmen schleudern Beleidigungen hinein und geben Schwächen preis. Mit ein wenig Übung kann der Chor langsam die anderen Stimmen übertönen, bis sie keine Kraft mehr haben, sich einzumischen.

Noch tiefer eintauchen ...
Was haben Sie beim Formulieren der Stimmen gefühlt? Wie fühlten Sie sich beim Vorlesen?

Die Umbesetzung der Oper

Wenn ich diese Übung mit Studenten mache, kann ich manchmal den Schreibprozeß mitverfolgen. Die Studenten sitzen an ihren Tischen und haben ein Stück Papier vor sich. Dann kommt der Augenblick, in dem die verletzenden Worte in ihr Bewußtsein treten, dann der Augenblick, indem sie abwägen, ob sie es wagen sollen, das Wort aufzuschreiben, schließlich der Moment, in dem sie es niederschreiben und den Zettel schnell zusammenfalten.

Ich sammle die Texte schnell ein und nehme sie mit nach vorne. An der Tafel lasse ich sie wie Schneeflocken aus meiner Hand zu Boden fallen. »Das seid ihr in Wirklichkeit nicht«, sage ich. Aber wenn ich wie Givan Thompson in ihre Gesichter schaue, merke ich, daß sie mir nicht glauben.

Doch später, wenn es mir gelingt, einige tapfere Gemüter dazu zu bewegen, die vorangegangene Übung vor der Klasse durchzuführen, sehe ich, daß einige beginnen, an die Kraft der Bestätigung zu glauben. Je mehr wir unsere Schwächen und unsere Schmerzen mit anderen teilen, desto weniger schwer haben wir an ihnen zu tragen.

Ich sage Kindern, die ich unterrichte, daß sie der Oper zuhören sollen, die in jedem menschlichen Kopf gegeben wird. Da spielen Stimmen, die Beleidigungen einwerfen, Gemeinheiten flüstern und uns schleichend mitzuteilen verstehen, daß wir für die Welt nichts taugen. Wir müssen uns aber über all das erheben und die Wahrheit erkennen.

Um diese Stimmen zu verstehen, müssen wir sie aufschreiben. Dadurch erkennen wir sie als Stimmen an, und wir beginnen zu sehen, daß es nicht unsere Stimmen sind. Wir haben im Grunde schon im Kapitel 5 damit begonnen, als wir unsere Persönlichkeit gespalten haben, aber jetzt stellen wir uns Stimmen vor, die auf die anderen, die schon da sind, Einfluß nehmen können.

Auslöser

- Sammeln Sie eine Gruppe von Freunden, mit denen Sie Ihre Opern durchspielen können.
- Wenn Sie eine Videokamera haben, können Sie mit Ihren Freunden auch ein Video-Gedicht schreiben. Zeigen Sie Personen, die persönliche Schwächen mitteilen, Personen, die beleidigt werden und Personen, die sich gegenseitig bejahen, in Nahaufnahmen. Schauen Sie sich das Video im Fernseher an. Bemerken Sie, wie die Gesichter den Inhalt der Worte annehmen? Worte können heilen.
- Vertonen Sie die Stimmen, und machen Sie eine richtige Oper daraus. Haben Sie keine Angst, falsch zu singen. Es ist die Ausdruckskraft, die zählt. Wenn Sie allein sind, führen Sie Ihre Oper vor einem Kassettenrekorder auf, und spielen Sie sich das Band vor. In einer Gruppe teilen Sie die Rollen auf und singen die Oper. Lassen Sie sich aber beim Dirigieren Zeit, damit sich die volle emotionale Wirkung entfalten kann. Spielen Sie dann auch die Opern Ihrer Freunde.
- Entwerfen Sie eine Flagge oder ein Muster, eine Art Wappen, das die Stimmen in Ihrem Kopf graphisch darstellt.
- Legen Sie ein Verzeichnis von Selbstbestätigungen an, z. B.: »Du bist mehr wert als das, was sie sagen!« Lesen Sie sich die Formulierungen laut vor, wenn sie Probleme haben.

Detektive auf Zeitreise

Die vorgestellte Welt lehrt uns, wie die wirkliche ist.
BERNARD MALAMUD

Manchmal brauchen Schriftsteller Jahre, bis sie ihre wichtigsten Kerngeschichten entdecken und darüber schreiben können. Als Richard Rhodes 1989 für sein Buch *The Making of the Atomic Bomb* (Touchstone Books) den Pulitzer-Preis erhielt, hatte er bereits acht Bücher geschrieben und war ein erfolgreicher Schriftsteller. Er war aber auch mehrfach geschieden und ein schwerer Alkoholiker. Mit 53 Jahren begann er eine Therapie. Kurze Zeit später begann er *A Hole in the World* (Touchstone Books, 1990), eine Autobiographie seiner alptraumhaften Kindheit, zu schreiben. In einem Interview sagte er vor kurzem: »Es ist das erste Mal in meinem Leben, daß ich über Ereignisse schreibe, die meinem Schreiben zugrunde liegen … Mit meinem Schreiben war ich im Grunde vor diesen dunklen Kräften geflohen, jetzt konfrontierte ich mich direkt mit ihnen.«

In einem Abschnitt beschreibt Rhodes, wie er seine Stiefmutter beobachtet, die sich bereit macht, den älteren Bruder mit dem Ende eines Besenstiels zu schlagen. Er erinnert sich, wie er dachte, daß der Schlag das Rückgrat seines Bruders brechen und er gelähmt sein würde. Vierzig Jahre später, als er für seine Autobiographie recherchierte, sprach er mit seinem Bruder und entdeckte, daß er selbst derjenige war, der mit dem Besenstiel geschlagen wurde. Rhodes schrieb die Szene in seiner Erinnerung in anderer Weise neu, um Abstand vom Schmerz zu gewinnen. Erst als er die Szene nachzustellen versuchte, entdeckte er die Wahrheit.

In gewisser Weise sind alle autobiographischen Schriftsteller Detektive, die Zeitreisen unternehmen. Unterwegs in der Vergangenheit suchen wir Anhaltspunkte, Spuren und Informationen aus verschiedenen Quellen. Wir nehmen alles mit, was wir dort lernen, und steigen neu in unser Leben ein. Bis jetzt haben wir in diesem Kapitel Wege dazu eingeübt und unserem Leben neue Auslöser gegeben. In diesem Abschnitt werden wir mit diesem Konzept etwas Spaß haben.

Suchen Sie in Ihrem Schreibheft nach Übungen aus dem ersten Teil des Buches. Nehmen Sie ein bereits beschriebenes Ereignis davon, oder denken Sie sich ein neues aus. Versuchen Sie, ein schmerzvolles oder rätselhaftes Ereignis daraus zu machen. Schreiben Sie einige auf, bevor Sie eines auswählen. Schließen Sie jetzt Ihre Augen, und stellen Sie sich vor, ein Privatdetektiv zu sein. Sie sind ein schwerer Trinker. Sie sind Ihr ganzes Leben Ihren Problemen davongelaufen. Sie haben mehrere gescheiterte Ehen hinter sich oder es vermieden zu heiraten.

Wir schreiben das Jahr 2010, und Sie haben sich schließlich entschlossen, eine Therapie zu machen. Der Therapeut hat das Problem herausgearbeitet und eine Zeitreise in Ihre Jugend gebucht. Sie sollen die Entwicklungen dort beobachten und den Personen, die in sie verwickelt sind, wie auch sich selbst Fragen stellen. Schreiben Sie einen kurzen Bericht von Ihrer Reise. Lassen Sie sich Zeit, mit Figuren und Situationen zu spielen. Vielleicht beginnen Sie einfach damit, sich selbst dem Leser zu beschreiben.

Wenn Sie es als zu schwierig empfinden, ein ganzes Stück zu schreiben, versuchen Sie es einfach mit einem Dialog zwischen dem jüngeren und dem älteren Ich, der von einem besonderen Ereignis handelt.

Noch tiefer eintauchen …

Wie würden Sie die Beziehung zwischen Ihrem jüngeren und dem älteren Ich beschreiben? Mit welchem Ich identifizieren Sie sich mehr? Warum? Lernen Sie aus dieser Begegnung etwas über den Prozeß des Älterwerdens?

Der Fall von der verlorenen Naivität

Hier ist mein Text, in dem ich in meine Studentenzeit zurückkreise, zu der Nacht, in dem meine erste Freundin mich betrog und mit meinem früheren Zimmergenossen ins Bett ging.

Die Reise führt mich zurück in den Sommer 1976. Ich erinnere mich gut an die Nacht. Ich hatte meine Freundin den ganzen Abend in ihrem Haus zu erreichen versucht. Sie war zu Greg zum Abendessen gegangen. Greg hatte gerade mit seiner Freundin Schluß gemacht. Ich rief wieder an, und ihre Zimmergenossin hob ab. »Sie ist noch nicht zu Haus«, sagte sie. Ich nahm mein Fahrrad und fuhr die acht Kilometer ohne Licht durch die Dunkelheit zu ihrem Haus. Stunden lag ich dort und wartete.

Ich versuchte zu finden, was ich verloren hatte. War es verloren oder gestohlen? Es war meine Naivität. Wenigstens hatte ich gedacht, daß sie mir gehörte. Ein junger Mann lag auf einem Bett. Er hatte langes Haar. Er schaute mich an und sah wie jemand aus, dem der Kopf seiner Lieblingspuppe abgerissen worden war.

»Was zum Teufel machst Du hier« sagte ich.

»Ich warte auf sie.«

»Du bringst Dich noch um. Geh lieber heim.«

»Vielleicht.«

»Du weißt doch, wo sie ist.«

»Ich weiß. Sie ist bei Greg. Sie ist dort zum Abendessen.«

»Sie liebt Dich nicht.«

»Das glaube ich nicht.«

Er dreht sich um. Ich gehe hinunter und mache mir eine Tasse Tee. Es ist ein altes Haus mit unebenen Fußböden, und es riecht nach Kampher. In dem Bett oben hatte ich zum ersten Mal in meinem Leben mit einer Frau geschlafen. Ich werde den Jungen, mit dem sie schläft, in drei Jahren im Supermarkt treffen. Er war mein Zimmergenosse in meinem ersten Jahr am College. Er ist aus New Jersey und lehrte mich transzendentale Meditation. Ich werde mit ihm Konversation machen, und ich werde dabei die ganze Zeit ein belustigtes und gleichzeitig trauriges Gefühl haben.

Wenn ich den leidenden jungen Mann dazu bringen könnte, das Haus jetzt zu verlassen, anstatt zu warten, bis Greg das Mädchen am Morgen gehen läßt, könnte ich dem Kind einigen Kummer ersparen. Aber der Junge scheint den Kummer haben zu wollen. Das ist das Komische. Er weiß nicht, wie er sich schützen kann.

Jetzt kommt er wieder und fragt nach einer Tasse Tee. Er wird heute nacht nicht schlafen. Er wird in der Stadt spazierengehen. Er wird den halben Mond am Himmel suchen. Er wird hinaufsehen und sich etwas wünschen, aber es fallen keine Sternschnuppen.

»Wer zum Teufel sind Sie?« sagt er, »wo sind Sie hergekommen?«

»Wichtiger ist, wo ich gewesen bin«, sage ich. »Ich kenne deine Probleme. Du mußt lernen, dich zu schützen.«

»Sie scheinen mir kein besonders glücklicher Mensch zu sein.«

»Ich bin so glücklich, wie du später sein wirst.«

»Soll ich noch Tee machen?«

»Wenn es kein Earl Grey ist.«

»Was anderes haben wir aber nicht. Woher wissen Sie das?«

»Ich weiß eine Menge Dinge.«

Ich schaue ihn an. Er trägt diese alten löchrigen Jens, die ich auch immer getragen habe. Er schaut mich an, und ich sehe in seinen Augen eine furchtbare Verwirrung. Es ist, als wüßte er, wer ich bin, aber er will es nicht verstehen.

»Laß dir was sagen. In vier Jahren wirst du mit ihr ins Kino gehen. Sie wird verheiratet und wieder geschieden sein. Sie wird dir sagen, daß du älter geworden bist, aber der einzige von allen Männern, mit denen sie zusammen war, den sie immer wiedersehen wollte. Du wirst sie anschauen und überlegen, ob du sie jemals so gesehen hast. Du wirst erkennen, daß es in dem ganzen Zeug um dich geht – nicht um sie oder ihn. Um dich!«

»Wer zum Teufel sind Sie, der Heilige Geist?«

»Sehr lustig. Lach nur weiter.«

»Ich meine, warum sind Sie heute nacht hergekommen? Sind Sie mein Schutzengel?«

»Wenn du so willst, ja.«

»Ich möchte, daß Sie gehen.«

Ich schaute ihn an. Ich weiß, was Schmerz ist. Ich habe gelernt, ihn gut zu verstecken. Der Junge nimmt alles auf seine Haut. Er läßt sich vom Schmerz wie von einem Stier mehr und mehr durchbohren. Ich war wie er. Es fällt mir schwer, es zu glauben. Ich war wie er.

Meine kleine Skizze erinnerte mich daran, wie wenig ich mich damals selbst schützte. Mein Privatdetektiv ist fasziniert davon. Ich vermute, es erinnert ihn ein wenig an das Selbstvertrauen, das er verloren hat. Mein jüngeres Ich versteht seinen Zynismus nicht, obwohl es den Kräften begegnet, die geholfen haben, ihn zu bilden. Was fand Ihr Privatdetektiv heraus?

Wir kehren zurück, um herauszufinden, was wirklich passiert ist. Das kann abwechselnd erhellend sein oder erschrecken. Aber je mehr wir schreiben, desto mehr lernen wir unsere Ängste und Ansichten kennen, und wir haben die Möglichkeit, uns selbst zu entdecken und zu gesunden.

Auslöser

↝ Schicken Sie Ihren Privatdetektiv auf eine Zeitreise zurück in eine Ihrer Kerngeschichten. Lassen Sie den Detektiv über die tatsächliche Situation berichten.

↝ Schreiben Sie eine Action-Szene, in der Ihr Detektiv einem Ihrer Erzfeinde aus der Vergangenheit begegnet.

↝ Schreiben Sie einen Dialog zwischen Ihrem älteren Selbst und Ihrem jüngerem Selbst. Lassen Sie die beiden ein ungelöstes Problem diskutieren.

↝ Denken Sie an einen Ort in Ihrer Vergangenheit zurück, der eine große Bedeutung für Sie hat und viele Erinnerungen in sich birgt. Schicken Sie Ihren Detektiv dorthin, und lassen Sie ihn das Äußere dieses Ortes beschreiben. Versuchen Sie nicht, ihn Gefühle über den Platz beschreiben zu lassen, sondern lassen Sie diese durch die Beschreibung deutlich werden.

↝ Schicken Sie Ihren Detektiv in Ihre Schule, und konfrontieren Sie ihn mit einem Lehrer, mit dem Sie Probleme hatten. Beauftragen Sie Ihren Detektiv, Sie dabei aus einer gefährlichen Situation zu retten.

Neue Eltern für das Kind in uns!

Wenn Ihr Detektiv Schwierigkeiten hat herauszuarbeiten, was er untersuchen soll, dann hilft vielleicht diese Übung. Sie ist die Variation einer Arbeit aus dem Buch *Homecoming* (Bantam, 1990) von John Bradshaw.

1. Schreiben Sie das Wort *ungelöst* in die Mitte eines Papiers, und lassen Sie in ein Wortnetz all die Dinge aus Ihrem Leben einfließen, die Sie bis heute nicht lösen konnten.
2. Wählen Sie ein Ereignis aus, und schreiben Sie spontan zehn Minuten lang.
3. Gut. Schreiben Sie jetzt folgende Frage oben auf ein leeres Blatt Papier Ihres Schreibheftes: Was weiß ich jetzt, was ich vorher nicht wußte?
4. Beantworten Sie die Frage, indem Sie spontan zehn Minuten lang darüber schreiben.
5. Schreiben Sie einen Dialog zwischen dem Ich von jetzt und dem Ich von damals.

Noch tiefer eintauchen ...

War es leicht, die Frage in Schritt 3 zu beantworten, oder mußten Sie unterbrechen, um nachzudenken? Warum wählten Sie gerade das Thema? Was werden Sie in zehn Jahren über dieses Ereignis denken?

Die unterbrochene Vergangenheit

Bob ist ein 24jähriger Schüler in einer meiner Gefängnis-Schreibklassen, der niemals viel über den Tod seiner Eltern gesprochen oder geschrieben hat, bis er diesen Text anfertigte:

Mein Leben

Es war der 28. Oktober 1973. Ich stand morgens auf, um zu helfen, die Party für den Hochzeitstag meiner Eltern vorzubereiten. Es war der elfte Hochzeitstag, und meine Schwester, mein Bruder und ich hatten mit Hilfe meiner Großeltern einen Raum für die Party gemietet.

Meinen Eltern gefiel die Feier sehr gut, aber sie mußten früh gehen, weil sie am Tag zuvor in einem Restaurant Plätze reserviert hatten. Sie gingen zum Abendessen nach Burlington. Vater fühlte sich nicht gut und hatte eigentlich zuviel getrunken, um nach Hause zu fahren. Sie haben sich trotzdem ins Auto gesetzt und versucht, nach Hause zu fahren, anstatt jemanden anzurufen, der sie abholt. Es war kurz nach 23 Uhr, als sie zu Hause angerufen haben und sagten, daß sie jetzt kommen würden.

Kurz nach halb zwölf klopfte es an der Tür. Ich sah gerade eine Wiederholung von »Superman« und stand vom Fernseher auf, um die Tür zu öffnen. Ich öffnete die Tür und sah einen Mann in Uniform draußen stehen. Ich war damals fünf Jahre alt und wußte nicht, was ich tun sollte. Deswegen rief ich nach meiner Großmutter, die auf uns aufpaßte. Ich hörte, wie sie leise über meine Eltern redeten. Ich verstand nicht alles, was der Mann sagte, aber an einige Worte kann ich mich noch erinnern, wie »Unfall«, »Totalschaden«, »Tote«. Da wußte ich, daß etwas mit meinen Eltern passiert war.

Sie waren bei Granville Gulf durch einige enge Kurven gefahren. Sie waren zu schnell gefahren, um bald nach Hause zu kommen. Mein Vater hatte die Kontrolle über den Wagen verloren, und sie sind über eine Böschung gestürzt. Mama wurde durch die Windschutzscheibe aus dem Auto geschleudert, weil sie den Sicherheitsgurt nicht angelegt hatte. Vater wurde zwischen Sitz und Lenkrad zerdrückt, als das Auto gegen einen Baum prallte. Beide waren sofort tot und sind wohl ohne viele Schmerzen gestorben.

Drei Tage nach dem Tod meiner Eltern war das Begräbnis. Es war ein wahnsinnig trauriger Tag für meine Familie. Ich war so traurig zu sehen, wie meine Eltern in diesen Särgen in das schwarze Loch gesenkt wurden. Ich weinte zwei Tage lang.

Am Tag nach dem Begräbnis kam ich in ein Waisenhaus. Ich wußte nicht, was da auf mich zukam. Ich war in den nächsten zwei Jahren in drei verschiedenen Pflegeheimen. Ich führte mich schrecklich auf, wollte mit niemand anderem als mit meinen Eltern zusammen sein.

Schließlich kam eine Familie, die nach einem Siebenjährigen suchte, um ihn zu adoptieren. Ich begann die Familie zu mögen und wußte bald, daß ich von ihnen adoptiert werden wollte. Das Problem war nur, daß ich einen Zwillingsbruder hatte, die Familie aber nur ein Kind wollte. Es war die Hölle. Sie haben mich schließlich doch adoptiert. Meinen Zwillingsbruder habe ich jetzt über zehn Jahre nicht gesehen, und ich bin mir nicht einmal sicher, ob er noch lebt.

Ich kam zu meiner neuen Familie in Vermont. Das Haus sah sehr hübsch aus, aber ich vermißte trotzdem das Haus meiner Eltern. Ich wußte nicht, wie ich damit umgehen sollte. Manchmal war ich glücklich, aber gleichzeitig sehr traurig. Wenn ich genug Kraft hatte, sagte ich meinen Stiefeltern, daß es eine Weile dauern würde, bevor ich sie Mama und Papa nennen kann. Sie sagten, daß sie das verstehen können.

Es dauerte fünf Monate, bis ich meine Stiefeltern Mama und Papa nannte. Schließlich muß ich sagen, daß ich sehr glücklich war, wieder Mama und Papa zu haben, die ich lieben konnte.

Bob beendete den ersten Entwurf der Geschichte mit diesem Happy-End. Im Gespräch erfuhr ich, daß Bob im Gefängnis sitzt, weil er seinen Stiefvater bestohlen hat. Ich forderte ihn auf, darüber zu reflektieren, ob er jetzt über seine Geschichte mehr weiß als damals. Das kam dabei heraus:

Es ist nicht leicht, wenn die Eltern sterben, wenn man jung ist. Aber wenn man älter wird, versucht man, über seine Eltern etwas herauszukriegen, zu kapieren, und das macht es sehr schwer, den Verlust zu verwinden.

Ich habe Hunderte verschiedener Bilder von meinen Eltern an den Wänden hängen. Auf einigen ist die ganze Familie zu sehen, auf einigen die Hochzeit meiner Eltern. Dann habe ich auch Zeitungsausschnitte vom Unfall meiner Eltern an den Wänden. Manchmal sitze ich am Küchentisch und überlege, wie es wäre, sie wiederzusehen, und wie sie sein würden. Ich weiß, daß ich mit ihnen wieder zusammen sein werde, und daß wir dann wieder eine große glückliche Familie sind. Vater, Mutter und Kinder.

Bis zu diesem Tag glaube ich, daß sie aus dem Himmel auf mich heruntersehen und versuchen, meinem Leben eine andere Richtung zu geben. Zu wissen, daß sie mich noch lieben, macht mich sehr glücklich.

Ich habe die letzten siebzehn Jahre mit den traurigen Erinnerungen an meine Eltern gelebt. Ich hoffe, daß ich sie nie vergessen werde. Ich glaube auch nicht, daß ich das jemals tun werde.

Je mehr Bob über seine Lebensgeschichte schreibt, desto mehr sieht er, welche Auswirkungen sie auf sein Leben gehabt hat. Er fühlt eine tiefe Verbundenheit zu seinen leiblichen Eltern und hat gleichzeitig Angst, sie zu vergessen. Wenn Bob bei ihnen aufgewachsen wäre, käme er jetzt in ein Alter, in dem er sich von seinen Eltern lossagen würde. Aber wie kann er jemals erwachsen werden, wenn die Eltern in seinen Gedanken immer so sind wie zu der Zeit, als er fünf Jahre alt war?

Bob schrieb über den Wunsch zu wissen, wie sie heute wären. Er mußte sehen, wie sich die Sicht seiner Eltern von ihm entwickelte, damit er erwachsen werden kann. Sie haben da zu sein und nach ihm zu sehen, oder er würde immer der fünfjährige Junge bleiben, der darauf wartete, daß sie nach Hause kommen. Das Schreiben hat Bob eine Möglichkeit verschafft, über diese Wunde nachzudenken, die die meiste Zeit seines Lebens offen lag, und das Problem zu formulieren. Die Worte verbinden ihn nicht nur mit dem, was passiert ist, sondern helfen ihm auch zu entdecken, wie er überlebt hat und wie er weiter überleben kann.

Es kann schmerzvoll sein, die Wahrheit herauszufinden, aber ist das nicht weniger schlimm, als jahrelang mit einer Lüge zu leben?

Jon ist ein Schüler in einer meiner Klassen. Wegen Lernschwierigkeiten wird er niemals einen höheren Schul-Abschluß machen, aber das hält ihn nicht davon ab, viele Seiten zu schreiben. Vor kurzem schrieb er ein langes Stück, in dem er alle Verletzungen aus seiner Kindheit in plastischen Einzelheiten schilderte. Hier ist ein Beispiel zweier Vorfälle:

> Ein guter Freund und ich saßen auf der Veranda von meiner Tante, als sein Bruder kam und einen Stock in die Luft warf und auf den Boden fallen ließ. Ich hörte, wie er meinen Namen rief. Als ich mich zu ihm umdrehte, schmiß er den Stock mit einer Gabel in die Luft, deren Zacken nach vorne standen. Sie traf mich am rechten Auge und Tränenkanal und drang tief in die Backe ein. Als der Arzt im Krankenhaus die Gabel herauszog, lief das Blut über mein Gesicht in den Mund.
>
> Dann 1965 hatte ich meine nächste Kampfwunde. Sie kam durch das Messer eines Freundes, mit dem ich Mutproben machte. Ich stieß das Messer durch meinen Daumen, und es ragte auf der anderen Seite fünf Zentimeter heraus. Das Blut lief über meine Hand.

Acht ähnliche Ereignisse folgten. Nachdem er fertig war, bat ihn die Schreibgruppe, einige Absätze zu schreiben, warum er glaubt, daß all diese Unfälle ihm passierten. Als erstes sagte er: »Ich mag es, wenn ich blute. Wenn ich ein Messer hätte, würde ich mich selber schneiden.« Die ganze Zeit lachte er über seine Texte und fragte: »Mögt ihr noch mehr Blut?« »Nein«, sagten wir, »wir möchten die Wahrheit wissen.« »Ihr wollt wirklich die Wahrheit?« sagte er. Er brauchte zwei Stunden, um diese zwei Absätze zu schreiben, und als er fertig war, sagte er, ohne nervös zu lachen: »Ich glaube, ich habe da was.«

> Ich dachte, ich würde über etwas schreiben, was ich in den letzten zwanzig Jahren meines Lebens getan habe, und sehen, ob ich mich verstehen würde und verstehen würde, wie ich mein Leben gelebt habe, damit ihr sehen könnt, daß ich nicht wie andere Kinder war. Ich bekam von meiner Mutter alles, was ich wollte, nur keine Liebe. Als ich mich zum ersten Mal verletzte, war ich endlich jemand, jemand, der bluten konnte, wie jeder Mensch blutete.
>
> Als ich mich wieder verletzte, wußte ich, daß es nicht das letzte Mal sein würde, weil es nicht geplant war, daß ich mich verletzte, aber eben passiert ist. Tante Katharina sagte, daß ich nach Hause gehen muß, und deswegen habe ich es aus Bosheit getan.
>
> Als ich jetzt aus dem Gefängnis kam, brauchte ich keine Verletzungen mehr, weil ich inzwischen zu viele davon habe und sie einfach nicht mehr aushalte.
>
> Ich mag nicht, wie ich bin, deswegen habe ich versucht, ihn umzuschmeißen, damit er wie ein Mensch weinen kann.

Jon begann, sein Geheimnis zu enträtseln. Er erkannte nun die Motive hinter den ganzen blutigen Vorfällen. Teilweise hatte er es aus Bosheit gemacht, teilweise, um die fehlende Liebe in seiner Familie auszugleichen. Komischerweise kann man sagen, daß diese Unfälle Jons Weg waren, um von der Unausgeglichenheit seiner Kindheit zu gesunden. Interessant ist, daß Jon in dem Moment, in dem er zu reflektieren und ehrlich zu sein anfing, in der dritten Person über sich selbst zu sprechen begann. »Ich mag nicht, wie ich bin, deswegen habe ich versucht, ihn umzuschmeißen, damit er wie ein Mensch weinen kann.« Wir sehnen uns alle danach, den Schmerz zu vergessen, aber wie können wir gesund werden, wenn wir nicht unsere Wunde akzeptieren?

Als Schreibende sind wir fähig, alte Verbrechen aufzuklären und weit zurückliegende Motive zu interpretieren. Überall in unserem Leben finden wir Spuren und Beweismittel. Wir untersuchen Fingerabdrücke, sehen Verbrecheralben durch. Wir packen unser jüngeres Ich am Kragen, drehen ihm die Lampe ins Gesicht und zischen mit zusammengebissenen Zähnen: »Diesmal bekomme ich es aus dir heraus!«

Und kaum haben wir begonnen, die Geheimnisse unserer Jugend zu enträtseln, enthüllen sich uns neuere, komplexere Geheimnisse unseres jetzigen Lebens.

Auslöser

↪ Stellen Sie sich für einen Moment vor, Sie könnten in die Geschichte zurückkreisen und irgendeine Ungerechtigkeit des Lebens ausmerzen. Denken Sie an einen bestimmten Augenblick. Beginnen Sie mit einer Liste von Einzelheiten, dann schreiben Sie zehn Minuten über diesen Moment.

↪ Zeichnen Sie auf einer Zeitlinie alle wichtigen Momente des Lebens Ihrer Eltern ein. Wichtige Momente sind alle Entscheidungen und Absichten, die dem Leben eine andere Richtung gegeben haben: Hochzeit, Scheidung, Reisen, usw. Reisen Sie in einen dieser Augenblicke.

↪ Denken Sie an eine Periode Ihres Lebens, die Sie mit einem bestimmten Gefühl charakterisieren können: »Die sorgenfreien Sommertage von 1982« oder »Der schwierige Winter von 1990«. Finden Sie durch Brainstorming alle wichtigen Einzelheiten dieser Zeit heraus, und beschreiben Sie diese Zeitspanne.

↪ Stellen Sie sich vor, Sie sind auf einer Ferienreise durch einen vergangenen Teil Ihres Lebens. Zeichnen Sie eine Postkarte, die eine Szene aus dieser Zeit schildert. Schreiben Sie sich auf der anderen Seite einen kurzen Gruß. Schicken Sie die Karte an Ihre Adresse.

↪ Legen Sie ein Verzeichnis aller wichtigen Regeln zu der Frage an: »Wie überlebt man die Kindheit?«

↪ Schreiben Sie einen Brief mit der linken Hand (als Linkshänder nehmen Sie natürlich die rechte Hand). Stellen Sie sich vor, das Kind in Ihnen schreibt einen Brief. Was fragt oder erzählt Ihnen das Kind? Beschäftigen Sie sich ein oder zwei Tage mit dem Brief. Dann beantworten Sie ihn mit der Hand, mit der Sie zu schreiben gewohnt sind.

Mit unserer Vorstellungskraft eindringen: Der Große Heiler

In unsere Vergangenheit können wir auch kraft unserer Vorstellungsgabe eindringen. Diese Übung zeigt uns den Wert, den die Phantasie für unser Überleben hat.

1. Denken Sie an eine schwere Zeit Ihres Leben. Versetzen Sie sich in Gedanken in sie zurück.
2. Denken Sie an ein Problem, das Sie jetzt haben. Phantasieren Sie für dieses Problem eine Antwort.
3. Schauen Sie sich das Geschriebene an, und fragen Sie sich, woher die Idee stammen könnte.
4. Fügen Sie zu Ihrer Phantasie drei Einzelheiten hinzu, um das Ganze lebendiger zu machen.

Noch tiefer eintauchen ...

Wie entwickelte sich Ihre Phantasie aus der Realität? Welche Einzelheiten machten den Text lebendig? Wie fühlten Sie sich, während Sie phantasierten?

Auslöser

- Schließen Sie Ihre Augen, und stellen Sie sich vor, wie es ist, wenn sich jemand um Sie sorgt. Machen Sie eine Liste, die Sie den ganzen Tag über vervollständigen. Suchen Sie aus der Liste etwas aus, was Sie selbst für sich tun können. Setzen Sie es in die Tat um.
- Stellen Sie sich eine Welt ohne Geldprobleme vor. Schreiben Sie spontan über einen ganz normalen Tag.
- Erzählen Sie eine Kerngeschichte noch einmal. Lassen Sie Ihre Phantasie ein Happy-End finden.
- Machen Sie einen Höhlentext über ein perfektes Leben. Versuchen Sie, möglichst viele Einzelheiten zu finden.
- Denken Sie an einen Augenblick Ihrer Vergangenheit, in dem Sie Fehler machten, sich falsch verhielten. Kehren Sie zu diesem Augenblick zurück, und schreiben Sie die Szene noch einmal mit sich als Helden. Die Kraft, die wir haben, um uns die Vergangenheit neu vorzustellen, ist dieselbe Kraft, mit der wir unsere Zukunft umgestalten werden.

Szenen eines Trugbilds: Die Gegenwart neu denken

Nachdem wir gelernt haben, unsere Vorstellungskraft als ein Werkzeug zu sehen, mit dem wir die Vergangenheit verstehen, sind wir fähig, dieses Werkzeug auch in der Auseinandersetzung mit der Gegenwart anzuwenden.

1. Denken Sie an eine emotional besetzte Auseinandersetzung, die sich in Ihrem Zuhause oft wiederholt. Wenn Sie verheiratet sind, kann es der Streit mit Ihrem Partner oder Ihren Kindern sein. Wenn Sie keine Familie haben, können es Kämpfe mit Ihren Zimmergenossen oder Geschwistern sein. Suchen Sie eine Szene aus, und legen Sie Ort und Zeit fest. Wo fand sie statt? Wie war die Situation? Wie begann alles? Wie endete es? Schreiben Sie zehn Minuten lang möglichst spontane Antworten zu den Fragen auf.
2. Beginnen Sie die Szene, indem Sie drei Seiten Dialoge schreiben. Wählen Sie aber den doppelten Zeilenabstand.
3. Fügen Sie zu Ihrer Szene Momentaufnahmen hinzu, um sie lebendiger zu gestalten.
   Zum Beispiel: »Sei endlich ruhig«, sagte sie. Sie stand am grünen Kühlschrank, eine Milchtüte in der Hand.
4. Fügen Sie Gedankenbilder Ihrer eigenen Gedanken hinzu.
   Zum Beispiel: »Ich gehe«, sagte ich. Ich spürte, wie in mir der Vulkan auszubrechen begann. Laß das nicht zu, wiederholte die Stimme in mir, laß dir das von ihr nicht sagen.
5. Lesen Sie Ihre Szene noch einmal durch. Wenn möglich. lassen Sie sie von dem vorlesen, über den Sie geschrieben haben. Oder spielen Sie die Szene Ihrer Schreibgruppe vor, indem ein Mitglied der Gruppe die andere Rolle übernimmt.
6. Schreiben Sie spontan das auf, was Sie durch die Übung gelernt haben.

7. (zusätzlich) Schreiben Sie die Szene noch einmal als Parodie, indem Sie die Dialoge und die Handlung der Szene übertreiben (siehe auch Kapitel 5: Satirische Stimmen).
8. Auf der Grundlage von dem, was Sie gelernt habe, können Sie die Szene noch einmal so schreiben, daß sie positiv endet. Stellen Sie sich genau vor, wie Ihr Partner auf diese neuen Worte und Handlungen von Ihnen reagieren würde.

Noch tiefer eintauchen …

Was fühlten Sie beim Schreiben der Szene? Wurden Sie beim Vorspielen der Szene wütend? Haben Sie durch das Aufschreiben der Szene etwas erreicht? Was haben Sie erreicht?

Vergessen Sie einfach den eingeübten Text?

Stellen Sie sich folgendes Szenario vor: Ein Mann streitet sich mit seiner Frau. Sie hat ihm gerade Beleidigungen zugerufen, und er ist dabei, das Zimmer zu verlassen. Plötzlich dreht er sich zu seiner Frau um und sagt: »Es tut mir leid.« »Es kann dir gar nicht leid genug tun«, sagt seine Frau. Der Mann bleibt stehen: »Ich wollte deine Gefühle nicht verletzen. Es ist meine Schuld. Es tut mir wirklich leid.«

> »Das meinst du nicht ernst«, sagt sie, »Das höre ich an deiner Stimme.«
> »Na schön« sagt er, geht durch die Tür und wirft sie hinter sich zu.

Jetzt lassen Sie uns die Szene noch einmal von der vorletzten Zeile ab neu schreiben. Schauen wir uns noch einmal die Wut des Mannes an.

> »Das meinst du nicht ernst«, sagt sie, »Das höre ich an deiner Stimme.«
> »Ich meine es ernst. Ich meine es wirklich ernst.«
> »Das tust du nicht. Wenn es dir wirlich leid täte, würdest du dich entschuldigen.«
> »Es tut mir leid, daß ich unseren Hochzeitstag vergessen habe.«
> »Das ist doch unglaublich, daß du unseren Hochzeitstag vergessen hast. Das ist doch nicht möglich. Das ist eine Beleidigung meiner Gefühle.«
> »Es tut mir leid, daß ich dich verletzt habe.«
> »Du achtest überhaupt nicht auf mich.«
> »Ich achte sehr wohl auf dich. Das tu' ich wirklich.«

Solche erbitterten Streitgespräche enden oft zu früh. Ihre Mitspieler verhalten sich nach vorhersagbaren Mustern. Sie sind ein Ausdruck einer allgemeinen Machtlosigkeit und des Rückzuges auf defensive Positionen. Unter unserer Wut liegen Traurigkeit und Angst. In diese Wut einzudringen bedeutet, mit seinen Gefühlen ehrlich umzugehen, anstatt den anderen zum Schuldigen zu machen oder mit ihm zu konkurrieren.

In ihrem Buch *The Dance of Anger* zeigt H. G. Lerner, wie ein Mitspieler die Entwicklung der ganzen Szene verändern kann, indem er sich weigert, die alte Rolle weiter zu spielen, und stattdessen eine neue, positivere annimmt. Lerner zeigt Paaren, daß sie, wenn schon nicht das Verhalten ihres Partners, so doch ihr eigenes kontrollieren können. Die eigenen Gedanken und Gefühle begreifen zu lernen ist der erste Schritt, um sich selbst eine neue Rolle zu schreiben. Versuchen Sie, das nächste Mal zu Hause eine allzu vorhersagbare Szene anders zu gestalten.

Auslöser

- ⮑ Schreiben Sie eine Szene noch einmal aus dem Blickwinkel Ihres Partners.
- ⮑ Schreiben Sie eine Szene über Ihre Arbeit noch einmal mit einem positiveren Ausgang. Bestimmen Sie den Schlüsselmoment dieser Szene, und denken Sie an ihn, wenn Sie am nächsten Tag zur Arbeit gehen.
- ⮑ Schreiben Sie ein erbittertes Streitgespräch aus Ihrer Kindheit mit Ihren Eltern auf. Fügen Sie Ihre eigene Stimme hinzu – als Erwachsener, nicht als Kind. Erzählen Sie Ihren Eltern mit dieser Stimme, was Sie sehen, das die Eltern nicht sehen. Erzählen Sie ihnen, welchen Einfluß sie auf Ihr Leben gehabt haben. Erzählen Sie ihnen, was Sie ihnen schon immer erzählen wollten.
- ⮑ Beschreiben Sie einen Alptraum noch einmal so, daß es kein Alptraum mehr ist. Bestimmen Sie den Schlüsselmoment der Szene, wo Sie eingreifen.

Der Blick über den Tellerrand: Was passiert hinter dem Horizont?

Bestehe trotz allem auf der Freude.

TOM ROBBINS

Wenn wir auf die Stimmen in unseren Köpfen hören und in sie eindringen und lernen, unsere Entdeckungen mit anderen zu teilen, passiert etwas Verblüffendes: Wir stellen fest, daß nicht nur wir leiden. Wir erkennen Muster, die uns mit anderen verbinden, die ähnliche Ungerechtigkeiten erlebt und mit Fachleuten Jahre verbracht haben, diese zu untersuchen. Unser Leid zu untersuchen kann ein wichtiger Weg sein, Kontakte zur Außenwelt zu knüpfen und eine gemeinsame Stimme zu den Stimmen zu fügen, die Sie bereits gefunden haben. Diese Übung hilft Ihnen, die Kraft zu spüren, die Sie haben, wenn Sie über Ihren Tellerrand hinausschauen.

1. Schreiben Sie *Schmerz* in Großbuchstaben auf eine weiße Seite Ihres Schreibheftes.
2. Suchen Sie nach einer emotionalen Wunde, über die Sie mehr wissen möchten. Gehen Sie in die Bücherei, und suchen Sie sich ein Buch, das sich in irgendeiner Form mit dieser Verletzung beschäftigt. Es kann ein psychologisches Buch sein, ein Roman, ein Kinderbuch, sogar ein Liedtext. Suchen Sie jemanden, der die gleiche Erfahrung wie Sie gemacht hat.
3. Schreiben Sie spontan zehn Minuten lang einen Text, in dem Sie Ihr Leben mit dem Ergebnis Ihrer Recherche vergleichen.

Noch tiefer eintauchen …

Wie fühlten Sie sich, als Sie jemanden fanden, der die gleiche Erfahrung wie Sie gemacht hat? Oder war es unmöglich, jemanden zu finden? Wie unterschied sich Ihre Erfahrung von derjenigen der Person, die Sie gefunden haben? Was war ähnlich? Worin besteht der Vorteil, wenn wir über unser Leben hinausschauen?

Stimmen in der Bücherei

Jane war über fünfzig, als sie erkannte, daß sie in einer Familie mit Alkoholikern aufgewachsen war. Sie entdeckte es durch das Schreiben mehrerer Texte in einer meiner Klassen, zwei sind davon in Kapitel 1 des Buches abgedruckt. Jane beschloß, ihre Facharbeit über Kinder von Alkoholikern zu schreiben. Je mehr sie nachforschte, desto mehr verstand sie das beleidigende Verhalten ihrer Eltern in einem neuen Zusammenhang. Zum ersten Mal wurde ihr bewußt, daß es für Kinder von Alkoholikern nicht ungewöhnlich ist zu denken, alles sei in Ordnung. Verweigerung ist die häufigste Reaktion von Kindern, die verzweifelt die Liebe ihrer Eltern einfordern. »Es kam mir nie der Gedanke«, schrieb Jane in Ihrer Arbeit, »plötzliche Stimmungswechsel und gewalttätiges Verhalten mit Trinken in Verbindung zu bringen. Ich glaubte wirklich, daß es zwischen dem Trinken von Alkohol oder Pepsi keinen Unterschied gibt.«

Das Lesen von Forschungsarbeiten über Kinder von Alkoholikern half Jane zu begreifen, daß die emotionale Vernachlässigung, die sie als Kind erlitten hatte, einen Grund hatte. Es war nicht so, daß ihre Eltern nur grausam waren oder etwas mit ihr nicht stimmte. Obwohl ihr Schmerz immer noch vorhanden war, hatte sie nun ein Gerüst, das ihr ermöglichte, ihr Schicksal mit dem von Tausenden von anderen Kindern in eine Reihe zu stellen. Anstatt selbstbejahende Stimmen zu erfinden, fand Jane sie in der Bibliothek.

Auslöser

↪ Versuchen Sie, sich an eine Situation zu erinnern, in der sich so verhalten haben, daß Sie es jetzt ungeschehen sein lassen möchten. Beschreiben Sie die Situation und sich selbst in der dritten Person. Geben Sie Ihrer Figur Gedanken, die es ihr erlaubt, sich anders zu verhalten.

↪ Schreiben Sie fünf Fragen zu einem Thema auf, über das Sie gerne mehr wissen würden. Nehmen Sie die Frage heraus, die Sie am meisten fasziniert, und schreiben Sie fünf Minuten lang eine phantasievolle Antwort. Dann gehen Sie in eine Bibliothek und suchen sich die richtige Antwort heraus. Schreiben Sie weitere zehn Minuten, indem Sie Ihre Antwort mit der Antwort, die Ihnen die Bücher gegeben haben, vergleichen.

↪ Suchen Sie sich ein Kochbuch, in dem mit Zutaten gekocht wird, die Sie noch nie gegessen haben. Warten Sie, bis Sie hungrig sind, und wählen Sie ein Rezept aus. Schließen Sie Ihre Augen, wenn Sie es kosten. Freuen Sie sich, daß Sie immer noch die Kraft haben, neue Dinge auszuprobieren.

↪ Schreiben Sie das erste Kapitel eines historischen Romans, der zu einer Zeit spielen soll, über die Sie gerne mehr wissen möchten. Gehen Sie in die Bibliothek, und machen Sie sich über diese Epoche kundig. Benutzen Sie das, was Sie dadurch erfahren haben, um Ihren Text durch Einzelheiten lebendiger zu gestalten.

↪ Suchen Sie sich ein Forschungsthema, und recherchieren Sie zehn Tatsachen zum Thema. Verwandeln Sie die Tatsachen in ein Gedicht.

↪ Machen Sie eine Liste aller unbeantworteten Fragen, die Sie in Ihrem Kopf finden können. Wählen Sie eine aus, und gehen Sie in die Bücherei, um Bücher zu finden, die dennoch versuchen, die Frage zu beantworten. Schreiben Sie über das, was Sie dort finden.

Ein Abstecher für weniger Weitgereiste: Die Welt der Cartoons

1. Welches war die schmerzvollste Erfahrung in Ihrem Leben? Etwas, das Sie so verletzt hat, daß Sie jahrelang damit beschäftigt waren und Ihre Fähigkeit zu träumen, Ihre Phantasie eingeschränkt war? Schreiben Sie es in so wenig Worten wie möglich auf:
Schüchternheit
Unsicherheit
Eine Unfähigkeit zu organisieren
Traurigkeit über unerfüllte Erwartungen
2. Machen Sie von der Zeichnung oben mehrere Photokopien.
Vervollständigen Sie auf einem der Blätter das Verkehrszeichen. Zeichnen Sie ein Auto und den Fahrer ein, der wie Sie aussieht. Lassen Sie von der Straße nach links einen Weg für einen Abstecher abknicken. Dann stellen Sie sich vor: Sie sitzen hinter dem Steuer. Sie haben Füße und Hände; Finger, die das Lenkrad umfassen. Sie beherrschen den Wagen.
Hängen Sie Ihr Cartoon neben Ihren Schreibtisch oder an den Kühlschrank. Denken Sie an die Änderungen, die Sie in Ihrem Leben bereits gemacht haben.

Die Gründung neuer Welten

Die Stimme meines Vaters erzählt mir viele Dinge. Ich höre sie fast besser, seit er fort ist. Manchmal höre ich zu. Manchmal antworte ich. Ich habe einen Höhlentext über die Stimme meines Vaters gemacht. In diesem Höhlentext sagt mir die Stimme meines Vaters, daß ich alles nicht so schwer nehmen soll, daß alles gut wird, daß ich nicht verbittert sein und mich nicht aufregen soll.

Wenn ich zu der Stimme spreche, fühle ich mich nicht meinem Vater näher, sondern mir selbst. Aber manchmal höre ich die Stimme gar nicht. Ich bin dann in meinem eigenen Kopf gefangen; ich kann die Stimme meines Vaters nicht von der eigenen unterscheiden. Dann ist es Zeit, das durchzuführen, was wir in diesem Kapitel gelernt haben. Dann möchte ich, daß die Stimme unterbrochen wird.

In letzter Zeit habe ich wenig auf mich aufgepaßt. Ich habe dafür viele Entschuldigungen. Eine davon ist, daß ich dieses Buch schreibe. Ich stehe spät auf. Ich trinke zuviel Kaffee. Ich esse zuviel falsche Sachen. Am nächsten Tag sagte meine Frau Carol-lee: »Dein Vater starb vor einem Jahr. Genau in der Woche, in dem Du das Buch begonnen hast. Ich war krank, und unser Baby, war drei Wochen alt. Du hast keinen Platz und keine Zeit gehabt, um zu trauern. Glaubst Du nicht, daß Du vielleicht immer noch nicht seinen Tod überwunden hast?«

Ich dachte über ihre Worte nach. Ich dachte daran, daß mein Vater nie auf sich selbst achtgegeben hat. Daß ich meine Gesundheit langsam zerstörte, war ein Weg, um mich ihm näher zu fühlen. Ich machte eine Liste all meiner Bedürfnisse und verplichtete mich, sie ab einem bestimmten Zeitpunkt zu erfüllen.

Ihr Schreiben kann Ihnen helfen, dasselbe zu tun. Sie können lernen, in Ihre Gedanken und Gefühle einzudringen. Sie haben die Kraft, die Vergangenheit aufzuhalten, damit sie nicht zu Ihrer Zukunft wird. Wir haben gesehen, daß es ein erster Schritt ist, zwischen die Stimmen in unserem Gedächtnis zu treten, uns ein neues Leben und eine neue Welt zu erschaffen, in der wir leben können.

Wir erforschen dieses neue Leben im letzten Kapitel dieses Buches. Aber bevor wir dorthin kommen, sollten Sie eine Pause machen. Schauen Sie Ihr Schreibheft durch, und seien Sie stolz auf die zahlreichen Texte, die Sie geschrieben haben. Lesen Sie einzelne Passagen noch einmal durch, und verweilen Sie bei dem, was Ihnen gefällt. Ihr Schreiben ist ein Schatz, der Ihnen von niemandem weggenommen werden kann. Mit ihm können Sie in Gedanken, Erinnerungen und Vorstellungen eindringen. Sie können Ihre Welt neu erleben und haben damit schon begonnen. Neue Welten entstehen in Ihnen. Sind Sie bereit, die neuen Landstriche zu erforschen?

Schreiben Sie *Freude* auf eine leere Seite Ihres Schreibheftes. Vernetzen Sie alle freudvollen Momente Ihres Lebens, das heißt, all die Menschen und Dinge, die Ihnen Freude gebracht haben. Schreiben Sie ein Gedicht, das mit der folgenden Frage beginnt: Wer sind die, die Freude bringen? Beantworten Sie die Frage mit Hilfe Ihrer Liste.

Kapitel 8

Eine neue Welt schaffen, sich mit der alten aussöhnen

Idealismus ist kein Traum mehr. Er ist eine Notwendigkeit.
LEE BLESSING

Am Ende all unseres Suchens
müssen wir dahin zurückkehren, wo wir angefangen haben,
und erfahren von dem Ort zum ersten Mal.   T. S. ELIOT

Wir haben geübt, uns zu erinnern, zu reflektieren und unsere Gedanken neu zusammenzusetzen, und nun können wir versuchen, unsere Umwelt auf eine neuen Weise zu sehen. Dieses Schlußkapitel zeigt, wie wir beim Versuch, den Horizont zu erreichen, die Welt neu begreifen können.

Das Leben ist eine Reise

Stellen Sie sich Ihr Leben als Reise vor. Schließen Sie die Augen, und träumen Sie von den Orten, an denen Sie gewesen sind, und von denen, an die Sie noch gehen werden. Denken Sie an all das, was Sie schon hinter sich gebracht haben, und an all das, was Ihnen noch begegnen wird.

1. Suchen Sie sich ein großes Blatt Papier, und zeichnen Sie eine Karte Ihrer Reise von der Geburt bis zum jetzigen Augenblick. Benutzen Sie Wasserfarben, Bunt- oder Filzstifte, um die verschiedenen Menschen darzustellen, die Ihr Leben beeinflußt haben. Für die Zeiten, in denen es Ihnen schlecht ging, können Sie Wolken zeichnen. Punktierte Linien sind unerfüllte Träume. Vergessen Sie nicht das Gebirge der Angst und die Ozeane der Liebe.
2. Danach betrachten Sie Ihre Karte. Auf einem zweiten Papier listen Sie die Momente auf, in denen Sie glaubten, dem großen Geheimnis Leben ganz nahe zu sein, Momente, in denen Sie mit Menschen verbunden waren, die Ihnen einen Weg gezeigt haben, oder an Plätzen, die Sie als überweltlich empfunden haben. Wenn Ihnen das nicht gefällt oder zu mystisch erscheint, denken Sie einfach an Augenblicke, in denen Sie Entscheidungen trafen, durch die Ihr Leben einen anderen Verlauf nahm – Momente, in denen Sie entschieden haben, auf welchem Weg Sie weitergehen.
3. Dann nehmen Sie drei Momente von Ihrer Liste und schreiben über jeden einzelnen. Zeichnen Sie Bilder dazu oder Höhlentexte, die Ihr Schreiben begleiten.

Noch tiefer eintauchen …

Was entdeckten Sie, als Sie über diese Momente geschrieben haben? Was haben Sie in Ihrem Leben aus diesen Erfahrungen gelernt? Was ist für Sie persönlich das »Große Geheimnis Leben«? Was ist »höhere Macht«, und was würden Sie als wichtigsten Teil von sich selbst sehen?

Die geistige Autobiographie schreiben

»Es interessiert mich nicht, was die Leute sagen. Das Leben ist ein Wunder.« Das waren die letzten Worte, die mein Vater zu mir sagte. Es war an einem späten Abend im August; er und meine Mutter stiegen in ihr Auto. Mein Vater hat mit diesen Worten seine fünf Tage alte Enkelin Grace Shoshana gemeint, die in ihrer Wiege oben im Schlafzimmer lag. Zwei Wochen später war mein Vater tot, aber seine Worte höre ich noch immer, wenn ich in die wunderschönen Augen meiner Tochter blicke. Das Leben ist ein Wunder. Das Leben ist ein Geheimnis. Wie kann jemand, wie kann selbst der abgeklärteste, rationalste Mensch anders denken?

Der Astronaut von Apollo 14 Edgar Mitchell war bis zu dem Augenblick Atheist, in dem er von der Oberfläche des Mondes zurück zur Erde sah. Er schrieb über diesen Moment in seinem Buch *Psychic Exploration* (New York, Putnam, 1974)

> Das erste, an was ich denken mußte, als ich zur Erde zurückschaute, war ihre unbeschreibliche Schönheit. Selbst die spektakulärsten Photographien können dem nicht gerecht werden. Es war ein majestätischer Anblick, ein prachtvolles, blau und weißes Juwel in einen schwarzen Himmel gehängt. Wie friedvoll, wie harmonisch, wie wunderbar schien es in das evolutionäre Muster zu passen, das das Universum aufrechterhält. Bei dieser Erfahrung wurde die Existenz von Gott fast spürbar, und ich wußte, daß das Leben im Universum nicht nur ein Unfall war, der sich auf zufällig ablaufende Prozesse gründete.

Nur für eine Minute schließen Sie jetzt Ihre Augen und stellen sich vor, Ihr Leben ist keine unzusammenhängende Ansammlung von Zufällen, sondern ein Prozeß des Wandels. Wer waren Sie? Wer werden Sie sein? Wohin gehen Sie? Wo sind Sie gewesen? Wie hängt Ihr Leben mit dem Leben aller anderen Menschen zusammen?

Das ganze Buch über haben Sie nach der Bedeutung Ihres persönlichen Lebens und der Gesellschaft, in der Sie leben, gefahndet. In diesem Kapitel suchen wir nach der tieferen Bedeutung, die alle Menschen und Gesellschaften verbindet. Das erfordert Vorstellungskraft, Glauben und den Wunsch, über die Grenzen des eigenen Egos hinweg etwas Größeres zu finden. Sie haben bereits den ersten Schritt getan, indem Sie die Wahrheit Ihres Lebens und Ihrer Gesellschaft erforscht haben. Auf vielen Seiten Ihrer Texte haben Sie das bewiesen. Schauen Sie noch einmal das Geschriebene durch. Sie haben jetzt die Kraft, sich die Welt neu vorzustellen.

Als ich begann, meine geistige Autobiographie zu schreiben, konnte ich eine Erfahrung neu durchdenken, die ich in dem Jahr gemacht hatte, als ich dreißig wurde.

1986 war ich nach Ägypten gefahren, um einen Freund zu besuchen, der an der amerikanischen Universität dort unterrichtete. Die Reise war ein Wendepunkt in meinem Leben, da ich zum ersten Mal in einem Land der Dritten Welt war.

Als ich in einer Frühlingsnacht in Kairo ankam, wurde ich überflutet vom Eindruck der stinkenden Abwässer, die durch Seitenstraßen liefen, der Polizisten, die Autos und Esel mit großen Stöcken und alten Gewehren vorwärtstrieben, der Bettler und der Frauen vom Land, die auf staubigen Bürgersteigen kleine grüne Zitronen anboten. Ich erinnere mich, wie ein BMW in eine Parklücke schoß, in der eine Familie vom Land saß und frühstückte. Ägypten war ein fremdes und schönes Land, ein Platz mit zahlreichen Extremen. Bei einem Abstecher nach Luxor, wo ich die Ruinen von Karnak und das Tal der Könige sehen wollte, habe ich dann etwas getan, was ich später bedauern sollte: Ich bin im Nil geschwommmen. Ich dachte mir nichts dabei. Aber einige Tage später wurde ich in Kairo ernsthaft krank. Es war eine Magen-Darm-Grippe, wie ich sie vorher noch nie erlebt hatte. Ich nahm eines meiner Reisehandbücher über Ägypten in die Hand. In ihm stand, daß man niemals im Nil schwimmen sollte. Sechzig Prozent der ägyptischen Bevölkerung hat Bilharziose, eine unheilbare Krankheit, die ein Parasit überträgt, der sich vor allem im Nildelta schnell vermehrt.

Damit war es noch nicht genug. Ich machte den Fehler, in einem medizinischen Ratgeber nachzusehen, der zufällig im Appartement herumlag. Bilharziose wird verursacht von einem kleinen Leberegel, einem nur unter dem Mikroskop sichtbaren Wurm, der durch die Poren in die Haut eindringt. Ich las in dem Buch die besonders lebendig geschilderte Passage: »Die Würmer vollziehen das gräßliche Ritual in der Pfortader der Leber und schwimmen gegen den Blutkreislauf, bis sie sich schließlich an die Wände der Harnblase kleben, wo sie ihre Eier legen.« Das war genug, um mich davon zu überzeugen, daß ich ernsthaft krank war (obwohl Bilharziose keine tödliche Krankheit ist). Wenn ich im Bett lag, spürte ich die Würmer in mir sich in Ekstase drehen und winden. Ich war überzeugt, daß ich sterben müßte.

Zwei Wochen später reiste ich durch Nordisrael. Immer noch glaubte ich, daß ich diese Krankheit hatte und dem Tode nahe war. Ich schaffte es bis nach Safed, einem wunderschönen Dorf oberhalb des Sees von Galiläa. Ich fand ein billiges Hotel, in dem mir mein Zimmer von einer hinkenden alten Frau gezeigt wurde. Es war ein kleiner Raum mit einem großen Bett und einer Toilette. Als wir eintraten und sie die Fensterflügel über dem Bett aufgedrückt hatte, sah ich die schönste Aussicht, die ich je gehabt hatte, ein Panorama von schwellenden Hügeln mit Olivenbäumen, die kaskadengleich zum See von Galiläa hinunterflossen. Es war wie ein vielfarbiger Holzschnitt, den man einer alten Bibel entnommen hatte. Ich dachte nichts, als daß dies der schönste Platz der Welt sei. Ich dachte an Moses, wie er auf das versprochene Land hinunterstarrte, das ihm zu betreten verboten war. Mein nächster Gedanke war: *Wie Moses habe ich das versprochene Land gesehen. Jetzt werde ich hier sterben, heute nacht.*

Nun bin ich dort nicht gestorben, aber etwas passierte doch, während ich mich die ganze Nacht von einer Seite auf die andere warf und daran dachte, wie völlig wertlos mein Leben gewesen war, wie vergeblich und sinnlos mir plötzlich all meine Bemühungen in meinem Leben erschienen. Die Krankheit, die ich zu haben glaubte, wurde zu einer Art Metapher für den geistigen Niedergang in meinem Leben. Obwohl ich eigentlich nicht schwer krank war, erfuhr ich dort doch die Endgültigkeit des Todes. Ich trauerte, nicht weil ich dachte, sterben zu müssen, sondern wegen des Lebens, das ich zu leben versäumt hatte. Ich fühlte die Leere und entwickelte plötzlich einen ungewohnten Wunsch nach etwas, was mehr sein würde. Ich war auf der Suche. Nicht ziellos nach meinen religiösen Ursprüngen. Ich war auf der Suche nach einem Beweis, daß es mehr im Leben gab als das, womit ich mich begnügt hatte. Ich war auf der Suche nach einem tieferen Sinn. Seit diesem Moment spiegelt sich in meinem Leben diese Suche wieder.

Es war ein wichtiger Aufenthalt auf meiner geistigen Reise. Versuchen Sie, unter Ihren Aufenthalten einen zu finden, den Sie weiter erforschen möchten. Probieren Sie eine der nächsten Übungen aus.

Auslöser

- ↪ Machen Sie einen Höhlentext über eine Erfahrung, über die Sie schon vorher geschrieben haben.
- ↪ Beantworten Sie folgende Frage durch Schreiben, Malen, Zeichnen, usw.: Wie würden Sie sich fühlen, wenn jemand sich um Sie sorgt?
- ↪ Zeichnen Sie den Stengel einer Blume, der aus der Erde wächst. Stellen Sie sich vor, Sie wären die Blume. Wie hoch sind Sie gewachsen? Haben Sie schon Knospen oder Blüten, beginnen Sie zu verwelken, oder stehen Sie noch in voller Blüte? Vollenden Sie Ihre Zeichnung. Dann zeichnen Sie eine weitere Blume, die so ist, wie Sie gerne wären. Geben Sie der Zeichnung Farbe.
- ↪ Schreiben Sie die Hauptereignisse Ihres Lebens auf Karteikarten. Ein Hauptereignis kann eine Hochzeit, ein Studienabschluß usw. sein, aber auch ein Augenblick, in dem Sie persönlich etwas entdeckten. Zeichnen Sie auf einem großen Stück Papier Stufen ein, die Sie in Ihrem Leben hinauf- und hinabgegangen sind. Hohe Stufen stellen das Erreichen von Lebenszielen dar, niedrige Stufen Rückschritte. Legen Sie Ihre Karten auf die richtigen Stufen, abhängig von den Auswirkungen, die die Ereignisse auf Ihr Leben gehabt haben. Schreiben Sie auf, was Sie auf dieser Zeichnung entdecken.
- ↪ Schreiben Sie ein kurzes Gedicht über das Unbekannte. Zeichnen Sie ein Bild dazu.
- ↪ Machen Sie ein Geschichtenrad über Ihre Geschichten, die sich mit geistigen Entwicklungen beschäftigen (siehe Kapitel 6). Welche ähnlichen Fragen tauchen auf? Versuchen Sie, in einem spontanen Text eine zu beantworten.
- ↪ Laden Sie Freunde ein, die Geschichten von ihrer eigenen geistigen Reise erzählen. Lassen Sie sich nicht auf eine religiöse Diskussion ein. Erklären Sie, daß es um mehr geht. Es geht darum, wie jeder einzelne seinen Glauben an Gott, an die Seele, an das »Große Geheimnis des Universums« entwickelt hat oder auch nicht. In der Erzählrunde soll jede Person von ihrer geistigen Reise erzählen. Während einer seine Erlebnisse offenbart, schreiben alle anderen Fragen dazu auf. Nachdem jeder erzählt hat, werden die Zettel eingesammelt, die Fragen vorgelesen und die interessantesten in Aufmacher umgedreht. Schreiben Sie über einen faszinierenden Aufmacher.
- ↪ Schreiben Sie Gott in die Mitte einer Seite Ihres Schreibheftes, und knüpfen Sie ein Wortnetz. Folgen Sie einer interessanten Assoziationskette mit einem spontanen Text zehn Minuten lang.

✍ Zeichnen Sie ein Bild mit drei geschlossenen Türen. Benennen Sie sie nach Türen, die Sie in Ihrem Leben geschlossen haben. Auf einem neuen Stück Papier öffnen Sie eine der Türen. Zeichnen und schreiben Sie über das, was Sie sehen.

✍ Schreiben Sie eine erfundene Geschichte über jemanden, der sein Zuhause verläßt, um auf eine geistige Reise zu gehen.

✍ Schreiben Sie eine Kindergeschichte über jemanden, der entdeckt, daß es mehr als nur die stoffliche Welt gibt.

✍ Schreiben Sie auf ein Blatt Papier auf die linke Seite das Jahr, in dem Sie geboren worden sind und auf die rechte Seite das aktuelle Kalenderjahr. Schließen Sie Ihre Augen, und lassen Sie die Hand eine Linie über das Papier ziehen. Stellen Sie sich vor, daß diese Linie Ihre geistige Reise ist. Denken Sie an den Verlauf Ihres Lebens, und lassen Sie Ihre Hand die Wanderungen beschreiben, die Sie in Ihrem Leben unternommen haben, die Höhen und Tiefen, die Sie dabei erlebt haben. Öffnen Sie Ihre Augen, schauen Sie sich Ihr tranzendentales EKG genau an, und schreiben Sie über die einzelnen Abschnitte. Wenn es Ihnen möglich ist, zeigen Sie es Ihrer Schreibgruppe.

✍ Stellen Sie sich vor, gerade gestorben zu sein und das Leben vor Ihrem Auge noch einmal vorbeiziehen zu sehen. Welche Ereignisse blitzen durch Ihre Gedanken? Welche Momente bedauern Sie? Bei welchen möchten Sie verweilen?

Die eigene Kosmologie schreiben

> *Das Leben ist ein Restaurant, das von zwei alten Frauen, die Stammgäste sind, so beschrieben wird: Die eine sagt: »Das Essen ist schrecklich.« Die andere: »Und so kleine Portionen.«*   WOODY ALLEN

> *Alle Dinge sind miteinander verbunden. Ihr müßt eure Kinder lehren, daß der Boden unter ihren Füßen die Asche unserer Großväter ist.*   CHIEF SEATTLE

Was wir inzwischen über unsere Umwelt erfahren haben, können wir nun zu einem Bild oder einer Weltanschauung zusammenfügen. Eine Kosmologie ist so eine Weltanschauung. Früher stellten sich die Philosophen das Universum so vor, wie es ihren Ideen entsprach, und richteten es sich danach ein. Zum Beispiel dachte sich der Philosoph Thales, ein Vorsokratiker, die Welt als einen großen Zylinder, der in einem Ozean aus Wasser treibt. Die alten Babylonier sahen die Welt als Schlamm, aus dem Gott die Menschen formte.

Beginnen Sie, Ihre Kosmologie zu entwickeln, indem Sie einige der folgenden Fragen beantworten. Haben Sie keine Angst, daß Ihre Ideen dumm oder verrückt erscheinen könnten. Lassen Sie Ihrer Vorstellungskraft freien Raum, sich zu entfalten.

Woraus ist das Leben gemacht?
Wohin gehen wir, wenn wir tot sind?
Woher kommen Ideen?
Was hält uns am Leben?

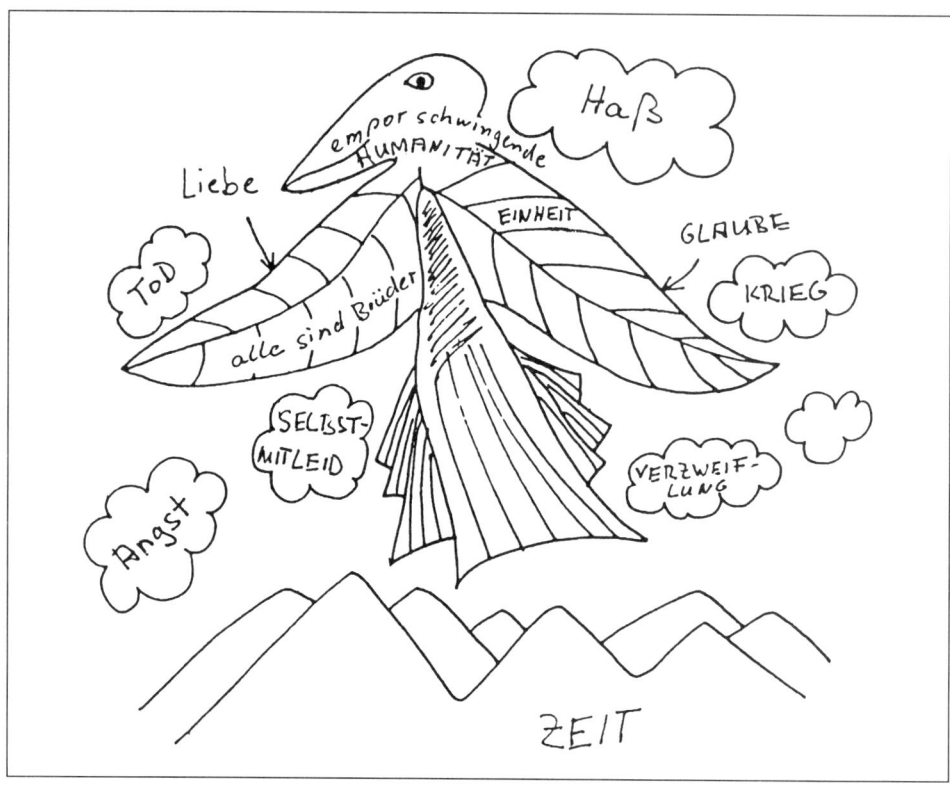

Wenn die Welt ein Tier wäre, wie sähe es aus?
Wenn sie ein Pflanze wäre, wie sähe sie aus?
Wenn es ein … wäre, wie sähe die Welt aus?

Zeichnen Sie nun ein Bild von einer oder mehrerer Ihrer Antworten. Schmücken Sie es mit Einzelheiten und Farben aus. Nennen Sie es Ihre Kosmologie. Meine ist oben abgebildet.

Noch tiefer eintauchen …
Was ist das beherrschende Bild in Ihrer Kosmologie? Was sagt es über Sie als Person aus? Was können Sie Ihrer Kosmologie noch hinzufügen, um sie zu verschönern?

Das ist Glaubenssache
In einem Fernsehinterview wurde Noam Chomsky gefragt: »Wie können Sie glauben, daß die Menschheit im Wesentlichen gut ist? Können Sie sich nicht auch vorstellen, daß das Gegenteil wahr ist? Wie können Sie Ihre Vorstellungen beweisen?« Chomsky dachte einen Augenblick nach, und antwortete dann, als wenn er eine lang bekannte Tatsache ausssprechen würde: »Das sind Glaubenssachen, die nicht bewiesen werden können.«

Chomskys Worte blieben mir im Gedächtnis haften, weil sie auf so eine sensible Art die Welt zu fassen versuchen. Sie erinnern an das Versagen der Wissenschaft, die Menschheit weiterzubringen. Nicht alle Dinge sind beweisbar. Einige sind »Glaubenssachen«. Menschen, die über glühende Kohlen gehen, fragen auch nicht nach wissenschaftlichen Beweisen, bevor sie loslaufen. Glaube motiviert sie.

In meiner Kosmologie ist der Glaube ein großer Vogel. Der eine Flügel stellt den Körper, der andere die Seele dar. Beide brauchen wir, um fliegen zu können.

Was sagt Ihre Kosmologie über die Welt aus?

Auslöser

- ☞ Versuchen Sie, die Kosmologie eines anderen Planeten zu schreiben, dessen Bewohner sich in einigen Sachen besser oder schlechter als die Erdlinge verhalten.
- ☞ Schreiben Sie ein Gedicht, in dem Sie Ihre Kosmologie darlegen.
- ☞ Listen Sie alle Fragen auf, die Sie schon immer verwunderten. Erklären Sie eine davon mit einem erfundenen Mythos.
- ☞ Stellen sie sich eine Welt vor, in der Männer und Frauen absolut gleichgestellt sind und kein Geschlecht das andere beherrscht. Schreiben Sie einen Spot für das Werbefernsehen. (Denken Sie daran, daß sehr viel Werbung den weiblichen Körper benutzt, um ein Produkt zu verkaufen.)
- ☞ Schreiben Sie über ein Problem, das Sie gerade haben, an Gott einen Brief. Dann stellen Sie sich vor, Gott zu sein, und schreiben eine Antwort. Was zeigt der Vergleich beider Briefe?

Traumvorstellung

Weißt Du nicht, warum wir alle aus demselben Staub geschaffen worden sind? Damit sich niemand über den anderen erhebt. Behaltet zu allen Zeiten in euren Herzen, wie wir geschaffen wurden. BAHÁ'U'LLÁH

Was ist es, das uns davon abhält, uns eine neue, bessere Welt vorzustellen? Zum Teil sind es die Mauern aus Haß und Mißtrauen, die sich von einer Generation auf die nächste vererbt haben. Die nächste Übung untersucht die Ursache von Vorurteilen.

1. Schreiben Sie einen detaillierten Bericht über eine Zeit, in der Sie Opfer eines Vorurteils irgendeiner Art waren.
2. Schreiben Sie dann einen Brief an die Person, die dieses Vorurteil hatte. Erklären Sie ihr den Fehler, den sie gemacht hat. Versuchen Sie, den Brief ohne Wut zu schreiben. (Vielleicht müssen Sie einen Entwurf und eine zweite Fassung schreiben, damit das gelingt.)
3. Lesen Sie den Brief. Achten Sie auf die Kraft, die die Wahrheit Ihrer Worte ausströmt. Denken Sie daran, daß Ihre Wahrheit genau so viel wert ist wie die eines anderen.
4. Stellen Sie sich schließlich vor, die andere Person zu sein, die gerade diesen Brief erhalten hat. Schreiben Sie einen Entschuldigungsbrief, in dem Sie die Ursache Ihres unakzeptablen Verhaltens erklären.

Noch tiefer eintauchen ...

Wie ging es Ihnen beim Schreiben des Briefes? Was haben Sie herausgefunden? Was haben Sie über das Vorurteil herausgefunden, als Sie sich in die andere Person versetzt und die Sache erklärt haben?

Sind Sie ein Rassist?

*Wenn ich ein Buch zum zweiten Mal lese, entdecke ich die Narben
der Vorurteile, die es mir bei ersten Male austrieb.*

HENRY STENDHAL

»Ich mag deine blöde jüdische Kappe nicht«, sagte Michael Waterman, der mit mir in die
zweite Klasse ging, an einem Morgen zu mir. »Ich schmeiß' sie weg!« Wir standen im Pau-
senhof und stellten uns gerade auf, um ins Klassenzimmer zu gehen. Ich erinnere mich, wie
schnell er sich umdrehte, als er das gesagt hatte, und auf den Asphalt spuckte. Ich stand
erstarrt, als er mit seinen anderen Freunden wegging. Ich erinnere mich immer noch an das
Gefühl. Es war mehr Verwirrung als Empörung. Wie konnte jemand so blind sein und annehmen, daß er besser war, nur weil er anders aussah oder eine andere Religion hatte? Dann
kam die Angst, Angst, daß es da etwas gab, was ich nicht würde ändern können. Aber mehr
noch als Verwirrung und Angst war es einfach nur Bestürzung. Konnte eine Person eine
andere hassen, nur weil sie es wollte?

Vorurteile zu haben kann als grundsätzlicher Mangel von Vorstellungsvermögen angesehen werden, als Unfähigkeit, sich in einen Menschen hineinzudenken. Ich schreibe dieses
Buch in der Erinnerung an die Unruhen von Los Angeles. Die Zeitungen und Fernsehsen-
dungen waren voll von Erklärungsversuchen, warum diese Ereignisse tatsächlich stattge-
funden haben. Wenn wir aber die Ähnlichkeiten und nicht die Unterschiede zwischen uns
betonen, räumen wir alle Formen von Rassismus und Vorurteile beiseite. Wesentlich dabei
ist die Fähigkeit, größere Zusammenhänge zu erkennen, uns selbst zurückzunehmen und
uns das klarzumachen, was Rodney King mit der Frage formulierte: »Können wir nicht alle
zusammenleben?«

Schauen Sie sich noch einmal die beiden Briefe von der letzten Übung an. Schreiben
verlangt von jedem, daß er seine Vorurteile beiseite legt und zu vertrauen lernt. Rassismus
und andere Formen von Vorurteilen werden verschwinden, je mehr wir lernen, die Mauern
der Vergangenheit wahrzunehmen und gleichzeitig über sie hinwegzusehen.

Auslöser
- ↪ Erfinden Sie ein rassistisches Klischee über eine Rasse, die es nicht gibt. Es können
  Marsianer oder andere Fremde sein. Stellen Sie sich vor, Sie sind ein Rassist, der diese
  Geschöpfe in einer kurzen Rede beschimpft. Bemerken Sie die totale Absurdität von
  Rassismus?
- ↪ Machen Sie einen Höhlentext über ein rassistisches Vorurteil, anschließend einen Höh-
  lentext über das, was alle Menschen verbindet. Hängen Sie beide Höhlentexte an eine
  Wand, und schreiben Sie über sie.
- ↪ Stellen Sie sich vor (wenn Sie es nicht tun), zu einer Minderheit zu gehören und zu
  hören, daß ein Vorurteil über Sie geäußert wird. Schreiben Sie darüber in einem Brief
  an Ihren Gott. Wenn Sie zu einer Minderheit gehören und einem Vorurteil irgendeiner
  Art begegnet sind, dann schreiben Sie spontan über diese Erfahrung. Lesen Sie den Text
  nach zehn Minuten sofort durch, und schreiben Sie dann aus der Sicht der Person, die
  Sie beleidigen wollte.

- ↪ Beginnen Sie, mit folgenden Worten zehn Minuten lang einen Text zu schreiben: »Ich träume davon …«
- ↪ Was können Menschen tun, um in ihrem Leben Rassismus und Vorurteile zu bekämpfen? Schreiben Sie alles auf, was Ihnen einfällt!

Die große Illusion

Die Erde ist nur ein Land und die Menschheit ihr Bewohner.
BAHÁ'U'LLÁH

Schließen Sie Ihre Augen, und stellen Sie sich eine neue Welt vor – eine bessere Welt. Nicht als Traum, sondern als Vision. Und Sie können aus dieser Vision nicht erwachen, weil Sie diese Vision nicht nur träumen, sondern entwerfen und an ihr arbeiten. Niemand und nichts kann Sie daran hindern – nicht die Fesseln der Vergangenheit, die Erwartungen und falschen Hoffnungen, die Narben hinterlassen haben; nicht das schlimme Versagen, das in Gesellschaften zu Kurzschlüssen wie Kriegen geführt, den geistigen Fortschritt auf Jahrhunderte behindert hat. Wir haben zurück auf die Geschichte geblickt. Jetzt ist es an der Zeit, sich eine Zukunft vorzustellen, die es auch wert ist, sich in sie hineinzudenken. Listen Sie dazu alle Wörter und Ideen auf, oder schreiben Sie alles in einen großen Kreis, den Sie auf ein Blatt Papier gemalt haben. Wenn Sie fertig sind, verfassen Sie spontan einen Text über diese neue Welt.

Noch tiefer eintauchen …

Meinen Sie, daß Ihre Welt realisierbar ist? Oder ist sie eines dieser Luftschlösser, die man nie betreten wird? Welche Beweisstücke können Sie aus dieser Welt heranziehen, um zu zeigen, daß Ihre neue Welt im Kern bereits existiert? Finden Sie in den Tageszeitungen Hinweise, die Ihre Vision unterstützen?

Krise im Kreml

Als der Putsch in der Sowjetunion fehlschlug, war niemand stärker überrascht als eine kalifornische Firma, die Computerspiele herstellt und gerade ein neues Produkt mit dem Titel »Krise im Kreml« auf den Markt bringen wollte. In diesem Spiel war man Michail Gorbatschow und mußte das alte System so weit wie möglich liberalisieren, bevor das Militär eingriff und die eigene Regierung durch einen Putsch stürzte. Unnötig zu sagen, daß das Spiel nach dem fehlgeschlagenen Staatsstreich umbenannt und umgeschrieben wurde. Es wäre nicht verwunderlich, wenn das Spiel seitdem mehrmals umgeschrieben wurde. Die Welt ändert sich heutzutage wesentlich schneller als unsere Wahrnehmung von ihr.

Die Gründerväter des Kommunismus hatten scheinbar die Wichtigkeit, daß sich eine Gesellschaft weiterentwickelt, erfaßt. So sind nach Engels jene, die sich weigern, sich an die Vergangenheit zu erinnern, verurteilt, sie immer wieder neu zu erleben. Viele waren froh, als der Putsch in der Sowjetunion scheiterte, aber viele Amerikaner und auch ich konnten am Anfang nach all dem, was wir gesehen hatten, in China am Tienanmen-Platz und in Hunderten von anderen ähnlichen Situationen, nur schwer daran glauben. Bestimmt hätte in Moskau dasselbe geschehen können. Wenn wir nur zurückblicken, um die Wahrheit zu finden, wird die Zukunft auch nur unsere Vergangenheit wiederspiegeln. Eine grauenhafte Aussicht, wenn man betrachtet, wie human sich die Menschheit im 20. Jahrhundert verhalten hat.

Unser Überleben und die glückliche Zukunft unserer Enkel hängen von unserer Fähigkeit ab, eine neue Welt visionär zu entwerfen und in dieser Welt zu leben. Das ganze Buch über haben Sie in Ihrer Vergangenheit gesucht und Ihr Leben in neuen Zusammenhängen gesehen. Das ist genau dieselbe Fähigkeit, die unsere ganze Spezies lernen muß, wenn wir unsere Fehler erkennen und im nächsten Jahrhundert kreative Fortschritte machen wollen.

Schauen Sie sich Ihre Vision von einer neuen Welt noch einmal an. Sie können sie verwirklichen. Die Geschichte setzt nur jenen Grenzen, die sich weigern, die Vergangenheit anzuerkennen, und jenen, die Angst vor der Phantasie haben, weil ihre Ideen versiegt sind.

Auslöser

- ↪ Verfassen Sie einen Brief an Ihren Ur-Ur-Ur-Enkel. Erklären Sie ihm, in welcher Welt Sie leben. Bringen Sie dann eine Antwort des Ur-Ur-Ur-Enkels zu Papier, in der er Ihnen klarmacht, wie sich das Leben seitdem verändert hat.
- ↪ Stellen Sie sich vor, Urlaub in Ihrer Vergangenheit zu machen. Sie können Ihr früheres Ich besuchen und die Zusammenhänge erkunden, in denen dieses Ich lebt. Schicken Sie eine Postkarte an Ihr jetziges Ich, in der Sie etwas erklären, das Sie auf der Reise gesehen haben.
- ↪ Schreiben Sie ein Gedicht, in dessen Strophen sich folgende Worte als letzte Zeilen abwechselnd wiederholen: »eine neue Welt« bzw. »eine bessere Welt«.
- ↪ Sammeln Sie Einzelheiten über Ihre neue Welt. Dann bringen Sie eine kurze Beschreibung über einen Morgen in ihr zu Papier.
- ↪ Schreiben Sie das Wort *Einigkeit* in die Mitte einer weißen Seite. Knüpfen Sie ein Wortnetz, mit dem Sie alle Perspektiven dieser Einigkeit in Ihrer neuen Welt beleuchten.

Das neue Du

Suchen Sie sich einen körpergroßen Spiegel, und stellen Sie sich vor ihn. Sehen Sie die Geschichte Ihres Lebens in Ihrem Gesicht, in den Augen und an anderen Teilen Ihres Körpers? So viele Texte haben Sie bereits in Ihrem Schreibheft, und so viele warten noch darauf, erzählt zu werden. Da ist der Schmerz, die Freude, die Angst, die Traurigkeit, die Ehrfurcht vor dem Leben auf diesem Planeten. Gehen Sie näher an den Spiegel heran, und schauen Sie sich genau in die Augen. Es gibt einen Grund dafür, daß Sie hier sind. Schreiben Sie ein Gedicht über sich, das sie »Das Lied über mich« oder »Ode an mich« nennen. Vielleicht sollten Sie damit beginnen, daß Sie noch einmal Ihr Schreibheft durchblättern und all die neuen Aspekte Ihres Ichs, die sie durch dieses Buch ausgegraben haben, neu entdecken. Oder Sie schaffen in Höhlentexten Masken von sich, oder Sie lassen sich einfach in einen Text spontan und gedankenlos hineinleiten.

Schreiben Sie ein Gedicht, das etwas bekräftigt, was Sie durch das Lesen dieses Buches oder das Schreiben gelernt haben. Das Gedicht soll klar und direkt sein. Es soll aus Ihnen heraus als eine ehrliche Stimme sprechen. Sorgen Sie sich nicht um Perfektion. Lassen Sie die Worte so aus sich heraussprudeln, wie Sie es wollen.

Zeichnen Sie ein Bild zu dem Gedicht. Schicken Sie es einem Freund. Oder meinem Verleger, damit auch ich es sehen kann.

Noch tiefer eintauchen ...

Was erzählt Ihnen das Gedicht über Ihre Reise? Was erzählt es darüber, wo Sie gewesen sind, was Sie tun können? Hier ist der Text, den ich an mich geschrieben habe.

Ode an eine Seele
Ich kann dich sehen
da drinnen
ich kann dich sehen
versteckt
zwischen den Seiten
die Atmosphäre
zwischen Gedanken

du flüsterst mir
die alten sanften Lieder
ohne Melodien zu
wie Wind zwischen Blättern
ich kann dich sehen
ohne Gestalt oder Farbe
ohne Geruch oder Berührung
ich kann dich sehen
ein heller Schatten
in der Dunkelheit
in der Stille wartend
einen Augenblick
in schwarzes Glas gepreßt
schwillt in Adern die Erinnerung
ohne Atem oder Traurigkeit
ich kann dich sehen
die Schwere der Jahre
vergangen
Hoffnung ohne Schmerz
Licht verjagt die Stille
und Angst
vor einer Welt
ohne Fenster
oder auch
ohne Auge
um durch sie hindurch zu sehen.

Auslöser

☞ Schreiben Sie eine Ode an Ihren Sohn oder Ihre Tochter.

☞ Schreiben Sie eine Ode an Ihre Eltern oder an einen Elternteil.

☞ Schreiben Sie spontan einen Text, der mit den Worten beginnt: »Ich bin froh, daß ich »Ich« bin, weil …«

☞ Schreiben Sie einen Singsang, in der die Zeile, die sich wiederholt, etwas Positives in Ihrem Leben bekräftigt. Zum Beispiel:
Glücklicher Tag
Sonne am Morgen
Glücklicher Tag
neue Gedanken zu alten Träumen
Glücklicher Tag
ich erinnere mich, daß ein alter Freund kommt
Glücklicher Tag …

☞ Schreiben Sie Ihre eigene Grabrede. Fassen Sie den Text scherzhaft ab, wenn Sie das können. Spiegeln Sie in ihm die Schönheit Ihres Lebens und Dankbarkeit für die Freundschaft der Trauernden. Beschreiben Sie den Lauf des Lebens aus Ihrer neuen Perspektive.

☞ Sammeln Sie zehn Minuten lang durch Brainstorming Menschen, Plätze, Dinge zum Thema: »Ich bin dankbar für …«. Heben Sie eine Abschrift der Liste auf, und heften Sie das Blatt ab, daß es vielleicht bei Ihrem Begräbnis vorgelesen wird.

☞ Machen Sie eine Liste von Dingen, die Sie für sich tun können. Verwirklichen Sie eins.

Komm mit!

Der letzte Traum, den ich von meinem Vater hatte, begann in einer dunklen Konzerthalle. In der größten Konzerthalle, die ich je gesehen hatte. Musikgruppen aus der ganzen Welt spielten alle gleichzeitig die Musik ihres Volkes, aber es gab kein Durcheinander. Man konnte die ganze Musik gleichzeitig hören. Ich war mit meinem Vater da, meinem alten, kurz vor seinem Tode stehenden Vater. Wir gingen herum und hörten der Musik zu. Ich drehte mich zu ihm um, um zu sehen, was er über diese ganz verschiedenen wundervollen Klänge dachte, die wir hörten. Als ich ihn ansah, bemerkte ich einen strengen, leicht verkrampften Ausdruck in seinem Gesicht. Dann sah ich, wie er etwas Glänzendes mit seiner rechten Hand aus der Tasche zog. Es war eine Mundharmonika, und er begann, auf ihr zu spielen. Ich dachte mir: »Wie peinlich. Mein Vater kann nicht Mundharmonika spielen. Er wird sich blamieren.« Es schien lange zu dauern, aber es waren wahrscheinlich nur Sekunden, bis die Mundharmonika seine Lippen erreichte. Ich sah ihn in das Instrument blasen, und in diesem Moment passierte etwas Erstaunliches. Die dunkle Halle strahlte plötzlich in hellem Licht, und die Musiker aus der ganzen Welt hatten aufgehört, ihre Instrumente zu spielen, und applaudierten meinem Vater aus vollem Hals. Der Lärm war ohrenbetäubend. Ich schaute zu meinem Vater auf. Er nahm die Mundharmonika von seinen Lippen. Freudentränen liefen seine Wangen hinunter. Ich wachte auf.

Ich habe vielen Menschen diesen Traum erzählt und bin viele Fragen gefragt worden. Manche denken, der Traum handelt von meinem Wunsch nach Versöhnung mit meinem

Vater. Ich hatte mich für ihn geschämt und Ehrfurcht vor der Musik der Welt gehabt. Dann hatte die Musik der Welt aufgehört zu spielen und den bescheidenen Versuchen meines Vaters applaudiert. Das mittelmäßige Lied meines Vaters wurde von der Menge so bejubelt, als wäre er ein großer Musiker, ein Horowitz im Himmel.

Ich denke, dieser Traum handelt von der Erkenntnis, daß all der unausgesprochene Kummer, der die Seele meines Vaters in seinem Leben niedergedrückt hatte, in der nächsten Welt ausgesprochen werden darf. Ich brauche mir keine Sorgen um ihn zu machen.

Der Gedanke an den Tod meines Vaters beunruhigt mich nicht mehr. Ich weiß, daß er dort, wo er ist, akzeptiert wird. Ich weiß auch, daß ich noch immer von ihm lernen kann, obwohl er nicht mehr da ist. Ich liebe ihn immer noch so wie damals, als er noch gelebt hat.

Ich hoffe, daß Sie mit Hilfe dieses Buches begonnen haben, sich selbst kennenzulernen. Ganz gleich, wie gering die Erfolge am Anfang sein mögen, bin ich dankbar, wenn ich Ihnen damit ein wenig geholfen habe.

Ich wußte wirklich nicht, wie ich dieses Buch beenden sollte. Es schien mir so ein Widerspruch zu den Dingen zu sein, die wir begonnen haben, dem Schreiben, dem Heilen, der Selbst-Entdeckung. Ein Ziel des Buches war, die Türen zu Ihrer Vergangenheit aufzusperren und Ihrer Phantasie zu erlauben, Ihre Zukunft zu erkunden. Sie haben sich erinnert, Sie haben sich die Welt neu zusammengesetzt, neu erfahren und mit anderen klaren Augen neu vorgestellt. So ist es vielleicht für uns der beste Weg, dieses Buch zu beenden, indem wir ein neues beginnen. Schreiben Sie ein Gedicht, das mit den Worten beginnt: »Komm mit mir …«

Nehmen Sie *Ihren* Leser überall dorthin mit, wohin es Ihr Herz begehrt. Vergessen Sie nicht, wie Susan Hall, daß es in Ihnen Plätze gibt, die wir erst zu entdecken begonnen haben:

Komm mit mir
Komm mit mir
zu meinem Lieblingsplatz.
Komm mit mir,
dorthin, wo die Geheimnisse beginnen.
Komm mit mir,
hinunter
durch dunkle
Gänge
zu einem Platz,
der nie gesehen wurde.
Komm mit mir
zu einem unbekannten Platz.
Komm mit mir,
zum Ende des Gangs,
zu einem Garten,
der nur mir gehört.

Glossar der Schreibtechniken

Aufmacher Aufmacher ist ein journalistischer Fachbegriff für die ersten Zeilen eines Textes. Ein starker Aufmacher beflügelt den Autor beim Schreiben und zieht den Leser in den Text hinein. Versuchen Sie, interessante Aufmacher zu erfinden, die Ihnen Lust machen, mehr Texte zu schreiben. Entwickeln Sie Aufmacher, indem Sie einfach Fragen beantworten. Zum Beispiel: Warum habe ich nichts getan? Aufmacher: Ich weiß nicht, warum ich einfach schweigend sitzengeblieben bin, während alle um mich herum geschrien haben.

Blickwinkel/Sichtweisenwechseln Dadurch, daß wir uns vorstellen, jemand anderes zu sein, können wir über unseren Horizont hinausschauen. Wir wechseln die Blickwinkel einfach, indem wir uns vorstellen, wir wären der andere, fühlten wie er und sähen die Welt mit seinen Augen. Ein neuer Blickwinkel kann unsere Sicht von der Vergangenheit wesentlich verändern.

Brainstorming Sammeln Sie möglichst schnell auf dem Papier in Form einer Aufzählung Erinnerungen, Ideen, Einzelheiten, Fragen und alles andere, was Ihnen an Wortfetzen in den Sinn kommt. Denken Sie dabei nicht nach. Alles, was Ihnen einfällt, sollte auch das Papier erreichen. Das Wichtige beim Brainstorming ist, daß Sie sich die Erlaubnis geben, alles, aber auch wirklich alles aufzuschreiben.

Erzählrunde Laden Sie Freunde ein, und lassen Sie einen selbstgewählten Erzähl-Stab die Runde machen. Der den Stab hat, hat das Erzählrecht. Alle anderen müssen zuhören. Von einer normalen Unterhaltung unterschiedet sich dieses Spiel dadurch, daß niemand den anderen unterbrechen darf. Freuen Sie sich daran, wie eine Geschichte die andere entzündet.

Laden Sie zu Erzählrunden zu bestimmten Themen ein. Leben Sie das Vergnügen, sich wirklich zuzuhören, richtig aus.

Funkenschlagen Diese Technik dient dazu, durch ungewohnte, weit auseinanderliegende Vergleiche ein größeres Verständnis für eine bestimmte Situation zu erlangen. Beginnen Sie, indem Sie über das Thema nachdenken, über das Sie schreiben wollen. Schreiben Sie dann, aber seien Sie offen für alle Ideen und Gedanken, die Ihren Weg kreuzen, auch wenn sie noch so wenig mit dem Thema zu tun haben mögen. Entzünden Sie eine Idee an der anderen, springen Sie von Thema zu Thema, ungeplant der freien Assoziation folgend. Setzen Sie Ihre Gedanken dadurch in neue, ungewohnte Zusammenhänge.

Ich schaue auf das ausgeblichene Blau meiner Jeans, Blau wie das Kaspische Meer; warum ist der Himmel so blau? Wer hat ihn blau gemacht? Blau ist die Farbe der Traurigkeit. Warum ist Blau die Farbe der Traurigkeit? …

Gedankenbilder Ein Gedankenbild ist eine Aufzeichnung der Gedanken des Autors oder einer Figur. Wir schreiben ein Gedankenbild, indem wir einfach die Gedanken des Autors oder einer Figur zu einem Thema chronologisch sammeln. Gedankenbilder können auch Reflexionen zu einem anderen Text sein. Versuchen Sie doch einmal zwanzig Minuten lang, Ihre Gedanken spontan aufzuzeichnen.

Gedankenbriefe Einen Gedankenbrief ist ein Brief, in dem alles das ausgedrückt ist, was wir fühlen. Versuchen Sie, einen Gedankenbrief an jemanden zu schreiben, dem gegenüber Sie schon immer Ihre Gefühle ausdrücken wollten.

Geschichtenrad Mit einem Geschichtenrad läßt sich die Bedeutung, die eine Geschichte für uns zu verschiedenen Zeitpunkten hat, einfacher verfolgen (siehe Seite 111–114).

Handkarten Handkarten sind eine weitere Möglichkeit, um Ideen zu finden. Zeichnen Sie die Umrisse Ihrer Hand auf ein Blatt Papier. Schreiben Sie ein Gefühl oder einen Aspekt Ihrer Persönlichkeit auf jeden Finger. Zeichnen Sie an jeden Finger Linien, und verbinden Sie diese mit Orten, Menschen, Ereignissen, Gedanken, Ideen, usw. Wenn Sie Kinder haben, zeichnen Sie die Umrisse der Kinderhände. Schreiben Sie Kindheitsbedürfnisse auf die Zeichnung. Erinnern Sie sich an Ihre eigene Kindheit, und vergleichen Sie sie mit der Ihrer Kinder. Lassen Sie Ihre Gedanken weitere Erinnerungen auslösen. Schreiben Sie sie auf.

Höhlentexte Höhlentexte sind eine Mischung aus Malen und Schreiben. Spielerisch bringen Sie mit dieser Schreibtechnik nicht nur Worte, sondern auch Gedanken zu Papier. Kritzeln Sie zuerst eine Zeichnung von Ihrem Thema auf das Papier. Fügen Sie dann Wörter in die Zeichnung. Wörter und Striche sollen Ihre Gefühle wie eine ausdrucksstarke Karikatur wiedergeben. Versuchen Sie, alle Ihr Gefühle und Ideen auf das Papier zu bekommen.

Kerngeschichte Eine Kerngeschichte ist eine Geschichte, deren Handlung wir in unserem Leben immer wieder mit verschiedenen Personen an unterschiedlichen Schauplätzen erleben. Wir finden unsere Kerngeschichten, indem wir zu unserem Lebenslauf Abstand gewinnen und die Muster in den Geschichten erkennen, die wir im Lauf der Jahre erzählt haben. Wenn wir unsere Kerngeschichten finden, hilft das, auf die zentrale Frage unseres Lebens zu treffen und sie zu beantworten.

Kernmomente Kernmomente sind Augenblicke in Ihrem Leben, in denen etwas Wichtiges passierte. Es sind Sekunden, Minuten, Stunden, an die Sie sich immer erinnern werden. An diesen Kernmomenten hängen zahlreiche Erinnerungen; von ihnen ausgehend, können Sie Ihre Vergangenheit erforschen.

Körperkarten Sie brauchen: Ein Stück Papier, das so groß ist wie Sie, einen Filzstift und einen Freund, der Ihnen hilft. Legen Sie sich auf das Papier, und lassen Sie Ihren Freund den Umriß Ihres Körpers auf das Papier malen. Das ist Ihre Köperkarte, Sie haben ein Abbild von dem Körper, in dem Sie leben. Schreiben Sie Erinnerungen, die Sie mit verschiedenen Teilen Ihres Körpers in Verbindung bringen, an die entsprechenden Stellen. Hängen Sie Ihre Körperkarte an die Wand in der Nähe Ihres Schreibtisches. Kartieren Sie alle neuen Erinnerungen, die mit einem Körperteil zu tun haben. Geben Sie den einzelnen Körperteilen Stimmen, lassen Sie sie miteinander sprechen.

Lied Als Lied bezeichnen wir ein Gedicht mit einer Zeile, die sich als Refrain immer wiederholt. Die Zeile kann beliebig oft wiederholt werden. Versuchen Sie, einen Refrain zu schreiben, der frühe Erinnerungen, Stimmen aus der Vergangenheit, Phrasen, Slogans, Hoffnungen und Träume zu Wort kommen läßt. Zum Beispiel:

Geh weg
Ich komme jetzt näher
Geh weg
mach keinen Schritt
Geh weg
du kennst mich nicht
Geh weg
warum sollte ich bleiben
Okay
Geh weg.

Lyndy Loo Geschichten Wenn Sie keine Lust mehr haben, in der ersten Person zu schreiben, dann sollten Sie versuchen, in der dritten Person über eine Figur zu schreiben, die so ist wie Sie. Das ist das, was ich Lyndy Loo Geschichte nenne. Stellen Sie Ihre Figur vor das Problem, über das Sie eigentlich nicht schreiben wollen, und warten Sie ab, was beim Schreiben passiert.

Momentaufnahmen Eine Momentaufnahme ist ein Wortbild von etwas. Als Autoren besitzen wir magische Kameras, die uns weit mehr als Licht, Farbe und Gestalt zeigen. Wir können Gerüche in unsere Bilder bringen – und auch Gedanken. Momentaufnahmen-Ketten und Gedichte sind verschiedene Wortbilder, die durch Assoziationen miteinander verbunden sind.
   Schreiben Sie eine Momentaufnahme so, als würden Sie durch ein Fernglas auf Ihr Thema schauen. Wenn Ihnen nichts mehr einfällt, drehen Sie am Knopf des Fernglases, um ein schärferes Bild zu erhalten. Versuchen Sie, verschiedene Momentaufnahmen von demselben Thema zu schreiben. Beachten Sie, daß die kleinste Einzelheit einen Weg eröffnen kann, das Thema in einem anderen Licht zu sehen.

Persönlichkeiten spalten Finden Sie verschiedene Aspekte Ihrer Persönlichkeit, und geben Sie ihnen Namen – zum Beispiel »der Narr«, »der Überlegene«, »der Nachgiebige« und so weiter. Schreiben Sie einen Dialog zwischen diesen Stimmen über eine Entscheidung, die Sie zu treffen haben. Versuchen Sie auch einmal, die Persönlichkeit von Menschen zu spalten, die Sie kennen.

Spontanes Schreiben Schreiben Sie, so schnell Sie können. Das ist eine der wichtigsten Regeln beim Spontanen Schreiben. Legen Sie zuerst die Zeit fest, wie lang Sie schreiben wollen, sieben Minuten zum Beispiel. Setzen Sie sich dann an einen ungestörten Platz, und schreiben Sie über Ihr Thema, ohne abzubrechen, bis die Zeit abgelaufen ist. Zensieren Sie auf keinen Fall Ihre Gedanken, und streichen Sie nichts aus! Wenn Sie hängen bleiben, schreiben Sie die Gedanken auf, die Sie jetzt haben, und entwickeln daraus Ihre nächste Idee.

Springtext/Gedicht Ein Springtext entsteht, wenn ein Autor Vergleiche zwischen weit auseinanderliegenden Dingen zieht, um den entscheidenen Punkt zu finden. Beginnen Sie, indem Sie eine Liste mit Ideen sammeln und Vergleiche, Analogien und Metaphern, wenn möglich, dazuschreiben, Setzen Sie die Ideen zusammen, indem Sie assoziativ von einem Thema zum anderen springen. Anschließend sollten Sie darüber nachdenken, was die beschriebenen Dinge miteinander zu tun haben.

Szenen Eine Szene entsteht, wenn zwei oder mehr Figuren in einem Text miteinander sprechen. Szenen setzen sich aus Dialogen, Gedankenbildern und Momentaufnahmen zusammen: Zum Beispiel:

> Momentaufnahme: Er stand am Schalter.
> Dialog: »Hallo Joe.«
> Gedankenbild: Er hatte Joe jahrelang nicht gesehen. Und Joe hatte sich nicht verändert.

Wortnetze knüpfen Wortnetze knüpfen heißt wie in einem Hubschrauber über dem Thema kreisen. Schreiben Sie das Thema in die Mitte einer weißen Seite. Assoziieren Sie frei Wörter, Ideen und Erinnerungen, und hängen Sie diese in Ketten an Ihr Kernwort, so daß ein Wortnetz entsteht, wenn Sie diese untereinander mit anderen Assoziationen verknüpfen. Wenn Ihnen zu einer Assoziationskette nichts mehr einfällt, beginnen Sie eine neue oder machen mit einer anderen weiter. Entspannen Sie sich, und schreiben Sie alles, wirklich alles auf, was Ihnen einfällt. Betrachten Sie Ihr Wortnetz, und schreiben Sie dann spontan über die Knoten, die Sie am meisten interessieren.

Wurzel Wurzel ist mein Begriff für das, was einen Autor dazu bringt weiterzuschreiben, selbst wenn er blockiert ist und keine Ahnung hat, wie es weitergehen soll. Es ist das, was ein Autor durch Schreiben zu finden und auszugraben versucht.

Zusammenhänge wechseln Zusammenhänge verknüpfen unsere Erfahrungen miteinander. Wie wechseln den Zusammenhang, indem wir unseren Erfahrungen einen neuen Rahmen geben. Zum Beispiel: Ein gesellschaftlicher Zuammenhang gibt unseren Erfahrungen vor, daß Männer nicht weinen dürfen. Nun verändern wir in einem Text diese Norm und bestimmen: Alle Männer müssen weinen. Dann fragen wir: Wie verhalten wir uns, mit unseren Erfahrungen, in diesem Zusammenhang? Er zeigt unsere gesellschaftlichen Verhältnisse in einem neuen Licht. Durch das Wechseln von Zusammenhängen können wir unsere Gesellschaft mit anderen Augen sehen. Stellen Sie Ihre Erfahrungen in neue Zusammmenhänge. Schreiben Sie dann, wie sich Ihre Wahrnehmung von der Welt dadurch verändert.

Zyklische Geschichte Geschichten, die wir immer wieder erzählen, verändern wir oft beim Erzählen so, daß die Geschichte für uns etwas anderes als zuvor bedeutet. Das nenne ich zyklische Geschichte. Wenn wir verfolgen, wie sich eine Geschichte im Lauf der Jahre verändert, erkennen wir auch, was die Geschichte für uns zu verschiedenen Zeitpunkten bedeutet hat. Versuchen Sie, sich zu erinnern, wie Sie eine Geschichte zu verschiedenen Zeitpunkten unterschiedlichen Zuhörern immer anders erzählt haben.

Bücher zum Thema

Baldwin, Christina: *Das kreative Tagebuch. Tagebuchschreiben als Zwiesprache mit sich selbst.* 1992, Scherz-Verlag.

Böseke, Harry: *Geschichtenzirkus. Schreibspiele und Sprachspiele für Kinder und Erwachsene.* 1993, Rowohlt-Verlag.

Grundlagen und Technik der Schreibkunst in 2 Bdn. Handbuch für Schriftsteller, Pädagogen, Germanisten und angehende Autoren. Weltbild-Verlag.

Jens, Walter (Hrsg.): *Schreibschule. Neue deutsche Prosa.* 1991, Fischer-Verlag.

Johnson, Richard Lynn: *Ich schreibe mir die Seele frei ... Der Weg zur schöpferischen Fülle.* 1990, Bauer-Verlag.

Rico, Gabriele L.: *Garantiert schreiben lernen. Sprachliche Kreativität methodisch entwickeln.* 1984, Rowohlt-Verlag.

Schalk, Gisela: *Schreiben befreit. Ideen und Tips für das Schreiben in Gruppen und im stillen Kämmerlein.* 1986, Verlag Kleine Schritte.

Vom Scheidt, Jürgen: *Kreatives Schreiben. Texte als Weg zu sich selbst und anderen.* 1989, Fischer-Verlag.

Werder, Lutz v.: *Der integrative Ansatz im kreativen Schreiben.* 1993, Schibri-Verlag.

Werder, Lutz v.: *Lehrbuch des Kreativen Schreibens.* 1990, Schibri-Verlag.

Werder, Lutz v.: *Schreiben als Therapie. Ein Übungsbuch für Gruppen und zur Selbsthilfe.* 1988, J. Pfeiffer-Verlag.

Werder, Lutz v.: *Triffst Du nur das Zauberwort. Einführung in die Schreib- und Poesietherapie und in die Arbeit literarischer Werkstätten.* 1986, Psychologische Verlagsunion.